U0917374

淮 扬 文 化 研 究 文 库

江苏省重点高校建设项目
“人文传承与区域社会发展”重点学科
“历史文化与区域社会发展”研究方向课题成果

人文传承与区域社会发展研究丛书

·淮扬文化研究文库·

THE RESEARCH OF FOLK CULTURE INTELLECTUAL-PROPERTY IN THE PROCESS OF INHERITANCE

民间文化传承中的知识产权

苏 喆◇著

社会科学文献出版社
SOCIAL SCIENCES ACADEMIC PRESS (CHINA)

总　序

文化是构成国家综合国力的重要组成部分，文化作为软实力日益受到各国的高度重视。一个国家、一个民族的发展程度是与其文化的发展紧密联系的。当今世界，国家与国家之间的发展差距，不仅体现在经济和军事实力，更体现在文化发展水平，这已为历史和现实所证明。

上世纪 80 年代以来，随着人们对地理人文空间因素的日益重视，我国人文社会科学学术领域出现了区域化研究的趋势。新世纪以来，区域文化的研究与开发较以往呈现出更加丰富的内涵和更加锐利的前进态势，围绕各大区域文化进行的文化学、人类学、政治学、经济学、社会学研究也不断深入进步。从理论与现实角度考察，面对经济全球化的浪潮，要实现区域经济的现代化发展必须高度重视和发挥区域文化的优势，挖掘区域文化的资源。

江苏历来是人文荟萃、文化昌盛之地。新世纪以来，为发扬优秀区域文化精髓，建设文化强省，促进全省各项事业又好又快地发展，江苏省人民政府制定了《江苏省 2001～2010 年文化大省建设规划纲要》，明确指出："江苏省在历史演进过程中，形成了吴文化、楚汉文化、淮扬文化、金陵文化等一批特色鲜明的地域文化以及一批具有全国影响的学术流派，要在加强研究、保护的基础上继承创新，赋予传统文化以新的生命力。"在此思想指导下，江苏各地纷纷提出建设文化大市、文化强市的目标，学术界率先行动，出版了一批区域文化研究的论著，江苏省教育厅则及时地批准成立了扬州大学“淮扬文化研究中心”等一批区域文化研究的重点基地，以推进区域文化的研究和深入发展。

江苏高校林立，各大学因其所处的具体地域不同，在某种意义上也归属于特定的区域文化。特定的区域文化始终对大学的文化形成和发展有着重要的影响。同样，大学所负载的学术、文化与社会责任也日益被推上了更高层次的战略平台。因此，研究、挖掘、整合区域文化使之与大学文化有机地融合，不仅对推动区域文化研究与发展，提高区域文化软实力、构建区域和谐社会、促进区域科学发展具有重要意义，而且，大学吸取特定区域文化精髓的过程，对创建大学自身的特色文化氛围、凝炼大学精神也具有重要意义。在某种程度上甚至可以说，一所缺乏文化传统和历史记忆的大学不是一所好大学；同样，一所没有文化底蕴和历史积淀的大学也绝非真正意义上的高水平大学。

哈佛大学前校长德里克·博克说过：“无论是在城市还是乡镇，大学的文化、反世俗陈规的生活方式和朝气蓬勃的精神面貌，常常成为刺激周边社区的载体，同时也是他们赖以骄傲的源泉。”

扬州大学所处的苏中地区，是淮扬文化的核心区之一。作为淮扬文化区域唯一的省属重点综合性大学，扬州大学具有学科门类齐全、多学科交叉融合的显著特点。学校集中人文社会科学诸学科的精干力量，发挥融通互补、协同作战的优势，继承发扬以任中敏先生为代表的老一代学术大师的风范，对内涵丰富、底蕴深厚的中国传统文化包括区域文化进行多方面的综合研究，挖掘整理其丰厚资源并赋予时代精神，阐扬其独特蕴涵并寻找其与当前经济建设、社会建设、政治建设、文化变革相结合的生长点，以求对地方乃至全省经济社会发展作出积极的贡献。

江苏省人民政府在“九五”和“十五”期间对扬州大学进行重点投资建设的基础上，在“十一五”期间对扬州大学继续予以重点资助，主要培植能够体现学科交融、具有明显生长性且预期产生良好经济、社会效益的五大重点学科，其中包括从人文社会科学诸学科中凝炼而成的“人文传承与区域社会发展”重点学科。这一重点学科的凝成体现了将江苏优秀的古代文化与灿烂的现代文明有机交融、相得益彰、交相辉映和发扬光大的理念，符合扬州大学人文社会科学诸学科已有的专业背景、研究基础和今后的学科发展和学术追求。该重点学科包括“文学转型与区域社会发展”和“历史文化与区域社会发展”两个研究方向，其建设的标志性成果就是以任中敏先生别号命名的《半塘文库》和以区域名称命名的《淮扬文化研究文库》，总计50余种学术专著，计1500万字。“文库”是“十五”期间“扬、泰文化与‘两个率先’”重点学科研究成果的新发展，汇集了扬州大学众多学者的智慧和学识，体现了社会各方面的关心和支持，可谓是一项规模宏大、影响深远、功在当代、利在千秋的大型文化工程。可以期待，“文库”的出版将对当前物质文明、政治文明、精神文明、社会文明和生态文明等“五个文明”建设，对构建和谐社会、促进区域科学发展起到积极有力的推动作用。

在人文传承与区域社会发展研究丛书出版之际，我们向始终支持和关心“人文传承与区域社会发展”重点学科建设的教育部社科司、江苏省教育厅的领导及专家表示衷心感谢，对负责定稿的中国社会科学院诸位专家学者表示衷心感谢！同时也衷心感谢社科文献出版社的领导和编辑为丛书出版付出的辛勤劳动！

扬州大学人文传承与区域社会
发展研究丛书编辑委员会
2010年12月

目　录

上篇　总论　民间文化保护的价值与模式选择

下篇 分论 民间文化知识产权保护问题分析

上篇　总论

民间文化保护的价值与模式选择

第一章　导论

民间文化是一种自发生长的活态文化，就像烂漫的山花开遍了祖国的原野，绚丽多姿，生生不息，是广大人民群众在绵延不断的生产和生活中自主创造、传承和发扬光大的。我们所研究的民间文化，既包括物质文化，比如民居建筑、民间服饰、民间食品、民间药品、手工艺品、民间文化器材等等，又包括非物质文化，比如口头传唱艺术、地方曲艺、民间体育杂技、民俗仪式、民间绘画技艺、民间雕刻技艺等等，特别是很多情况下物质文化和非物质文化是交织在一起不可分割的。本书主要探讨民间文化的知识产权问题，分析民间文化在使用和传播过程中不同主体的权利义务关系，所以侧重从非物质文化的角度来表述，所分析的对象主要是民间文学艺术。

近年来，掀起了一股保护民间文化新的热潮，从这股新的潮流我们看到了人类的文化自觉。民间文化在历史的长河中一路走来，吸附着历史的尘埃，甚至深深地留下了历史的烙印，它是人类联系过去和现在的纽带，也是指引人类未来航向的灯塔。从民间文化的表现形式中，我们能够看到许许多多随时代变迁而留下的文化记忆。这些文化记忆，是人类的宝贵精神财富，值得人们珍视。这些精神财富，对于人类启迪智慧，探索未来发展之路，具有十分重要的意义。人类社会需要稳定的、全面的、协调的、可持续的科学发展，在21世纪世界经济贸易一体化和工农业生产现代化进程迅猛发展的大背景下，如何促进人精神生活的发展，使人觉得活得有意义、有价值、有尊严，需要我们留住这些记忆，让这些记忆来帮助我们时刻审视自身，保持人类自身不被物欲所异化。保护民间文化，既是守望人类的精神家园，也是保护人类创新所需要的永不枯竭的源泉。因此，我们今天大力保护民间文化，不是为了简单回顾历史，也不是为了刻意模仿过去，而是为了我们中华民族自身更好更快地发展。当今时代，文化软实力已经成为经济和社会发展的重要推动力，文化产品已经成为蕴含巨大商业价值的商品，文化产业已经成为迅速增长的新兴产业。文化因素在市场经济中的作用已经凸显，民间文化的交流、传播和商业性使用越来越频繁，随着民间文化热的掀起，围绕民间文化传承、利用和传播的法律问题，特别是各种不正当行为大量出现，由此产生的各种社会关系需要法律工作者来加以梳理，需要研究制定相关的法律法规来加以规制，从而促进我们的立法和司法能更好地保护民间文化。

第一节　加强民间文化及其保护的理论研究

一　民间文化是历史的积淀和人类可持续发展的基石

民间文化和各个历史时期的生产劳动与日常生活相生相伴、相辅相成，它的主要表现形式大多是民间文学艺术，当然也包括许多传统知识。在我国历史上具有尊重民间文化的传统和习惯，长期将民间文化中的民间文学艺术尊称为民间瑰宝而加以保护。例如，我国的民间诗歌曾受到各朝各代的高度尊重，由官方资助加以收集和整理，我国第一部集民间诗歌之大成的诗歌总集——《诗经》，收集了从西周到春秋战国中期约500年时间内的诗歌共计305篇，《诗经》由“风”、“雅”、“颂”三部分组成，其中的“国风”部分有160篇，主要就是民间诗歌。尽管经历了时代变迁甚至是外敌入侵造成的社会动荡，我国近代和现代社会对于民间文化保护的努力始终没有放弃，随着民间文化活动的发展以及学界的深入研究和挖掘，民间文化的内涵得到不断扩充。近年来，随着世界各国学者的深入研究，国际社会的逐渐重视，特别是联合国教科文组织对非物质文化遗产保护工作的积极倡导，我国从21世纪开始，较多地使用“非物质文化遗产”的词汇来表述民间文化的内涵和特征。随着我国一大批民间文学艺术表现形式例如“昆曲艺术”、“古琴艺术”、新疆维吾尔“木卡姆艺术”和中国与蒙古国联合申报的蒙古族“长调民歌”先后入选联合国教科文组织宣布的第一批、第二批、第三批“人类口头和非物质遗产代表作”项目名单，“非物质文化遗产”这一概念已经逐渐为我们所了解和接受，成为家喻户晓的词汇。虽然我们认为“非物质文化遗产”的概念与“民间文化遗产”的概念不完全相同，但便于叙述，便于与国际接轨，讨论更具有针对性，因此本课题也在多数场合下将民间文化的范围视同非物质文化遗产的范围来论述，有时把两者视为同义语。特别是在讨论因使用和传播这些文化形式所产生的法律关系时，法律上的含义没有本质的区别。我们选择“民间文化”这一术语，有两重因素，一是民间文化主要表现为非物质的文化，它的范围比“民间文学艺术”要宽泛，它能涵盖一些生产生活技能，这些技能不属于民间文学艺术，但属于民间文化；二是民间文化是一种活态的知识，它是在长期的历史中产生和发展，但又不完全等于已经属于公有领域的“传统知识”，它是符合知识产权法保护对象的基本属性的。

人类对民间文化概念及其内涵的认识，有一个不断丰富和逐渐深化的探索过程，表现出经验性、实践性、可操作性、开放性和衍生性。任何界定和划分都不会是凝固不变的，随着认识的深化，人们会发现更多现存民间文化形式的哲学伦理价值、历史价值以及艺术和科学价值，也就会有新的种类进入民间文化的类别系列。民间文化是文化多样性的熔炉，是人类可持续发展的基石。一个国家或民族的民间文化越丰富，表明这个国家或民族就越有创造力和发展力，越有民族认同感，越能聚集民族力量，越能屹立于世界民族之林。因此，加强对民间文化及其保护的研究，具有十分重要的意义。

二　我国学界对民间文化保护的研究达到了一个崭新的境界

众所周知，在联合国教科文组织 1972 年于巴黎通过《保护世界文化和自然遗产公约》以后，各国学者以极大的热情投入到民间文学艺术保护的研究中来，推动联合国教科文组织于 1989 年 11 月在巴黎通过了《保护民间创作建议案》（以下简称《建议案》）。《建议案》对民间创作的定义是：民间创作（或传统的民间文化）是指来自某一文化社区的全部创作，这些创作以传统为依据，由某一群体或一些个体所表达并被认为是符合社区期望的作为其文化和社会特性的表达形式；其准则和价值通过模仿或其他方式口头相传。它的形式包括：语言、文学、音乐、舞蹈、游戏、神话、礼仪、习惯、手工艺、建筑术及其他艺术。1997 年 11 月，联合国教科文组织第 29 届全体会议通过的《宣布人类口头和非物质遗产代表作申报书编写指南》（*Proclamation of Masterpiece of the Oral and Intangible Heritage of Humanity*），对“人类口头和非物质遗产”的界定，基本上沿用了上述《建议案》对“民间创作（民间传统文化）”的定义。2001 年，联合国教科文组织通过了《世界文化多样性宣言》，强调了世界各国各民族包括非物质文化遗产在内的全部文化遗产对于维护人类文化多样性的重要意义，呼吁加强对非物质文化遗产的保护，正式用“非物质文化遗产”的概念来代替“民间文化”的概念。2003 年 10 月 17 日，联合国教科文组织第 32 届大会通过了《保护非物质文化遗产公约》（*Convention for the Safeguarding of the Intangible Cultural Heritage*）。这是迄今为止联合国有关非物质文化遗产保护最重要的文件（以下简称《公约》）。

据2012年3月12日中国知网检索数据表明，2003年以来，我国媒体公开发表关于非物质文化遗产（含民间文化）的文章达到39000多篇，涉及如何保护的文章5200多篇，其中不乏学者的相关论文。关于民间文化的研究以及非物质文化遗产传承与保护的图书也可谓汗牛充栋，我们收集到的关于非物质文化遗产（含民间文化）保护的理论专著已经达到20余部，例如王文章主编《非物质文化遗产概论》，文化艺术出版社2006年10月出版；乌丙安所著《非物质文化遗产保护理论与方法》，文化艺术出版社2010年7月出版；全国人大常委会法制工作委员会行政法室编著《中华人民共和国非物质文化遗产法解读》，中国法制出版社2011年3月出版；王文章主编《非物质文化遗产保护与田野工作方法》，文化艺术出版社2008年9月出版；李欣著《数字化保护——非物质文化遗产保护的新路向》，科学出版社2011年5月出版；郑巨欣和陈峰著《文化遗产保护的数字化展示与传播》，学苑出版社2011年6月出版；张仲谋主编《非物质文化遗产传承研究》，文化艺术出版社2010年8月出版；康保成主编《中国非物质文化遗产保护发展报告（2011）》，社会科学文献出版社2011年11月出版；张耕著《民间文学艺术的知识产权保护研究》，法律出版社2007年10月出版；丁丽英著《传统知识保护的权利设计与制度构建》，法律出版社2009年8月出版；黄玉烨著《民间文学艺术的法律保护》，知识产权出版社2008年4月出版；严永和著《论传统知识的知识产权保护》，法律出版社2006年1月出版；杜瑞芳著《传统医药的知识产权保护》，人民法院出版社2004年12月出版；宋晓婷著《中医药传统知识的法律保护》，知识产权出版社2009年8月出版；于海广和王巨山主编《中国文化遗产保护概论》，山东大学出版社2008年5月出版；白庚主编《民间文化保护前沿话语：民间文化保护讲演录》，学苑出版社2006年1月出版；管育鹰著《知识产权视野中的民间文艺保护》，法律出版社2006年11月出版；

王鹤云和高绍安著《中国非物质文化遗产保护法律机制研究》，知识产权出版社2009年8月出版；李秀娜著《非物质文化遗产的知识产权保护》，法律出版社2010年10月出版；李墨丝著《非物质文化遗产保护国际法制研究》，法律出版社2010年11月出版。这些论文和著作，开创性地回答了民间文化保护的一些基本理论问题和实践中的一些基本方法问题，对我国民间文化保护工作产生了积极的影响。特别需要指出的是，王文章主编的《非物质文化遗产概论》，是我国21世纪以来第一部综合论述非物质文化遗产保护的学术著作，在理论界和实务界产生了巨大反响，具有极高的学术价值和理论价值，对于指导我国当前非物质文化遗产保护工作，具有重大现实意义。该书开创了我国非物质文化遗产保护研究的一个崭新时代，该书的出版发行，带动了一大批中青年学者投入到非物质文化遗产保护的研究工作中来。该书对我们编写《民间文化传承中的知识产权》产生了深刻的启示作用，特别是本书总论部分的编写，较多地参考了该书的写作方法和基本观点。

三　学界关于民间文化法律保护模式的探讨基本达成共识

民间文化的保护，包括行政保护模式和法律保护模式。行政保护的对象主要是民间文化的表现形式及其载体。行政保护是自上而下的政府行政行为，这种行为主要表现为对濒临灭亡的民间文化表现形式加以抢救，对申报的民间文化项目加以确认、立档、建立名录，对民间文化传承人加以资助和培养，对民间文化加以宣传，对民间文化的研究工作给予资助，为民间文化的传播提供平台等等，使得民间文化不断发扬光大，行政保护也必须有相关法律依据，必须依法行政。法律保护是民事主体依靠法律手段来保护自己关于民间文化的权利，这种权利是基于特定的民间文化表现形式而产生，没有特定的民间文化表现形式，就不能产生属于该民事主体所专有的权利，法律保护的直接对象是权利，通过对权利的保护，实现对民间文化表现形式的保护。因此，法律保护是民间文化权利主体出于自身利益需要而进行的对民间文化的保护，这种保护是自觉自愿的，更符合民间文化自身发展演变的规律。所以，学界近年来努力探讨民间文化的法律保护机制，使得我们的保护更加符合民间文化长期持续发展的需要。关于民间文化法律保护的模式，学界已经逐渐认同采取知识产权法保护模式。虽然知识产权法是西方人创立的，它主要保护创新性的知识，但民间文化表现形式一直处于继承和创新的动态变化中，它是一个流变性的集合体，不是一个孤立的作品，但又能以作品的形式表现出来，所以从保护的对象来看，是符合知识产权法的保护对象范围的；虽然知识产权法要求权利主体十分明确，它要求保护对象有具体的权利人，但民间文化表现形式也是有相对明确的权利主体的，只不过这种主体通常表现为群体性，因为它是一个社区、一个部落、一个族群或整个民族甚至整个国家的自然人来传承和发展的，那么，他们就是该特定民间文化表现形式的权利主体。

因此，我们可以利用现代知识产权制度的基本原理，在主权范围内有所变通地制定符合我国国情的民间文化知识产权保护制度。正如吴汉东先生所言："以知识产权的形式对民间文学艺术进行保护是必要的，它有利于民间文学艺术的保存、保护与弘扬，有助于形成民族的文化认同感和民族的凝聚力，有效维护国家文化主权和文化安全，在国际间实现文化生态的平衡，化解经济全球化与世界文化多元化之间的矛盾和冲突。但当代国际知识产权制度在这方面存在明显的不足。以世界贸易组织（WTO）《与贸易有关的知识产权协定》（英文缩写"TRIPS"，以下简称《知识产权协定》）为核心的知识产权国际保护制度，极力保护的是文化表达的独创性、新颖性，立足于知识财产的私权属性，着力于与贸易有关的知识产权保护，却忽视了现代文学艺术创作的源泉——民间文学艺术的保护问题。没有民间文学艺术的存在，文化创作就成为无源之水，文化创作自由也就无法实现。对中国而言，在《知识产权协定》框架下，过多强调知识产权的弱保护已无多少意义，关键在于我们如何利用国际协调机制对抗发达国家超越协定标准、超出我国国情的知识产权强保护要求，发挥传统文化大国的优势，争得国际规则制定的话语权，为保存与发展传统文化而争取有利条件。中国和其他发展中国家应致力于制度创新，对民间文学艺术采用与现行知识产权制度有别的保护机制，避开倾覆知识产权制度根基的法律变动。同时，中国和其他发展中国家应争取更多国家的理解和支持，在达成共识的基础上逐步建立起民间文学艺术知识产权利用与保护的法律制度体系。”①

总之，研究和探讨民间文化及其保护的基本理论问题，总结其传承规律，寻求符合其内在发展规律的有效保护措施和方法，是民间文化保护实践提出的一项急迫任务。本课题的研究，正是为了回应民间文化保护工作实践提出的这一现实要求。

第二节　民间文化保护的重要性和紧迫性

物质生活与精神生活是人类生活不可或缺的两个方面，物质生活中需要有精神生活的成分，精神生活需要借助一定的物质条件，两者相辅相成，共同提高。人的物质生活需要在一定程度上得到满足后，更多的是追求精神生活。人常常会问自己：我快乐吗？我幸福吗？我的生活有意义吗？我活着有价值吗？对于这些古老而又常新的问题的答案，人们不可能从未知世界去寻找，只能从已有知识和传统知识中去寻找，恰恰是传统知识，能给予人们心灵的慰藉。因此，寻找文化传统，保护文化遗产，也会逐渐成为人们的一种自觉追求。但伴随世界经济、科技一体化和现代化进程的加快，同时出现的文化标准化趋势，却以前所未有的速度消解着与人类的精

① 吴汉东：《〈民间文学艺术的法律保护〉序言》，《民间文学艺术的法律保护》，知识产权出版社，2008，第1版，第1~2页。

神、情感世界紧密相连的民间文化。人类审视自身及社会整体发展的目标时，认识到民间文化日益显现的重要价值，也更加认识到对其保护的重要性和紧迫性。

一 正确认识民间文化的独特价值及其保护的重要意义

民间文化是世界各民族传统文化的主要表现形式和珍贵历史记忆，是人类滋润心灵世界、值得倍加珍惜的精神家园，它对于人类的生存与发展具有独特的价值。民间文化具有这样一些重要的价值：第一，民间文化是世界文化多样性的生动体现，对民间文化的保护就是对文化多样性保护；第二，民间文化是人类创造力的表征，对于民间文化的保护，体现了对人类创造力的尊重；第三，民间文化是人类社会可持续发展的重要保证，保护民间文化就是保护了人类文化的延续，就是对人类文明的继承，就是守住了后续发展的根基；第四，民间文化是密切人与人之间的关系以及他们之间进行交流和相互了解的重要渠道，保护和发展民间文化，就是促进人类的交往。因此，保护民间文化，对于创造适宜的社会环境来承续不同民族、群体、地域优秀的人类文化传统，对于维护人类文化的多样性，对于充分发挥世界各国、各民族人民的想象力和创造力，对于人类社会的可持续发展，以及人类的相互沟通、相互了解、相互团结协作等等，具有重要的意义。

民间文化作为活态文化，因为受人类社会结构和环境改变的影响，以及其本身存在形态的限制，必然带来它的社会存在基础日渐狭窄的发展趋向，所以它的生存也遇到了前所未有的危机，有不少甚至已经消失或面临消失的危险。这一方面是交通和通信的便利性以及人口的流动性所带来的人类社会生存方式的发展变化所导致的必然性的影响；另一方面，不能不看到，这种影响的后果是传统文化、弱势文化的加速消亡，它体现的特定民族或群体的文化精神和人类情感、特有的思维方式、传统价值观念和审美理想，正在被现代工业社会所产生的时尚性的文化观念所消解或代替。一个民族深层文化基因的改变，必然带来民族个性的变异和扭曲，以及民族特征的弱化甚至消亡。现代文化对民间文化的侵蚀，导致文化之间的相互冲突，强势的现代文化的持有者，往往高高在上，歧视民族传统文化的持有者，这种对文化的不尊重和对人的不尊重，往往结合在一起，引发各种矛盾和冲突，甚至是民族仇恨，影响到人类的和谐发展。

我们必须认识到，一个民族乃至整个人类文化体系作为有机整体，是由各种不同存在形态的文化相互关联而构成的。其中，民间文化即是一个重要的内容。可以说，抢救和保护那些处于生存困境中的民间文化，已成为时代赋予我们的非常紧迫的历史使命。民间文化与物质形式的文化遗产所承载的精神内涵有所不同，保护方式不同，难度不同，相对于后者更容易消失或中断。比如，从公元前3500 年开始的古埃及文明，经历了古希腊、罗马统治时代，直至公元 641 年为止，先后持续了 4000 年之久。它留下了金字塔等令人叹为观止的历史遗迹，但古埃及文明却中断了。人们除了可以看到那静止的昔日辉煌以外，已看不到活态的遗存。这个现象说明在一定意义上，物质遗存并不能保证延续一个民族的历史文明，传统文明的延续是由物质形式的文化遗产与非物质文化遗产共同承续的。民间文化的活态流变性决定了其包含的文化记忆更容易随时代变迁与变革而被人们忽略。我们只有在保护和重新唤醒这些记忆的基础上，才有可能真正懂得人类文化整体的内涵与意义。否则，我们的损失不仅是失去了一种文化形态，更重要的是失去了寄寓在民间文化中的宝贵人类智慧和精神血脉，而且这种损失是难以挽回的，一旦失去或断裂，将不复存在。因此，保护不同民族、群体、地域的传统文化，特别是保护因其本身存在形态限制而受到现代社会发展冲击的非物质文遗产的问题，已成为国际间普遍关注的一个重要问题。[①]

① 王文章：《非物质文化遗产概论》，文化艺术出版社，2006，第 1 版，第 15 页。

二 正确认识民间文化保护面临的主要问题及保护的紧迫性

就世界范围而言，民间文化保护面临的主要问题，最为迫切的是强势文化对弱势民间文化的冲击、挤压、侵蚀导致民间文化的萎缩，种族同化或消亡导致民间文化的消失，生存环境恶化、工业化、城镇化和战争导致人口迁移、部族和群落失散造成民间文化的消亡。正如联合国教科文组织《宣布人类口头和非物质遗产代表作申报书编写指南》中指出的："在世界全球化的今天，此种文化遗产的诸多形式受到文化单一化、武装冲突、旅游业、工业化、农业人口外流、移民和环境恶化的威胁，正面临消失的危险。"这些问题，对民间文化生存的影响，在发展中国家表现得更为突出。一些发达国家由于较早开始认识和着手解决民间文化保护的问题，尽管问题呈现程度不那么严重，但全球经济一体化和现代化进程对民间文化的冲击和消解的问题，在这些国家也一样不同程度地存在着，法律保护的忽视更是这些国家难以克服的思想观念上的障碍。

目前，我国的民间文化保护面临的迫切问题，主要存在以下几个方面：

第一，存续出现危机。由于民间文化的存续有赖于口传心授，其存续形式较为艰难。经济全球化、现代化的冲击，在一定程度上毁坏、歪曲了民间文化遗产，割断了某一社会群体与以往的联系，抹去了该群体对民间文化的记忆，民间文化遗产的消失速度不断加快，面临着消失、被遗忘和割裂的危险。例如，一些民俗消失或内涵淡化，一些民间手工制作技术失传，一些民间艺术表现形式消亡，一些语言文字消亡，一些民间艺人故去没有接班人，民间医药研发不足等等。①

① 王鹤云、高绍安：《中国非物质文化遗产保护法律机制研究》，知识产权出版社，2009，第1版，第75页。

第二，不当利用泛滥。长期以来，人们一直将民间文化视为公有领域，因此，对民间文化遗产的利用也就处于无序状态，滥用民间文化遗产，不尊重保持和传承它们的个人或群体的物质权益和精神权益的现象十分普遍。这种不正当利用不仅仅局限于国内的范围，也包括外国有关组织和个人的使用。例如，直接引用、改编、翻译、影视制作却不标明来源，旅游、开发、移植等商业化使用但不给经济补偿和回报，在收集、研究、改编、翻译、引用和商业性开发利用中歪曲和篡改民间文化的本质，假借冒用民间文化之名谋取不正当经济利益，把民间文化抢先注册为自己的知识产权等等。

第三，海外流失严重。随着对外开放的日益扩大，许多外国人借旅游、经商、考察甚至学术交流等机会来中国大量收集民间文化资料、古籍原本、文化器具、民族民间服饰用品，非法收购民间文物，临摹绘画、拍摄图片和视频资料，学习民间文化技艺等等。

第四，法规相当匮乏。法律法规建设的步伐不能与民间文化保护的紧迫性相适应，民间文化持有和传承主体的权益不能得到有效维护，民间文化权利主体地位不明确，权利内容不确定，权利人难以实现对自己应有权利的有效行使，难以通过对民间文化的许可使用和许可传播实现民间文化传承事业社会效益和经济效益的放大。由于反哺民间文化发展事业的机制尚未建立健全，使用民间文化资源营利的企事业单位没有形成投入民间文化事业的约束机制。

第五，管理方式落后。一些地方保护意识淡薄，重申报、重开发，轻保护、轻管理的现象比较普遍。少数地区进行超负荷利用和破坏性开发，存在商业化、人工化和城镇化倾向，甚至借继承创新之名随意篡改民俗艺术，损害了民间文化的本真性。

2005 年 3 月，国务院办公厅颁发的《关于加强我国非物质文化遗产保护工作的意见》指出："随着全球化趋势的增强，经济和社会的急剧变迁，我国非物质文化遗产的生存、保护和发展遇到很多新的情况和问题，面临着严峻形势。"正如以上分析，当代文化生态的改变，正在使民间文化逐渐失去赖以生存和发展的环境基础，许多民间文化表现形式正处于生存困境或已处于消亡状态；而另一方面，保护工作的困难及保护方式的不当，也形成民间文化遗产承续的更多问题。我们一定要高度重视开展民间文化保护工作的紧迫性，以对国家和民族以及人类社会可持续发展的高度责任感，以科学和务实的态度与精神，切实做好我国民间文化的保护工作。

第三节　民间文化保护规律的总体把握

民间文化的产生和发展是一种独特的文化现象，它有一个世代绵延的文化传承过程。如果站在人类历史发展的高度来看民间文化现象，即发现它的活态流变性是其传承的一个重要规律。它的传承过程好像极其缓慢，缓慢得让人似乎察觉不到它的十分细微的变化，但它的传承过程不是静止的，认同和信仰该民间文化的群体，总在自己所处的时代中不断添加属于该时代的内容。变化是绝对的，但它显现的某种人类文明，以及这种文明成长的过程却像人类基因一样在不断的变化中留存。它以其自身价值与人们之间发挥着双向的影响。人类社会的发展给它以时代的气息，而它的存在，给人们以传统文化最深根源的滋养，给人们的心灵感受、精神世界、价值观念以最圣洁、最亲切的抚慰。

一　正确认识民间文化保护和发展的关系

民间文化活态流变性的基本特性，决定了我们的保护是为了发展。没有保护，难以发展；而没有发展弘扬，保护也就失去了重要的意义。现在有一种观点认为，民间文化应遵循物竞天择、适者生存的自然法则，根本用不着去保护。持这种观点的人认为，民间文化的很多项目即使你花很大力气去保护，它们也会自然变异或自行消亡。在他们看来，应该让民间文化依靠自身的竞争力去适应变化了的环境，并在竞争中求生存、求发展。我们认为，随着历史和社会环境的变迁，民间文化的许多项目变异或消亡也是一种自然现象。但我们必须强调的是，社会环境和时代的变化，以及其他诸多原因，带给民间文化的往往是人为的破坏和歪曲，并且现代社会是法治社会，生活在这个社会的人们享有和应该享有各种权利，包括公权利和私权利，这些正当权利是不容随意剥夺的。我们谈保护，首先是要保护民间文化按照自身发展变化的内在规律去演变，而不是人为地去改变这种自然演变的进程，在尊重自然权利的前提下，以法律手段使得这种自然权利得到应有的法律维护。同时，通过我们的保护，使人们更科学地认识到它们的价值，使它们作为人类的生活方式、生产方式等伴随着人类社会发展的进程，使人类文化传统的纽带更结实，人们的精神、情感更丰富，人类社会更美好。从这个意义上说，自然消亡论是不正确的。要通过我们的抢救、保护，给民间文化传承营造一个环境，把它们保护起来，也许能使许多民间文化项目不至于过早地消逝，或创造一个条件，把民间文化很多项目的原始基因保存下来。民间文化本身存在形态的复杂性，决定了保护机制和措施的相应复杂性。

二 对民间文化项目和主体的认定要坚持科学性

准确科学地认定民间文化项目，是进行正确、有效保护的基础。特别是在确定各级保护名录时，要坚持科学认定该项目的确定性、自身价值、濒危性和保护主体保护行为的规范性，以及项目公布后应该具有的项目保护工作的示范性。联合国教科文组织《宣布人类口头和非物质遗产代表作条例》和《保护非物质文化遗产公约》都提出了认定非物质文化遗产项目的标准。国务院办公厅《关于加强我国非物质文化遗产保护工作的意见》也制定了具体的评审标准。国际公约文件和我国政府的文件制定的认定民间文化项目的标准，大体可归纳为如下几项：（1）具有杰出价值的非物质文化遗产表现形式或文化空间；（2）具有见证现存文化传统的独特价值；（3）具有鲜明独特的民族、群体或地方文化特征；（4）具有促进民族文化认同或社区文化传承的作用；（5）具有精粹的技术性；（6）符合人性，具有影响人们思想情感的精神价值；（7）其生存呈现某种程度的濒危性。

韩国入选联合国教科文组织公布的世界首批人类口头和非物质遗产代表作的项目——“宫廷宗庙祭祀礼乐”，其申报文本中这样介绍该项目：在汉城的皇家礼祠举行的纪念朝鲜王朝祖先的仪式，包括歌曲、舞蹈和音乐。礼仪以中国古典文献的记载为基础，由皇帝的后代于每年5月的第一个星期天组织举行，祈求祖先灵魂永远平安。这样一种求实的对项目历史渊源的揭示，并没有伤害民族尊严或文化主体性，而是表达了一种文化真诚和文化尊重。这种延续和保存人类文化财富的努力，不正是值得我们学习的吗？

民间文化项目认定中存在两个方面的问题。一个主要是方法方面的问题：第一，从民俗旅游开发的角度认定文化保护项目；第二，用保护物质文化遗产的标准认定民间文化项目；第三，把文化表现形式仅仅理解为艺术表现形式，不敢于也不善于认定其他文化表现形式的项目；第四，不能正确把握文化空间项目的认定，往往将其分解为几种文化表现形式分别认定，割裂了完整统一的文化空间形态。[①] 存在的另一个问题是思想观念方面的问题：第一，泛文化遗产论。认为凡是传统文化现象，不问其价值，不管是否具备独立存在的本质特性，甚至对近年来出现的模仿形态项目，也都认定为民间文化加以保护。第二，把普查挖掘民间文化遗产，当成再造遗产项目。比如一些地方戏曲声腔，本来早已融入其他戏曲剧种，现在也要独立建立演出团体演出，作为遗产项目保护。第三，简单化对待某些民间文化项目。由于民间文化的活态流变性，使人们对它的评价标准，往往受到特定社会、时代、环境、审美的影响。同一个项目，在不同的时期、不同的社会环境中，人们对其往往会有

---

① 乌丙安：《非物质文化遗产保护的科学管理及操作规程》，《非物质文化遗产保护国际学术研讨会（2004）论文集》，文化艺术出版社，2005，第1~12页。

完全相反的价值判断。因此，今天我们在认定项目时，要持一种特别慎重的态度。过去多少年来不少我们认为是愚昧落后的东西，今天来看，却蕴涵了许多珍贵的价值。今天我们的判断，仍要受时间的检验。

对民间文化项目主体的认定，是当前我们保护民间文化工作中的一个难点，也是一个弱点，并且往往为我们的政府部门所忽视，只认定项目，不认定主体，就等于只承认项目的公有性，不承认项目的私有性，甚至把项目的权利主体理解为就是政府，那么该文化就是官方文化，而不是民间文化了，起码可以说，它的权利属性发生了改变，它的传承方式也会发生改变，就不会是原生态的民间文化了。对于权利主体的认定，可以采取两种方式，一种是向行政主管部门申请、登记、注册，另一种是在民事诉讼案件中由法院判决认定。如果发生争议，最终要由司法裁判来决定谁是合法的权利主体。

三 民间文化保护的基本方式与原则

以什么样的方式和原则来保护这是面对民间文化的一个核心问题。我们要以正确的方式和原则，从实际出发，科学、全面、系统地抢救和保护现存的民间文化。民间文化内涵的丰富性，以及它体现的民族性、独特性、多样性，决定了保护方式也是多样的。不管是哪种保护方式，实施的基础是立法保护。立法保护是根本性的保护，只有健全的立法保护，才会使行政保护、财政支持、知识产权保护等得到可靠的保证。

在行政法规制下的行政保护，基本方式主要有如下几项：第一，建立保护名录制度。民间文化代表作名录体系的建立是保护工作的基础。既是抢救保存的前提，也是传承、弘扬的依据。第二，将民间文化遗产转变为有形的形式。通过搜集、记录、分类，建立档案，用文字、录音、录像、数字化媒体等手段，对保护对象进行全面、真实、系统的记录，并积极搜集有关实物资料，予以妥善保存。比如20世纪50年代著名音乐宗师杨荫浏先生等对阿炳演奏的民间二胡曲《二泉映月》的录音记录。该曲是阿炳走街串巷信手拉的，完全是自来腔，久而久之成了这个样子，没名字。录音完毕，杨荫浏和阿炳一块给它起了个好听的名字，叫《二泉映月》。第三，在它产生、生长的原始氛围中保持其活力。如人的一生中从出生到去世的礼仪、生产活动中春耕和秋收等的一些仪式。第四，转化为经济效益和经济资源，以生产性方式保护。比如剪纸、年画以及其他很多手工艺制作项目，都可以作为艺术生产、生活方式延续传承。甚至可以通过资源重组，以产业运作扩大生产规模，扩展销售市场，从而使这些项目得到弘扬和传播。很多民间手工艺制作项目的繁荣，是与文化生态的生成紧密关联的。比如传统民族节日仪式的恢复，会大大增加民间艺术品（如年画、剪纸）的需求。随着全社会保护非物质文化遗产氛围的整体性养成，更多的民间文化项目的生存、发展环境会得到改善。第五，保护传承人。民间文化作为活态文化，其精粹是与该项目代表性的传承人联结在一起的，因此对项目传承人的保护应该是保护工作的重点。要以传承人为核心主体，通过传授、培训以及宣传，使民间文化项目得到传承，传承人的地位得到尊重。

在民事法律规制下的权利主体主动保护，保护的基本方式就是权利行使的以下几种方式：第一，以自己的身份传承。自然人个体学习、掌握、传承民间文化，不是单纯的自我娱乐，不是单纯的宗教信仰，也不是仅仅获得一种物质生活来源，在很大程度上是一种自我价值实现的方式，在该领域做出了贡献，他的人身权利就必须得到世人的尊重，就必须获得法律的保护。第二，监督他人在尊重民间文化以及传承人身份的前提下非商业性使用。非商业性使用，主要是为了社会公共利益和公益事业，比如教学、科研、宗教、慈善、政府公务行为等，在表明来源和保持原有含义不受歪曲的情况下，正当地使用民间文化，使民间文化正面传播，对于这种传播，权利主体有监督权，这种有监督的传播就是对民间文化的一种有效保护和弘扬。第三，传承人内部有制约机制的商业性使用。第四，许可他人有条件的商业性开发和使用。这两种方式是平等民事主体之间通过合同关系实现的，一旦出现合同纠纷，可以通过民事诉讼方式加以解决。第五，禁止他人歪曲、篡改性使用。第六，禁止他人不经许可的商业性使用。这两种方式应该明确载入法律条文，对不正当使用起到一种教育、警示和制止的作用，一旦明知故犯，权利人可以通过版权行政主管机关或工商行政主管机关加以行政处罚，也可以向人民法院提起侵权诉讼。

保护民间文化应坚持的原则与保护方式是密不可分的，在保护中主要应该坚持以下原则：第一，无形文化遗产的不可再生性和脆弱性，决定了我们必须把抢救和保护放在第一位。第二，坚持积极保护的原则。民间文化活态流变性的特点，决定了我们要尽可能避免以静止、凝固的方式去保护。在既不改变其按内在规律自然衍变的生长过程，又不影响其未来发展方向的前提下，尽可能寻找使民间文化获得传播又能带来经济效益的方式，比如生产性保护的方式与旅游开发等的良性互动结合方式。第三，坚持创造整体性社会保护的环境。任何民族、社区或地域群体，民间文化的遗存都不会是单一的。因此，从保护方式和形成保护生态两方面创造整体性保护的环境十分重要。第四，坚持发展性保护的原则。保护的目的是为了使民间文化更好地发展，而不是制约民间文化的发展，只要合理使用民间文化，有利于民间文化的正面传播，都要给予鼓励，而不是限制。第五，坚持利益平衡的原则。保护既要有利于传承人利益的维护，也要有利于其他使用者利益的保障，使两者利益实现平衡，达到良性互动。只有如此，众多民间文化项目才会在科学合理的保护中得到更好的延续和发展。

四 民间文化法律保护的机制

民间文化的法律保护机制，是一个相互关联的有机整体，根据所调整的法律关系和调整的方式不同，可以分为以下五种机制：

一是行政法保护机制。2011 年 2 月 25 日第十一届全国人民代表大会常务委员会第十九次会议通过的《中华人民共和国非物质文化遗产法》就是采取这种机制，各省自治区出台的民间文化保护条例和规定，绝大多数也是采取这种机制，这种机制对于抢救濒危的民间文化、普查和登记民间文化项目、保护和培育传承人、促进投资、强化政府的主导职能等方面有着积极的作用，也为其他法律机制所不可代替。这种法律机制力度大、见效快，在我国现阶段的民间文化保护工作中发挥了明显的作用。

二是知识产权法保护机制。知识产权法的体系主要包括版权法、专利法和商标法，在目前，能直接用于民族民间文学艺术保护的主要是版权法。知识产权法保护机制强调发挥民间文化主体自身的积极性和作用，通过平等主体之间合同关系使民间文化拥有者或传承者能获得相应的经济回报，为民间文化的发展注入经济动力，从而使民间文化获得持续的保护。这种法律保护机制充分尊重民间文化主体的意志，既保护主体的经济权利，也保护主体的精神权利，使用者不得随意对民间文化进行修改和歪曲，要尊重权利人的署名权，这种机制有利于民间文化的原生态传承和发展，也有利于减轻政府在保护民间文化事业中的财政负担。

三是反不正当竞争法保护机制。反不正当竞争法与知识产权法有着密切的联系，郑成思先生曾经有过一个形象的比喻，如果把知识产权法比作冰山，则反不正当竞争法就是托着冰山的海水，也就是说，知识产权法需要反不正当竞争法的支撑，特别是有些客体无法用知识产权法来保护，如商业字号、企业名称、特殊商品名称、技术诀窍等，它们往往为民间文化传承的老字号企业所享有，但搭便车现象时有发生，只能依靠反不正当竞争法来加以调整，从而使民间文化得到应有的保护。实践中的典型案例是“天津泥人张”对“北京泥人张”的反不正当竞争之诉，由于现有法律并不能较好地处理民间文化保护领域的反不正当竞争问题，该案的处理结果存在较大争议，引发我们对完善反不正当竞争法保护机制的深入思考。

四是商业秘密权保护法机制。英美法系国家一般将商业秘密视为知识产权或无形产权，并制定专门法律加以保护。我国在反不正当竞争法中对商业秘密加以保护，确认商业秘密的财产属性。对于商业秘密所有者的权利主要表现如下：（1）占有权。商业秘密所有人有权对商业秘密进行控制和管理，即采用合理的保密措施，防止他人用不正当的手段获取、披露、使用和许可使用。（2）使用权。商业秘密所有人有权依法使用自己的商业秘密，其他任何人不得干涉。（3）收益权。商业秘密所有人可以通过自己使用或者许可他人使用而取得经济利益。也可以转让商业秘密所有权获得经济利益；还可以将商业秘密作为投资入股，取得经济利益。（4）处分权。商业秘密所有人有权处分自己的商业秘密，有权作赠与、转让、抛弃等行为。我国的民间文化中，许多传统技艺是保密的方式来传承的，技艺不泄密，传承人才能通过提供产品或服务的方式来获得回报，所以采取保密措施的传统技艺应该和现代的商业秘密一起，受到法律的保护。我们认为，现有的反不正当竞争法应该对民间文化中的商业秘密采取特殊保护措施加以特别保护，当然，时机成熟时，可以建立一部《商业秘密保护法》，对包括民间技艺在内的商业秘密采取统一的保护措施。

五是商品化权保护机制。这种机制承认和保护主体基于民间文化商业性使用而产生的商品化权，鼓励对民间文化的商业性开发，不仅在文化领域使用民间文化，更有利于发掘民间文化在经济领域潜在的商业价值，直接用于商品生产或商业标识，使民间文化主体能获得较大的经济利益。这种机制赋予投资者和使用者较大的权利，不必考虑民间文化主体的人身权利，其使用的结果可能会导致民间文化的变异，但如果不进行立法保护，这种客观存在的商业性使用可能更加泛滥成灾，而且权利主体得不到任何回报。比如，香港由一个商人把东北的著名民间文化名称“二人转”注册在避孕套上，居然获得了当地商标注册主管机关的批准。这方面的法律完全处于一片空白，加强民间文化商品化权保护机制的立法迫在眉睫。

上述五种法律保护机制，具有各自的特点和作用，第一种行政法律保护机制是公法保护机制，由行政机关来依法实施，后面四种保护机制是私法保护机制，由民事主体依法发起来进行保护，这后面四种法律保护机制的核心是知识产权法保护机制。

第四节　本书的基本思路、主要内容与研究方法

一　基本思路

尽管人们对民间文化及其保护的理论予以关注并开展研究已经有了一段时间，在研究成果上也已经有了一定的积累。但是，民间文化保护的理论研究，特别是法律保护模式与保护机制的研究，仍是个新兴领域，远未获得充分的发展，需要运用哲学、法学、社会学、民俗学、人类学、民族学等多学科的知识，即使是在知识产权法基本原理的运用上，也要灵活掌握，要有所变通，有所创新。因此，本书作为有关民间文化知识产权保护机制的一本专著，主要是要深入分析民间文化在传承、使用等方面的法律关系，明确权利主体的法律地位，阐明主体权利的内容，界定民间文化合理使用、法定许可使用、强制许可使用的范围和情形，要深入分析民间文化传播中的各种不正当竞争现象，还要阐明民间文化符号被商品化的基本理论问题。从这个意义上说，本书更多地带有理论探索的性质。它可以为非物质文化遗产学科的教学提供参考，甚至可以直接作为教材使用，但本书的章节、结构的安排却主要是从问题出发展开讨论，而不是从教材使用的角度来设计、构思的。我们认为，那种从

教学需要出发、以教材建设为主要目标的民间文化保护著作，应在民间文化理论研究或民间文化学得到进一步发展之后才可能出现。在民间文化理论研究刚起步不久的今天，我们撰写这样一部探索性的民间文化知识产权保护机制的著作，旨在从理论上努力回答民间文化保护过程中提出的一些重要的、迫切的、原理性的问题，同时也试图对民间文化学的学科建设做基础性的工作。总之，从基础理论和保护实践两个方面对民间文化知识产权保护做出理论阐述和概括是本书的基本思路。我们试图找到将基本理论付诸保护实践的可行性，从原理上来阐述有关民间文化保护的基本认识、基本观点和方法论问题，为民间文化保护实践寻求深层次的理论支持。对民间文化传播中可能遇到的法律关系进行有针对性的理论分析，增强可操作性。

二　主要内容

我们从基础理论和实用理论两个方面对民间文化知识产权保护进行研究，力图构成既有理论深度，又具有实践指导意义的民间文化知识产权保护理论体系，这是本书的基本思路；同时，这也构成了本书的主要内容。所以，本书分成上下两篇，上篇作为总论，阐释民间文化保护的价值与法律保护模式选择，下篇作为分论，阐释民间文化知识产权保护的各种具体机制问题，上篇分为五章，下篇为六章，并且连续编排。就各章的内容来说，本书第一章是导论，阐述为什么现在要提出以非物质文化遗产为主要内容的民间文化保护的问题，以及对民间文化保护规律总体把握的基本原则，概述本书的研究思路和要阐明的基本问题。第二章以民间文化概念辨析为主要内容，是全书的立论基础。本章描述了人类社会民间文化概念的形成过程，对民间文化的一般定义进行了科学论证，并对民间文化的特性作了详细论述，为我们科学合理地选择民间文化的法律保护模式进行了铺垫。第三章建构了一个民间文化立体的、丰富的、动态的价值体系。第四章依据《保护非物质文化遗产公约》、《世界文化多样性宣言》等国际文书的有关表述，探析保护民间文化理论和实践两个领域所具有的意义。第五章对民间文化保护的法律机制进行了概述，阐述用知识产权法律模式保护民间文化的必要性、可行性、合理性和基本原则。第六章界定民间文化表现形式的民事权利主体，我们把它分为传承性主体和邻接性主体，分析这两种主体的法律地位。第七章分析了民间文化主体的知识产权权利内容，我们把权利内容分为精神性权利和财产性权利来分别论述。第八章从合理使用、法定许可和强制许可三个方面分析了民间文化知识产权权利的限制问题。第九章对民间文化著作权集体管理模式进行了分析，着重论证其必要性。第十章探讨了包括商业秘密保护在内的民间文化保护的反不正当竞争法机制。第十一章关于民间文化符号的商品化权保护机制，只是作者的个人观点，在学术界尚属首创，还没有成为人们的共识，意在引起学界的重视。后六章立足保护工作实践，学理性地探讨了保护民间文化知识产权实务中可能遇到的各种法律关系和法律疑难问题，是本书的重点、创新与突破。

三 研究方法

任何一门学科形态要科学清晰地阐释其对象，都需要具有一定的、与其研究对象相适应的方法论。民间文化的重要特性是活态流变性，但用进化论并不能深刻阐释这一社会历史和精神文化领域中的现象，要科学、系统地揭示民间文化的本质特性、保护规律，还必须依靠唯物史观和法哲学的基本理论。在根本的方法论上，我们还是要坚持以马克思主义唯物史观和马克思主义法学方法论为指导。作为本课题的具体研究方法，根据研究对象的需要，除了法学和哲学的基本分析方法外，还要借鉴和运用社会学、文化学、历史学、人类学、民俗学、艺术学、美学等学科的方法，特别注重将各学科的研究方法加以综合，进行跨学科的综合研究。从学科定位而言，民间文化知识产权保护机制属于法学的范畴，偏重于文化遗产传承、传播和许可使用的实践应用。这就需要我们在进行民间文化知识产权保护的理论探索中，努力吸收相关学科的理论研究成果，同时也应努力在民间文化保护实践基础上，以创新性的理论概括，为民间文化保护学这一新的学科的创立及其理论体系和方法论架构的建设，进行扎实的学术积累。

第二章　什么是民间文化

民间文化是生活于社会基层的民众自发创造和传承的民间知识，主要包括各种民间文学艺术表现形式和民间生产生活知识两个大的方面。有别于官方文化的民间文化，一般都是区域性的和民族性的。我们这里所指的“民族”有两重含义：一是指集合性的民族整体，如中华民族，当我们把民间文化作为一个整体宏观研究和分析时，我们把中华民族作为一个整体来看待；二是指单一性的民族群体，如我国56个民族中的某一个具体民族，当我们在具体研究和分析某一种民间文化形式时，我们必须指出它是哪一个民族所特有或哪些民族所共有的文化形式，作为汉族的民间文化形式，我们可能忽略它的民族成分，但对于少数民族特有的文化形式，我们是不能忽略它的民族成分的。例如我们把以汉族人为主要传承者的自然药称为“中药”（当然在日本和韩国不叫“中药”，而称“汉药”），藏药却要特别指出它的民族成分。从文化创造和传承主体的社会分层上看，民间文化是一种来自社会内部基层的、由平民自发创造和传承的文化。从其产生的来源上看，民间文化还是一种具有农业社会生活的背景、保留了较多传统色彩的文化。有学者指出：“民间文化是一个国家和民族在历史实践过程中所创造的精神财富和物质财富的总和。它带有独特的民族特点和地域特色，并随着历史的发展而逐渐形成和发展”。① 我们不完全同意这种观点，认为民间文化的范围没有那么宽泛。民间文化与官方文化虽然有联系，但区别也是明显的，民间文化在很大程度上可以是私有的，官方文化在很大程度上是公有的。此外，民间文化和通俗文化也是不同的概念，有着不同的内涵和表现形式，虽然它们之间相互影响和相互转化。例如，郑振铎先生在其所主编的《中国俗文学史》（1938）中，把通俗文学等同于民间文学，我们认为也是值得商榷的。通俗文化一般没有地域性和强烈的民族性，它比民间文化传播得更快、更广泛，一般表现为比较时尚的文学艺术。

民间文化是物质的、有形的因素与非物质的、无形的精神因素的复杂的结合体，它们是水乳交融、彼此难以分割的关系，但物质的文化制品是凝固的，需要人们赋予它精神内涵才能为我们所理解、所使用，非物质的文化是直接对人的思想产生影响作用的，所以更为重要的还是表现为非物质的和无形的活文化。因此，我们在这里探讨民间文化保护的问题，更加强调保护民间文化中表现的传统知识、技能及蕴含的精神的意义和社会经济价值。这种“传统知识”，不是广义的传统文化，只是其中的民间传统文化部分，按照世界贸易组织、世界知识产权组织及国外已有立法的解释，它主要包含“民间文学艺术”与“地方传统医药”两大部分。② 这两大部分都是本课题所具体探讨的保护对象。

第一节　民间文化概念的表述

一　国内外相关机构和学术界对民间文化概念的解释

从目前国内外对民间文化概念的解释来看，界定这个概念的主

① 樊智义：《对民间文化概念及分类思考》，《朔方》2006 年第 12 期。

② 郑成思：《〈知识产权视野中的民间文艺保护〉代序》，《知识产权视野中的民间文艺保护》，法律出版社，2006，第 1 版，第 5 页。

体主要是国际上的相关机构、中国政府机构、学术团体或学者个人。这些解释分别出自于国际公约、官方文件、团体的宣言、学术专著和学术论文。实际上，从联合国教科文组织公开发布的文件中可以看到，仅仅对概念的称谓就更改过多次，使用过诸如“无形文化遗产”、“民间传统文化”、“口头和非物质遗产”、“非物质文化遗产”等概念，当然对概念本身的解释就更多了，几乎随着称谓的改变，其定义或解释就要作相应的调整。这个现象一方面说明了这个问题本身的复杂性和把握的难度；另一方面也说明了保护民间文化问题的实践性很强，随着各国保护工作的深入展开，新的问题和认识随之出现，这又会导致对原来看法的修正，并在相应的文件中表现出来。

从本课题所探讨的知识产权法律保护机制角度来看，我们把民间文化和非物质文化遗产看成是同义语，这种保护对象的无形财产性便于我们从知识产权法、反不正当竞争法、商业秘密法和商品化权保护机制等角度来分析，而不从物权法角度去探讨，再说凡是历史文物都归国家所有，没有官方和民间之分，这方面已经有成文的、比较成熟的《中华人民共和国文物保护法》，因此也不能适用物权法。这是本课题研究的基石和起点。当然，我们对本课题的探讨不局限于已经颁布的《中华人民共和国非物质文化遗产法》所限定的范围和规定的保护机制，不仅范围相对要宽，而且有些保护机制的探讨具有前瞻性。

（一）英国学者威廉·汤姆斯（William Toms）对民间文化的创造性认识

欧洲文艺复兴和启蒙运动的兴起，使欧洲文学艺术向浪漫主义和民族主义发展，民俗研究取得了相当的进展。1846 年，英国学者、考古学家威廉·汤姆斯提出用“民众的知识”（folklore）一词来代替“民间古俗”的称谓。就字面意思来看，folk 即“民众”，lore 即“知识、学问”，合起来指“民众的知识或学问”。威廉·汤姆斯把 folklore 用来概括以下民间知识：礼节、习惯、星象、信仰、迷信、歌谣、谚语等。由于 folklore 很贴切地表述了这一广泛存在于社会生活之中的民众文化现象，因此得到欧美许多国家学者的认同，成为一个国际通用的学术概念。

威廉·汤姆斯对 folklore 这一概念的提出，是一个开拓性的工作，他引导着人们去更多地认识民间文化的特征，并且在 19 世纪后半期，民俗学家们对此所表现出来的兴趣达到了一个历史性的高潮。但是学者们对这一概念的理解却不完全相同。来自世界各地的学者们既希望给 folklore 下一个理性的定义，又无法就如何给 folklore 下一个满意的定义这一问题达成一致意见，以至于在最后由 Maria Leach 汇编的《folklore 标准词典》里，出现了 21 种定义。姑且不论 folklore 的定义为何，应当承认的是，folklore 本身就具有多义性的特点。而在事实上，folklore 经常被用来指代多种不同的事项，它有时是民间传说、风俗、歌谣、信仰等民间文化的代名词，有时指的是研究上述文化的学问。①

（二）1970 年联合国教科文组织《关于采取措施禁止和防止非法进出口文化财产和所有权非法转让的公约》的定义中所包含的民间文化内容

从 20 世纪 50 年代到 70 年代，一些国际组织先后通过了一些有关的国际公约、建议和宪章，提出对 Cultural Property（文化财产）的保护，其中，联合国教科文组织（UNESCO）于 1970 年通过了《关于采取措施禁止和防止非法进出口文化财产和所有权非法转让的公约》（以下简称 UNESCO《1970 年公约》）。

UNESCO《1970 年公约》明确了文化财产的定义和范围，认为“文化财产”系指每个国家，根据宗教的或世俗的理由，明确指定为具有重要考古、史前史、历史、文学、艺术或科学价值的财产并属于下列各类者：（1）动物群落、植物群落、矿物和解剖以

① 黄玉烨：《民间文学艺术的法律保护》，知识产权出版社，2008，第 1 版，第 15 页。

及具有古生物学意义的物品的稀有收集品和标本；（2）有关历史，包括科学、技术、军事及社会史，有关国家领袖、思想家、科学家、艺术家之生平以及有关国家重大事件的财产；（3）考古发掘（包括正常的和秘密的）或考古发现的成果；（4）业已肢解的艺术或历史古迹或考古遗址之构成部分；（5）二百年以前的古物，如铭文、钱币和印章；（6）具有人种学意义的文物；（7）有艺术价值的财产，如：全部是手工完成的图画、绘画和绘图不论其装帧框座如何，也不论所用的是何种材料（不包括工业设计图及手工装饰的工业产品）；用任何材料制成的雕塑艺术和雕刻的原作；版画、印片和平版画的原件；用任何材料组集或拼集的艺术品原件；（8）稀有手稿和古版书籍，有特殊意义的（历史、艺术、科学、文学等）古书、文件和出版物，不论是单本的或整套的；（9）邮票、印花税票及类似的票证，不论是单张的或成套的；（10）档案，包括有声、照相和电影档案；（11）一百年以前的家具物品和古乐器。

从以上规定可以看出，UNESCO《1970 年公约》保护的文化财产的范围较宽，其中包含了民间文化，特别是有形的民间文化载体。

（三）1982 年《保护民间文学艺术表达形式、防止不正当利用及其他侵害行为的国内示范法》称民间文化为“民间文学艺术表达形式”（Expressions of Folklore）

1982 年，世界知识产权组织（WIPO）和联合国教科文组织（UNESCO）共同组织起草了保护民间文化的《保护民间文学艺术表达形式、防止不正当利用及其他侵害行为的国内示范法》，该《示范法》使用的术语是 Expressions of Folklore。《示范法》明确地界定了民间文化的内涵与外延，即示范条款所要保护的民间文化是由传统文化遗产的特有要素构成的、由一国的某个社区发展和保持或者反映了该社区的传统艺术发展的个人的产品。后来，世界知识产权组织知识产权与遗传资源、传统知识和民间文学艺术政府间委员会同时使用了两个概念，即 Traditional Cultural Expressions（传统文化表达）和 Expressions of Folklore，并特别注明 Traditional Cultural Expressions 与 Expressions of Folklore 属于同一义语。

（四）联合国教科文组织《保护非物质文化遗产公约》的定义

联合国教科文组织《保护非物质文化遗产公约》第二条是这么对非物质文化遗产下定义的：

> 在本公约中：
>
> （一）“非物质文化遗产”，指被各社区、群体，有时是个人，视为其文化遗产组成部分的各种社会实践、观念表述、表现形式、知识、技能以及相关的工具、实物、手工艺品和文化场所。这种非物质文化遗产世代相传，在各社区和群体适应周围环境以及与自然和历史的互动中，被不断地再创造，为这些社区和群体提供认同感和持续感，从而增强对文化多样性和人类创造力的尊重。在本公约中，只考虑符合现有的国际人权文件，各社区、群体和个人之间相互尊重的需要和顺应可持续发展的非物质文化遗产。
>
> （二）按上述第（一）项的定义，“非物质文化遗产”包括以下方面：
>
> 1. 口头传统和表现形式，包括作为非物质文化遗产媒介的语言；
> 2. 表演艺术；
> 3. 社会实践、仪式、节庆活动；
> 4. 有关自然界和宇宙的知识和实践；
> 5. 传统手工艺。

从国内学术界对民间文化概念的理解来看，主要有两种意见：大多数和主流的意见是，基本上认可联合国教科文组织制定的《保护非物质文化遗产公约》中对非物质文化遗产的界定，但要根据中国的实际情况作出补充和修改，就可以为我所用；另一种意见是，联合国教科文组织通过的定义主要吸收了国外（特别是发达国家）的意见，依据的是国外的文化传统、文化遗产和文化遗产的保护实践，而这些意见和依据都与我国实际的国情有较大的距离，因此，要立足于我国文化遗产保护的实际情况，并吸收联合国教科文组织界定这个概念的经验，以利于我国的理论研究和保护实践工作，而不能照搬联合国教科文组织的定义。

学术界的这些探讨从不同的方面丰富、深化了对非物质文化遗产的认识，这些不同的意见与建议也有助于认识中国的非物质文化遗产的复杂性和特殊性。因此，这些意见与建议是很正常的，这些讨论也是积极的、需要继续深化的。但应该看到，学术界的探讨偏重于理论的层面，有前瞻性，但操作性、可行性尚需要得到实践的检验。

二　《民间文化传承中的知识产权》对民间文化概念的把握

从事民间文化保护工作，不但需要对理论有深刻的把握，而且要有具体的实践，甚至后者更为重要。实际上，国内外制定的公约、政策、法规已经吸收了学术界的主要认识，并被转化为实践中的操作层面，也被实践证明是基本可行的，此外还吸收了实践的经验。为此，在理解这个概念时，我们不但应该重视学术界的意见，也应该重视具体的实践，重视具体的公约、政策和法规的相关表述。也就是说，理论与实践、学术探讨与政策之间对这个概念的理解既有一致的地方，又有分歧之处，为了便于分析和提高讨论问题的针对性和规范性，我们主要以国务院办公厅《关于加强我国非物质文化遗产保护工作的意见》及其附件《国家级非物质文化遗产代表作申报评定暂行办法》中对非物质文化遗产概念的界定来划定范围，并补充《暂行办法》中没有规定的“民间文化符号”作为法律保护的客体，因为民间文化符号一般来自于某种民间文化形式的类别或某种民间文学艺术作品的名称，按照现有的法律保护模式，不管是民间文化形式的类别称谓还是民间文学艺术作品的名称，都不能获得法律的保护，但这些民间文化符号，和特定的传承群体紧密结合在一起，是他们的标志和象征，就跟他们自己的名字一样，甚至比个人的名字还重要，还神圣不可侵犯，这是实践给我们的昭示，绝不是个人的异想天开或心血来潮，不仅仅是一种纯粹的理论探讨。

《国家级非物质文化遗产代表作申报评定暂行办法》第二条和第三条对非物质文化遗产概念进行了符合我国实际的规定：

> **第二条**　非物质文化遗产指各族人民世代相承的、与群众生活密切相关的各种传统文化表现形式（如民俗活动、表演艺术、传统知识和技能，以及与之相关的器具、实物、手工制品等）和文化空间。
>
> **第三条**　非物质文化遗产可分为两类：（1）传统的文化表现形式，如民俗活动、表演艺术、传统知识和技能等；（2）文化空间，即定期举行传统文化活动或集中展现传统文化表现形式的场所，兼具空间性和时间性。
>
> 非物质文化遗产的范围包括：
>
> （一）口头传统，包括作为文化载体的语言；
>
> （二）传统表演艺术；
>
> （三）民俗活动、礼仪、节庆；
>
> （四）有关自然界和宇宙的民间传统知识和实践；
>
> （五）传统手工艺技能；
>
> （六）与上述表现形式相关的文化空间。

根据上述规定，本课题中所涉及的民间文化的范围大体包括：（1）各种口头表述，包括对群体有意义的诗歌、史诗、神话、民间传说及其他形式的口头表述，也包括作为其载体的语言；（2）传统表演艺术，包括戏剧、音乐、舞蹈、曲艺、杂技、木偶、皮影、宗教表演等表现形式；（3）社会风俗、礼仪、节庆，包括重要的节庆、游戏、运动和重要集会等活动，有原始感的打猎、捕鱼和收获等习俗，日常生活中的有意义的居住、饮食习俗，人生历程（从出生到殡葬）的各种仪式、亲族关系及其仪式、确定身份的仪式、季节的仪式、宗教仪式；（4）有关自然界和宇宙的知识与实践，包括民间医药知识，传统生产制造知识和技能，农耕活动和知识，动植物的知识，畜牧产品、水产品、果实的处理，食品的制作和保存，烹饪技艺，时空观念、宇宙观，对宇宙与宗教的信仰，巫术，图腾崇拜，记数和算数的方法，历法纪年知识，关于天文与气象的知识和预言，关于海洋、火山和气候的知识与对策；（5）传统手工艺技能和文化创造形式，包括工艺美术品及其制作的知识和实践，体育知识，包括纹身、穿孔、彩绘在内的人体传统绘饰技术等；（6）与上述表现形式相关的文化空间。例如，被联合国教科文组织列为第三批人类口头和非物质文化遗产代表作的新疆维吾尔木卡姆就是典型的具有文化空间的表现形式；（7）与上述表现形式相关的民间文化符号，如“东北二人转”、“扬州八怪”、“扬州炒饭”、“梁山伯与祝英台”、“昆曲”、“新疆木卡姆”、维吾尔族“刀郎”等等各式各样，不一而足，都属于民间文化符号。①

总之，民间文化是在基层民众中自发产生和传播的传统文化，它既包括民间习俗和民间文学艺术，也包括关于自然和社会的生产生活知识与技能，它散落在民间，以往通过口传心授的方式传承和传播，现在有了网络，可以通过多种工具和手段传播，民间文化就像活水一样不断地流淌，生生不息，永远与人类相生相伴，对人类的发展和变迁产生无穷无尽的影响。我们绝不能忽视它的

① 苏喆：《文化符号商业标识功能的商标法规制——滥用民间文化符号注册商标的非正当性分析》，《知识产权》2011年第1期。

存在，绝不能抹杀它的价值，它永远值得我们用多学科知识加以研究。

第二节 民间文化的基本特点

民间文化种类繁多、内容复杂，为了进一步加深对它的认识，我们需要了解其特点。作为综合性的文化遗产类型，民间文化有它的基本特点。但作为具体的各种遗产，则是各有侧重。现将民间文化的特点作一些概括。需要说明的是，民间文化作为法律保护的对象，它不仅有自身的文化性特点，如独特性、活态性、流变性、多维性、民族性、地域性、传承性、传播性等，还有一些关联性特点，如主体的复杂性、创作的持续性等，这些关联性特点对于我们分清具体民间文化表现形式的法律状态，探讨法律保护的机制模式选择，具有基础性意义。例如，如果主体明确，且处于活态的持续创作之中，则该民间文化表现形式可以适用现代知识产权法律保护机制来进行保护；如果处于活态的持续创作之中，但主体模糊，在保护的实施和利益分配机制中，我们必须引进知识产权集体管理组织来开展具体工作；如果创新性停止了，创作不持续了，就可能意味着传承主体消失了，则不适宜采用知识产权法律保护机制了，需要采取行政法保护机制来进行抢救性保护。

一 独特性

民间文化一般是作为艺术或文化的表达形式而存在的，体现了特定民族、国家或地域内的人民的独特的创造力，或表现为物质的成果，或表现为具体的行为方式、礼仪、习俗，这些都具有各自的独特性、唯一性和不可再生性。而且，它们间接体现出来的思想、情感、意识、价值观也都有其独特性，是难以被模仿和再生的。例如，剪纸艺术既是我国工艺美术中特有的一种艺术样式，也是民间流行的一种表达情感的手段，其独特性足以令世人叹为观止。就民间剪纸艺术来说，剪纸艺术有很普遍的用途，或用于日常的装饰，或用于节日的庆贺。但剪纸又是一种象征符号，充满了丰富的意义，是中国人特有的祈福和祝福的方式，有独特的审美价值。任何民族的文化、文明中都含有独特的传统的因素、某种文化基因和民族记忆，这是一个民族赖以存在和发展的“根”。如果失去了这些，也就失去了自己的特性和持续发展的动力。而民间文化中蕴涵了特定民族的独特的智慧和宝贵的精神财富，是社会得以延续的命脉和源泉。《联合国教科文组织发展纲领》强调了文化记忆的重要性：“记忆对创造力来说，是极端重要的，对个人和各民族都极为重要。各民族在他们的遗产中发现了自然和文化的遗产，有形和无形的遗产，这是找到他们自身和灵感源泉的钥匙。”同时，民族记忆又是同传统深刻地联系在一起的。民间文化承载着丰富的、独特的民族记忆，而记忆却又是容易被忽视和遗忘的，极容易在不知不觉中消失。因而，保护民间文化也就是保护了独特的文化基因、文化传统和民族记忆。正如原文化部部长孙家正所说，民间文化是“由劳动人民在生产生活实践中直接创造出来的积淀下来的。它更加真实地反映了生产生活的实际，更加真实地体现了我们民族的特征。非物质文化遗产充分体现了中华民族在历史进程当中逐步形成的优秀文化价值观念和审美理想，凝聚着中华民族深层的文化基因，展现了中华民族充沛的文化创造力”。[①] 此外，这种独特性还必须与独一无二的创造力相联系。例如，“刀郎”是新疆麦盖提县央塔克乡一带的民俗文化。这一地区早在公元 15 世纪就有“刀郎人”在此游牧、狩猎、捕鱼，繁衍生息，在长期的生产活动中形成了这种独特的西域文化，产生了刀郎舞、刀郎民间绘画，形成了经久不衰的刀郎麦西热甫，刀郎麦西热甫以表现刀郎地区维吾尔人民野外狩猎、喜庆丰收、欢乐生活等情景为主，包含有刀郎木卡姆

---

① 孙家正：《提高民族文化自觉，做好我国非物质文化遗产保护工作》，《文艺研究》2005 年第 10 期。

演唱、群众自娱舞蹈、餐饮、文学艺术表演及各种游戏等。它不受环境条件、时间、参与人数的限制，但程序严格，种类繁多，内容丰富多彩，根据其性质和功能，大致可分为节庆礼仪和人生礼仪、农牧业生产、社交活动、其他民俗活动等四种类型。2006 年 5 月 20 日，该民俗经国务院批准列入第一批国家级非物质文化遗产名录。这种文化是其他民族所没有也难以模仿的。[①]

二　活态性

民间文化重视人的价值，重视活的、动态的、精神的因素，重视技术、技能的高超、精湛和独创性，重视人的创造力，以及通过民间文化反映出来的该民族的情感及表达方式、传统文化的根源、智慧、思维方式和世界观、价值观、审美观等这些意义和价值的因素。民间文化虽然有物质的因素、物质的载体，但其价值并非主要通过物质形态体现出来，它属于人类行为活动的范畴，有的需要借助于行动才能展示出来；有的需要通过某种高超、精湛的技艺才能被创造和传承下来。民间文化的表现、传承都需要语言和行为，都是动态的过程。对具体的民间文化类型来说，音乐、舞蹈、戏剧等表演艺术类型都是在动态的表现中完成的；图腾崇拜、巫术、民俗、节庆等仪式的表现也都是动态的过程；器物、器具的制作技艺也是在动态的过程中得以表现的。而且，民间文化的活态性还表现在如有的学者所说的“灵魂”，即“创生并传承她的那个民族（社群）在自身长期奋斗和创造中凝聚成的特有的民族精神和民族心理，集中体现为共同信仰和遵循的核心价值观”。具体而言，它表现在非物质遗产的价值、存在形态和特性等方面：“非物质文化作为民族（社群）民间文化，它的存在必须依靠传承主体（社群民

① 苏喆：《论民族民间文学艺术的商品化权保护模式——从“刀郎”之争看民间文艺的知识产权保护》，《扬州大学学报（人文社会科学版）》2010 年第 1 期。

众）的实际参与，体现为特定时空下一种立体复合的能动活动；如果离开这种活动，其生命便无法实现。发展地看，还指它的变化。一切现存的非物质文化事项，都需要在与自然、现实、历史的互动中，不断生发、变异和创新，这也注定它处在永不停息的运变之中。总之，特定的价值观、生存形态以及变化品格，造就了非物质文化的活态性特性。”①

三　流变性

民间文化或通过一方有意识地学习、另一方悉心传授，或老百姓之间自发地相互学习等文化交流方式得以流传到其他民族、国家和区域，这就导致了民间文化的传播。但这种传播呈现出活态流变的性质，这使民间文化的共有共享成为可能，而且这也是它与物质文化遗产的重要区别之一。通常而言，物质文化遗产的传播通过复制就可以获得，依据设计图纸和建造方案进行复制就可以了。但非物质文化遗产的传播是一种活态流变，是继承与变异、一致与差异的辩证结合。在它的传播过程中，常常与当地的历史、文化和民族特色相互融合，从而呈现出继承和发展并存的状况。在传播的形式上，民间文学艺术是以口耳相传、口传心授为其创作与流传的主要方式，其讲述与传播过程是动态的，与作家书面文学的稳定性相比，在流传的过程中随着传承人自己的理解和感悟，会发生一些变化。因此，在民间文学艺术时间与空间的流传过程中并不是简单的复制，而是在“传统”的基础上有所创新或变异。人类文化信息的传承永远是一个动态过程，因而知识便永远处于不断更新或创新过程之中。有的是根据传承人的情感与艺术表现力进行修改，可以说是在继承中发展；有的因时代的不同而不断变化，以适应新的情况；有的因地理条件的变化而造成方言、气候、风俗、景物等情况

① 贺学君：《关于非物质文化遗产保护的理论思考》，《江西社会科学》2005年第2期。

的变化而使民间文学艺术发生变化；有的因地域的不同而产生了变异，在不同的地方有不同的说法；还有的是因为在流传中造成遗忘使作品不完整。[①] 这些因素，甚至会导致该民间文学艺术作品的思想主题发生很大变化，例如白蛇传说，在唐代《白蛇传》和宋代《西湖三塔记》中还是一个蛇精害人的故事，以后渐变为肯定白蛇女追求美满婚姻的传说。孟姜女传说，经过北齐、北周大修长城的活动，促使古代杞梁妻故事转变为孟姜女哭长城传说，人物和主题都发生了根本性变化，仅与杞梁妻保持了一点历史的因由。[②] 但应该看到，虽然有变化和发展，但在多数情况下仍然存在基本的一致性，如果完全不同，也就失去了其特质。如端午节起源于我国，但在中外文化交流中传播到了韩国，但韩国并不是原封不动地照搬，而是融入了很多韩国自己的风俗习惯、民族特色和文化传统，丰富和演化了端午节的内涵。

四　多维性

民间文化不仅和一定的历史阶段有关，还与一定的空间环境有关，并且交织着多种知识和民族情感，具有多种功能，所以民间文化是一个多维的综合体。民间文化是各个时代生活的有机组成部分，它是一定时代、环境、文化和时代精神的产物，必然与当时的社会生活有着千丝万缕的关系。而且，由于它基本上是集体的创造，从而与局限于专业或专家的文化拉开了距离，这就导致了它的综合性，有许多民间文化常常是与物质文化遗产联系在一起的。其综合性表现在：从其构成因素来讲，非物质文化遗产往往是各种表现形式的综合，如作为民间文化的戏曲就蕴涵了文学、舞蹈、音乐、美术等多种表现方式；从功能来看，民间文化往往具有认识、欣赏、历史、娱乐、消遣、教育、科学等多种作用。例如，藏戏艺术有很强的综

① 李惠芳：《中国民间文学》，武汉大学出版社，1999，第35页。

② 钟敬文：《民俗学概论》，上海文艺出版社，1998，第261页。

合性，它是我国较为古老的民族剧种之一，至今仍然流传于西藏、四川、青海、甘肃和云南、贵州等地，以及印度等国。其主要剧目有《文成公主》、《诺桑王子》等八大传统剧目。藏戏艺术通过民族歌舞、民族说唱等综合性的表演形式来表现故事内容，离开了其中的任何一种表演形式，就会削弱其完整性和艺术魅力。再比如妈祖文化。妈祖文化起源于宋代的福建，有1000多年的历史，并从福建传播到台湾和世界上许多华人居住区。它以妈祖信仰为核心，通过神话、传说、故事、音乐、舞蹈、戏曲、叙事歌谣、游戏、祭典、祭仪、民俗、艺术等文化形式表达了其丰富的内容，并依托于其建筑、雕刻和其他手工艺等有形的文化形式而存在。而且，妈祖文化所树立的大同理想深入人心，有普世性价值和广泛的影响；它所蕴涵的道德感召力和道德说教也对后世产生了很大的、积极的影响；它在促进中华民族精神认同方面起到了不可替代的作用。可以说，妈祖文化是极具综合性的文化，是物质文化遗产与民间文化交织、综合的产物，是综合各种表现形式的产物。

五　民族性

民族性是指为某一民族独有，深深地打上了该民族的烙印，体现了特定民族的独特的思维方式、智慧、世界观、价值观、审美意识、情感表达等因素。有时，随着文化交流的深入，某种民间文化流传到了其他地方，但不同民族仍然会使其打上不同民族文化的烙印。特定民族的特性表现在从形式到内容的各个方面。从民族的形式特征方面看，民族的人种（包括肤色、形体等）、服饰（尤其是该民族创建期的有显著特色的服饰）、饮食、生产方式、语言、风俗等，这些大都是自然而然形成的，受自然生态的影响很大，有的还有遗传的作用。从更深层的民族特性来看，世界观、信仰、思维方式、宗教观、价值观、民族的文化心理结构、审美趣味、生活方式、民族认同等，这些因素是长期以来形成的，表现在日常生活和行为的方方面面，有很强的稳定性，不太容易改变。实际上，民族的形式和内容的特点都会在民间文化上有很明显的表现。2001 年，我国的昆曲艺术获得了联合国教科文组织认定的世界人类口头和非物质遗产代表作，而民族性就是其重要的价值之一。昆曲出现于明代，有 600 多年的历史，有鲜明的民族特色，在中国戏曲史上具有重要的地位，被称为“百戏之祖、百戏之师”。从昆曲艺术入选世界人类口头和非物质遗产代表作看，昆曲的表演方式和所反映的内容都具有很强的民族性，打上了浓厚的中国文化传统的烙印，这才是其存在的主要意义。

六　地域性

就一个民族来说，每一个民族大都有自己特定的生活和活动的地域，该地域的自然环境对该民族有很大影响，进而会在此基础上形成该民族的文化特征。通常，民间文化都是在一定的地域产生的，与该环境息息相关。该地域独特的自然生态环境、文化传统、宗教、信仰、生产、生活水平，以及日常生活习惯、习俗都从各个方面决定了其特点和传承。既典型地代表了该地域的特色，是该地域的产物，也与该地域息息相关，离开了该地域，便失去了其赖以存在的土壤和条件，也就谈不上保护、传承和发展。地域性既体现又进一步强化了民间文化遗产的民族性。新疆维吾尔木卡姆传播到了阿塞拜疆等世界其他国家和地区，在其传播过程中有了某些变异和新的发展，并深深地打上了这些区域的烙印，由新疆十二木卡姆演变而来的阿塞拜疆木卡姆和新疆维吾尔木卡姆艺术曾先后被联合国教科文组织认定为人类口头和非物质遗产代表作。实际上，新疆维吾尔木卡姆艺术包括了十二木卡姆、吐鲁番木卡姆、刀郎木卡姆、哈密木卡姆，即使同属于新疆维吾尔木卡姆，但这些木卡姆之间也因产生地的不同而有所区别。[①]

---

① 王文章：《非物质文化遗产概论》，文化艺术出版社，2006，第 1 版，第 61 ~ 68 页。

七　传承性

民间文化的传承主要依靠世代相传保留下来，一旦停止了传承活动，也就意味着死亡。而且，往往是口传心授，打上了鲜明的民族、家族的烙印，传承人的选择和确定主要着眼于与被选择者的亲密关系与对其保密性的认可。通常以语言的教育、亲自传授等方式，使这些技能、技艺、技巧由前辈那里流传到下一代。正是这种传承才使民间文化的保存和延续有了可能。而这些民间文化也成为历史的活的见证。假使没有了这些传承活动，就不存在这些动态的表现活动，也就更谈不上民间文化了。例如史诗《格萨尔》，它与蒙古族的《江格尔》、柯尔克孜族的《玛纳斯》并称为三部英雄史诗，被誉为“东方伊利亚特”。《格萨尔》是迄今为止世界上最长的一部英雄史诗，至今仍被传唱。这部史诗全面而形象地反映了藏族从原始氏族社会向封建社会转变的历史过程，是一部反映当时藏民族社会状况的百科全书。我们由此可以了解古代藏族社会的政治、经济、文化、历史和生活等情况，及其独特的文化心理结构、文化价值、审美取向、日常生活、民风民俗。这部史诗完全是依靠民间的传承得以流传和保存，正因为如此，才需要我们赶快去抢救、整理，从而使它能够完整地保存下来，为全面而科学地认识藏族的历史和整个中华民族的历史发挥其独特的作用。

八　传播性

传播的基本含义是扩散，民间文化的传播有狭义和广义之分，狭义的传播是指将民间文化向传承人以外的人扩散，广义的传播也包括向本民族本地区的传承人扩散。我们在这里主要分析狭义的传播。民间文化的传播有两种驱动力，一是传承人需要宣传自己的文化，希望外界了解自己的文化，通过向外传播自己的民间文化，达到让外界了解自己和自己的民族，实现本民族和外界的交流、交往，赢得外界的关心和尊重。二是外界知道该民间文化后，发现了它的价值和功能，通过各种方式把该民间文化加以使用和扩散。民间文化的传播是在平等主体之间进行的，有些是单方行为，有些是双方行为；有些是主动传播，有些是被动传播。只要进行了传播，就在平等主体之间发生一定的社会关系，这种社会关系是一种客观存在，需要我们从传播学、心理学、社会学、法学等多角度去加以研究。特别是在现代社会，高科技手段众多，民间文化的传播方式发生了前所未有深刻的变化，需要我们认真研究它的传播规律，研究此种传播所引发的各种社会现象。那种轻视民间文化传播，对民间文化传播不闻不问的态度是不可取的，这直接关系到一个社会的管理水平和社会稳定的状态。

九 主体复杂性

从民间文化项目的传承人来看，主体有时表现为个体性，但从总体上来说，民间文化表现形式往往不是单个人的行为所完成的，而是集体智慧和集体创造的产物，通常以一定的居住地、社区、民族或国家为单位，并在这样的范围内流传、延续和传播。虽然在最初创造的过程中有可能是由一个人提议引发的，但在其创造、完善和传承过程中，主要是集体创造的产物，吸收和积累了许多人的聪明才智、经验、创造力、技艺。所以，民间文化的传承主体表现出自然人个体、家族、社区群体、区域性民族、国家性民族群体等主体的复杂性。在群体中，每个自然人所发挥的作用是不相同的，绝不能排除和抹杀某些个体的聪明才智与突出贡献。但如果某个人的创作要成为一种广泛传播的民间文化，要成为一种民间习俗，那这个个体绝不能离开集体，离开集体，就得不到响应与附和，就得不到广泛实施，就只能是纯粹的自然人个体作品，就不能成为普遍传承的民间文化，不可能成为公认的习俗。①

---

① 钟敬文：《民俗学概论》，上海文艺出版社，1998，第1版，第11~12页。

十　创作持续性

民间文化非一时一世的产物，而是在漫长的历史过程中形成的，有着极为丰富的政治、经济、社会、历史、文化信息。而且，在传承过程中，又积累了历代传承者的智慧、技艺和创造力，使其在形式上更加完美，在内容上更加丰富，更能满足人民大众的需要。它们本身不仅包含着丰富的历史文化信息，从中也反映出特定的传承者们的思维、情感、价值观等。它的具体产生时间难以考证，经过几十年、几百年、上千年的锤炼，不停息地演化着，从而表现出创作时间长期持续性的特点。例如我国的龙，由仰韶文化的鱼纹龙到周朝的蛇纹龙，经汉、明、清，一直发展到今天的造型，还在不断演化着，发展着。但不管怎么变化、怎么发展、怎么创新，我们都称它为“龙”，而不是一个什么其他新鲜事物。

第三节　关于民间文化的性质

一　对于几种民间文化性质的分析

实际上，在民间文化中，有很多属于神话、巫术、图腾崇拜的项目，这样一来，就出现了对这些项目性质的判断问题。也就是它们究竟是不是落后的封建迷信？它们有没有存在甚至保存的必要？对这些问题的判断需要具体分析。

第一种情况是对许多没有争议的民间文化的定性。由于这些文化遗产反映了积极向上又富有创造力的民族精神、科学的探索精神和人民群众的智慧，其性质当然是积极的、有价值的，是应该充分肯定和保护的。

第二种情况涉及对图腾崇拜和巫术等民间文化的定性。事实上，在各民族的发展过程中，基本上都有反映该民族信仰的神话及关于宇宙的创造、产生、演变；关于先民的传说；关于该民族的偶像崇拜和图腾崇拜；在特定时刻用于特定目的的巫术。这些在各民族的日常生活中都扮演了重要的角色，在塑造人们的信仰、世界观、价值观方面也都有着极为重要的作用。但是，一些人由于受以往错误观念的影响，尤其是完全从进化论的观点出发，把我们现今的文明视为最发达、最先进和最合理的文明，而把神话、传说、巫术、图腾崇拜和偶像崇拜等这些古老的文化形态都看做是非科学、反科学、伪科学和封建迷信。作为人类学、社会学和民俗学的研究对象，这些学科应该研究其各种运作过程。应该看到，其中有很大部分根本不能划入封建迷信范畴，还有一些是精华与糟粕并存、科学与迷信并存。因此，在判断这部分文化遗产的性质时，应该指出其积极性与消极性并存的特点，并进行科学而适当的区分、鉴别、定性和评价。今天，有不少这样的文化遗产都是民间文化保护工作应该考虑的。同时，对于那些以目前的认识水平难以评价的文化遗产，也应该先保护起来，留待以后进行正确的评价。因此，仍要做些文化科学观念的普及和教育工作，使大家改变错误的观念，以便客观、准确地理解和研究这些民俗、神话、巫术等，特别是对于那些有重大价值的、反映了特定民族的世界观的，同时又面临灭绝的民间文化，应该予以充分保护，不能坐失良机，失去了保护的机会。这种情况也同样适合于对一部分传统的民间文化遗产的保护。有观念认为：传统的民间文化是小农经济和落后的封建制度的产物，也是导致社会发展缓慢的原因，其中渗透了小农思想，仍然会毒害人们。实际上，民间文化的创造主体和传承主体都是老百姓，它们源于生动活泼的民族、民间生活，是构成他们生活的有机组成部分。因此，也不能以愚昧、落后、封建迷信等来简单化地判定其性质。

第三种情况涉及对一些预言、宗教的定性。一些预言现在并不能被证伪，也不能被科学证明，但在民间信仰中又有很大的市场，对于这些预言中的有重要精神价值，又濒临灭绝的部分，也是应该肯定和保护的，但应该充分地正视其迷信和落后的因素；宗教作为人的信仰之一，在民间有很大的群众基础，具有不可替代的道德教化和情感慰藉作用，虽然有一定的虚幻性，但应该实事求是地肯定其积极的意义和价值，科学理性地对待其负面性，并切实地做好保护工作。由于我们以前确实有过不适当的认识和行为，因此，现在对这部分文化遗产的定性、评价和保护就更要慎重。①

二　在具体的保护实践中加深对民间文化性质的认识

鉴于此，应该立足中国的特殊的文化国情，制定政策和法律，保护那些对我们有重要意义的民间文化。从世界各民族的文化发展史来看，都存在着图腾崇拜、巫术、神秘游戏和宗教仪式，这是在科技发展低下的特定生产力状况下出现的文化现象。尽管其存在的形态各异，但都表现了先民希望借助超自然的、神秘的、崇拜物的力量来达到通过常规手段难以实现的目的、愿望。随着社会的发展，自然环境和社会环境也都会有相应的改变，这些因素都可能使这些文化现象面临消失的危险。由于特定的原因，有的被很偶然地保存了下来，这些文化遗产对于我们来说是弥足珍贵的，也是应该保护的。一般说来，对于民间文化的保护，联合国教科文组织的相关规定通常只涉及各个成员国达成一致的共识，对于特殊的、无法取得统一的意见和建议，只能是存而不论。而且，出于各国意识形态、人权观的差异，也难以统一不同意见。因此，也就无法从联合国教科文组织的规定中获得保护这些特殊种类的民间文化的认识。没有明文列入公约的保护对象，并不说明鬼神信仰（包括祖先崇拜等）、巫术迷信等神秘文化不属于非物质遗产或民间文化。就我国具体的文化遗产情况来说，虽然不能以这些特殊的种类去申请世界非物质文化遗产代表作，但仍然可以鼓励各级政府来保护这类文化遗产，应该允许这类文化遗产申请国家级的民间文化代表作，如有鲜明中国民族特色的傩戏就具有很高的文化价值。

① 王文章：《非物质文化遗产概论》，文化艺术出版社，2006，第1版，第70～73页。

第三章　民间文化的价值

一般而言，事物的价值不同于事物的属性，属性是事物本身所客观固有的，不以人的意志为转移的；价值则是主体与客体的关系，离不开主体和客体的共同作用。因此价值是客体属性与主体属性、价值客体与价值主体之间的共存统一，而又以价值主体、主体属性为主的一种特定关系。价值的实质、意义主要在于它对人的功能性、有效性，而不在于它的客观的事实存在性。因此价值的变化根本上取决于价值主体需要的改变、价值观念的改变、价值标准或尺度的改变，而不是价值客体属性的改变。

价值对人类是十分重要的，正如德国哲学家李凯尔特所说："我们利用价值来思考世界"，"价值是生活的命根，没有价值，我们便不复生活；没有价值，我们便不复意欲和行动，因为它给我们的意志和行动提供方向"。[①] 民间文化的价值就存在于民间文化本身与人类的相互关系中，存在于民间文化对人类具有的重要功能和作用中。

民间文化是各民族的多元化文化遗产，它的价值极为丰富，是

---

① H. Rickert, *System der Philosophie* Ⅰ, Tübingen, 1921, p. 120，转引自〔德〕马克斯·韦伯：《社会科学方法论》，韩水法等译，中央编译出版社，1999，第8页。

现代社会多元文化的根系，具有“活化石”历史价值与极丰富的人文资源价值、可供欣赏的审美价值、观光旅游市场开发的商业价值、生产经营活动中的产品与服务开发应用价值及商业标识价值、提升新生代人文内涵的教育价值、人际和谐与文化认同之价值、学术研究价值等，是各民族的宝贵财富和革新创造的源泉之一。

第一节　民间文化价值的丰富性

一　民间文化的价值

事物的功能决定事物的价值，民间文化也不例外。民间文化中含有丰富的历史资源、文化资源、审美资源、科学资源、伦理资源、教育资源、经济资源、创造资源，相应地就具有历史、文化、审美、科学、和谐、教育、经济等功能，而这些多种多样的功能决定了民间文化具有多方面的价值。因此，要想保护传承、深入研究民间文化，就应该弄明白它有什么重要价值，以增强我们对其重要性的认识，提高对其保护、传承、研究的重视程度，并加大保护力度。

民间文化的价值是多方面和多向度的。民间文化是人类伟大文明的结晶和各族人民自身享有的宝贵财富，是文化多样性的生动展示，是人类文化整体内涵与意义的重要组成部分。一个民族的民间文化，往往蕴涵着该民族传统文化的最深根源，保留着形成该民族文化身份的原生状态，以及该民族特有的思维方式、心理结构和审美观念等。随着实践的发展、社会的进步，人类对民间文化及其价值的认识也在不断深化和发展。因此，衡量和评价民间文化的最终标准，只能是它所证明的生产力发展的水平和说明社会状况的程度。在认识和评价遗产价值的具体过程中要受到生产力发展水平尤其是科学技术水平的制约。遗产本身储存着十分丰富的信息，对这些信息及其价值的认识不是一蹴而就的，随着研究的深入，科学技术迅速发展所提供的技术手段愈多，对民间文化及其价值的深层次认识也会愈来愈多。保持民间文化真实完整地存在是人类社会可持续发展的重要条件，因此在一定程度上可以说，无论如何估价民间文化价值的重要性都不为过。

为了更全面地认识民间文化的重要价值，我们也要注意区分判断民间文化是否有价值，价值标准与其价值本身的区别和不同。在联合国教科文组织《宣布人类口头和非物质遗产代表作条例》中，强调非物质文化遗产代表作应具有特殊的价值，是“从历史、艺术、人种学、社会学、人类学、语言学或文学角度看，具有特殊价值的民间传统文化的表现形式”。仔细分析这段话，就会发现它实际上讲的是对非物质文化遗产进行价值判断的价值标准和评判视角，而不是其价值本身。评价民间文化是否有价值，我们可以从它是否对历史、艺术、人种学、社会学、人类学、语言学或文学等学科而言具有学科价值、研究价值的角度来进行判断。很显然，这里提到的价值标准和评判角度不同于民间文化的价值本身。实际上，民间文化成为多种学科研究的对象这一事实本身，也有力地证明了民间文化具有多方面的功能和价值。

二　民间文化价值的丰富性与体系性

如上文所分析的，作为生活的百科全书和多种学科研究的对象，民间文化具有多方面的重要价值，它们不是单一、静止的，而是多样、动态、系统的，构成了一个多维、立体的价值体系。民间文化的价值体系究竟是怎么构成的呢？民间文化的价值是多样丰富的，有历史价值、文化价值、精神价值、审美价值、观赏价值、教育价值、认同价值、科学价值、实用价值、经济价值、创造价值、纪念价值、收藏价值等，这些多种多样的价值既不是完全等值，也不是互不相干的，而是有着深层与表层、历时与共时、共性与特别之分，它们共同构成了民间文化多维度、多层次的价值体系。在这一价值体系中，既有民间文化的基本价值，也有民间文化的衍生价值。民间文化的基本价值，是在各个历史时期、各个地域、各个民族的不同的民间文化中，都存在并发挥作用的价值；其中又分为民间文化的历时性基本价值：历史价值、文化价值、精神价值，以及共时性基本价值：科学价值、社会和谐价值、审美价值。民间文化的衍生价值，则是指在当今后工业社会、信息社会、消费社会的时代背景下，其重要性越来越显著，其应用领域越来越宽广，民间文化的教育价值、经济价值等不断被人们所挖掘，从而衍生出众多的时代现实价值。

之所以认为历史价值、文化价值、精神价值、科学价值、和谐价值、审美价值是民间文化的基本价值，是因为历史价值、文化价值、精神价值是民间文化价值体系的核心和灵魂，没有这些价值，民间文化基本上就失去了意义。此外，民间文化的科学价值是该价值体系的价值规范，它强调了民间文化应是科学的而非迷信愚昧的；审美艺术价值是价值取向，它强调了民间文化应是美好的并且能给人美感的，而不能是丑陋残忍血腥的；和谐价值是价值目标，它强调了民间文化通过促进群体价值认同而带来民族团结、社会和谐，达到人民安居乐业的目标。本章之所以强调并分析教育价值、经济价值这两种民间文化的现实价值，是因为在当今特定的时代环境中，教育价值是民间文化传承的重要手段，它既认可了民间文化的丰富内容，同时又通过讲授学习使其传承下去并得以宣扬传播；经济价值则在充分利用民间文化中的潜在经济因素的同时，又增强了民间文化及其传承人自我延续、自我生存的能力，从而使其更好地存在、发展下去。

我们正视并研究民间文化的价值及其体系，就是要改变那种认为民间文化没有什么价值的观念，或者认为民间文化只是散乱地具有某些零星价值的看法。我们强调民间文化价值的丰富性和体系性，就是要引起对其价值形态的多样性、价值关系的多维性、价值结构的开放性的关注和重视；就是要提醒人们重视民间文化价值体系本身的层次化和多向度，以适应其本身的客观实际并满足对其进行科学研究的要求。

总之，民间文化多种多样的价值构成了一个立体、丰富、动态的价值体系，具有很强的概括性、综合性、宏观性，不能单以某学科来概括和包容，因为民间文化是对整个社会、整个人类、整个历史而言的。因此研究民间文化的价值及其丰富性、体系性，相应地就需要超脱具体学科的限制，进行立体的、综合的、全面的分析。

第二节 民间文化的历史价值

民间文化是从某一地区、某一民族深厚的传统文化、悠久的历史发展中保存、流传下来的，是认识一个民族、一方地域、一段历史、一种文化的鲜活的方式和手段。因为它们是由特定历史阶段、特定种群民族、特定地域范围的人民世代沿袭所传承下来的，生动地保留并表现了这些人群的生存状态、生产习俗、生活风貌、伦理观念并且对当时的社会形式、自然环境、宗教信仰等多方面的历史发展状况也有所保存和反映；因为它们是在一定历史条件下产生的人类社会的历史遗存，是历史的产物、时代的印迹，有着丰富多彩的历史文化内容；因为它们植根于人类社会生活、特定时空关系中，反映了历代文化传统和文化变迁，年深月久传承下来成了现代和传统唯一的、活态的、流动的见证，具有无以替代的历史社会价值、历史文化价值和历史精神精神价值。

一 民间文化的历史社会价值

民间文化承载着丰富的历史，是过去时代流传下来的历史财富，我们可以从中活态地认识、了解历史。民间文化的历史社会价值主要表现在：无论是何种民间文化总有其产生的特定历史条件，总带有特定时代的历史特点，通过这些民间文化，我们就可以了解到特定历史时期的生产发展水平，社会组织结构和生活方式，人与人之间的相互关系，道德习俗及思想禁忌。例如通过昆曲名剧《牡丹亭》，我们就可以认识到当时人们的婚姻关系，认识到封建伦理纲常对年轻人的控制和束缚，了解到当时的家庭结构，以及长幼尊卑、界限分明的人际关系，这些都是鲜活生动的历史。再如通过对井盐制作过程和工艺的了解，我们可以认识到祖先的聪明才智，认识到他们当时的生产水平和科技发展状况，而通过井盐生产和制作者的技艺传承，他们在井盐生产流通中的地位和作用，我们又可以了解当时的社会关系、经济关系，这些都是历史的重要组成内容。可以说，对于历史地形成的民间文化，没有一种不能提供特定的历史社会信息，没有一种不具有特定的历史社会价值。

从根源上来说，民间文化是“一种集团或个人的创造，面向该集团并世代流传，它反映了这个团体的期望，是代表这个团体文化和社会个性的恰当的表达形式”（《中芬民间文学搜集保管学术研讨会文集》，中国民间文艺出版社，1987，第 18 页）。由此可见，民间文化是反映了民众集体生活并长期得以流传的人类文化活动及其成果，因而具有不容忽视的历史社会价值。应当指出，虽然上述定义当时是针对民族民间文学而言的，考虑到民间文学在某种程度上是民间文化的重要内容，它的某些特征可适用于民间文化。就民族民间文学而言，源于历代民众的口头创作，世代在广大民众当中口耳相传，反映着广大民众的生活、思想、情感和文化；特别是有相当一部分民间文学就是远古神话传说流传至今的宝贵财富，或者是直接渊源于远古时代的神话传说、歌词谣谚。

从历史社会价值而言，民间文化以其民间的、口传的、质朴的、活态的存在形式，弥补了官方正史典籍的不足、遗漏或讳饰，有助于人们更真实、更全面、更接近本原地去认识已逝的历史及文化。在此意义上民间文化可以当之无愧地被称为活态历史。

民间文化蓄积了不同历史时代的精粹，保留了最浓缩的民族特色，是民族历史的活态传承，是民族灵魂的一部分，是超时代的。民间文化反映了民族的世界观、生存状况，折射了民族的集体心态和行为模式，有重要历史社会价值，有助于了解当时的社会、群体的整体状况。总之，民间文化是活的历史，提供了让人们以直观的、形象生动的活态形式认识社会历史的条件。

二 民间文化的历史文化价值

民间文化包含丰富的文化资源，是巨大的文化财富，鲜活生动地记录了不同民族、种群的杰出智慧和聪明才智、天才创造，是认识这些民族、种群文化史的活化石，极其珍贵。民间文化的历史文化价值主要表现在：民间文化是鲜活的文化，是文化活化石，是生活中的文化智慧，是原生态的文化基因，对其保护、发展，可形成全社会的文化自觉，既有利于文化的恢复、发展，又有利于文化生态的规划、建设。

世界上每一个民族的民间文化中，都深含着该民族传统文化的精髓，原生态地反映着该民族的文化身份和特色，放射着该民族思维方式、审美方式、发展方式的神韵，体现出该民族独具特色的历史文化发展踪迹，展现出鲜明的历史文化价值。社会的发展过程实际上就是文化积累的过程，这些世代积累的文化又是不同民族、地域存在和发展的标志和支柱。因此不同民族、种群有不同的文化模式、文化形态、文化标准、文化观念，具体到民间文化而言，也是千姿百态、多种多样，共同为人类文化的百花园增光添彩，丰富、充实人类文化的多样性。同时，这些民间文化又在不同民族的交往过程中不断地碰撞、渗透、交叉、融合，形成了文化的特异性与适应性并存共生的“和而不同”的局面。

每个民族、种群的文化都有其独特的创造性和迥异于其他民族的特有价值，都是一个不可重复的、不可替代的独立生成的体系，都是具有独特价值的独特文化传统。这是文化多样性的根本原因所在。因此，保护、传承民间文化，就是保护和发展文化的多样性、多元化，是在促进人类文化的发展；另一方面，人类文化的多样性也促进了民间文化的丰富和发展。联合国教科文组织《世界文化多样性宣言》指出："文化在不同的时代和不同的地方具有各种不同的表现形式。这种多样性的具体表现是构成人类的各群体和各社会的特性所具有的独特性和多样化，文化多样性是交流、革新和创作的源泉，对人类来讲就像生物多样性对维持生物平衡那样必不可少，从这个意义上讲，文化多样性是人类的共同遗产，应当从当代人和子孙后代的利益予以承认和肯定。"

通过保护民间文化，就可以保持不同民族的文化独特性，从而保持世界文化的多样性。每一个民族、地区只要保持了自己文化的独特性、本土性，就等于为世界文化多样性、人类文明创造性作出了应有贡献。例如狩猎文化既是鄂伦春人的民族文化标志，又是他们生存的依靠和支柱。这种狩猎文化体现了千百年来鄂伦春人的聪明才智和发明创造，反映了鄂伦春人的生活环境和生存技能，它提供了人类认识世界的一把钥匙，为现代人贡献了一种脆弱而宝贵的、独特无匹的历史线索。鄂伦春人的这种狩猎文化可以让专家学者和普通民众看到他们是一种什么样的文化群体、一种什么样的社会生活，以及他们如何适应自然的生存智慧，从而以其巨大的历史文化价值从一个侧面反映了中华文化的博大精深，由此增强人们的民族自豪感。总之，民间文化是民族文化的生动表现和象征，忠实地记录了这些民族、种群的文化发展进程，具有十分重要的历史文化价值。

三　民间文化的历史精神价值

民间文化鲜活生动地传承着丰富的历史文化，是民族的生命动力、精神依托，是民族文化复兴、民族文化整体可持续发展的源泉，具有传承民族精神的重要作用和价值。民间文化的历史精神价值主要表现在：民间文化中深深蕴藏着所属民族的文化基因、精神特质，这些维系民族血脉的元素反过来又世代塑造并延续了这些民族一脉相承的基本相同的生活态度和社会行为，形成民族特有的文化传承。

这些在长期的生产劳动、生活实践中积淀而成的民族精神，是积累而来的发展的经验、生存的智慧，是历史地形成的共同的、积极的，有凝聚力、号召力的民族意识，是世代相传沉积下来的民族的思想精髓、文化理念，是包含了民族的价值观念、心理结构、气质情感等在内的群体意识、群体精神，是民族的灵魂、民族文化的本质和核心。因此，作为一种鲜活地保留了富有地域特色的民族文化的活态文化遗存，民间文化传承了民族文化、民族精神的精华，使民族文化的历史精神价值在多元文化世界中以其独特性得到了世界的认可。尽管某些民间文化已不再具有当初的地位与功能，但它们作为民族形成过程的历史见证，作为民族的珍贵历史文化、精神情感的活态遗存，在今天仍然以其与各民族生存发展的紧密联系表现出重要性，其意义和价值将随着时间的流逝而变得越来越重要。鉴于此，保护并保存具有丰富历史文化内涵的民间文化，保护好这些民族文化的精华，传承其重要精神价值就是我们义不容辞的重任。民间文化是宝贵的，蕴藏其中的民族精神更是具有重要的无形资产价值，每一个民族的后来者不仅要发掘并重视这些无形资产，更要通过自身的努力来进一步增加这些无形资产的含金量。

人不同于动物，是有丰富情感与高尚精神的。精神虽然是无形的，但它对个人而言是人格力量的体现，是独特气质的表征；对民族而言是民族生命的外射，是民族特性的显现。作为人类高度发达标志的人文精神，是以不同民族文化的形式为载体进行传承的，它离不开大的民族文化环境和氛围。民族精神、人文精神不是通过自然遗传来延续的，而是在社会文化、民族精神的环境和氛围下，通过后天的教育、研习以及人际交往、代际传递的方式来继承并发展的。民族精神“像血液，像一个民族的灵魂，它流淌在民族的血脉中，主宰着民族的生存、走向与特征。……具有历史延续性。……不会轻易发生质变”。① 因此，确保民族特性、民族精神的代代相

① 范伯群：《中外文学比较史》，江苏教育出版社，1995，第71页。

传，就是每一个民族无可回避的重要任务，而对民间文化的保护、研究、发展，就是一种有力地唤醒人们对民族精神的传承意识的极好方法。因为民间文化作为传递和保存人类文化的生动有效的存在，能够很好地将民族精神传递到每一个人、每一代人这些活生生的载体上，从而造就一个有良好文化修养和崇高民族精神的伟大民族。

在一定程度上可以说，古代社会中民族精神的传承和变异是不自觉地发生的，一种文化在应对其他文明的冲突与挑战时，会本能地显示、张扬自己民族文化和精神的独特性，在此基础上再通过民族交往、文化融合而形成新的独特性。在现代社会，随着人类交往的频繁和交际方式的变化，在全球经济一体化背景下，我们应自觉地强调民族精神的延续与传承，而不能使民族精神和特性变异，发生文化同质化。因为只有这样，才能延续并传承每一个民族独具特色的民族精神，才能保护不同民族的内在气质和独特规定性，并进一步自觉地使不同民族中的基因获得新的生命力，获得更为全面、本真、完整的传承，从而为人类文化的丰富多彩作出自己的贡献。每一个民族都需要而且必然有着民族独有的遗传特征并且通过成功地传承、延续这些特征，以别具一格的民族风采去赢得融入世界的资格。虽然历史典籍、各种器物和制度也有助于民族精神的传承和延续，但是我们绝不能忽视以至认识不到民间文化在传承民族精神方面的不可替代的重要作用和价值。

总之，一方面，民间文化本身真实记录了某一民族、地域的人文、自然和社会发展，具有重要的历史社会价值、历史文化价值和历史精神价值，对滋养民族精神、提高文化素质极为重要。另一方面，民间文化又是无形的，作为重要的文化资源，与许多自然资源一样是一去不复返的、不可再生的。因为民间文化很少用文字或很难用文字记录，常常靠言传身教、耳提面命、口传心授来进行传承，使得民间文化的传承和积累带有很大的经验性、人为性。而经过时间的过滤流传至今的民间文化，往往带有以往时代的历史印痕，保留着浓缩的民族历史文化的精华，堪称文化精品。因此我们必须下大力气予以保护和传承，必须将这些鲜活的、宝贵的文化遗产尽最大可能地保存下来，把它们完整地留传给后人，充分发挥其深厚、生动、活态的财富作用，充分挖掘其历史价值。

第三节　民间文化的现实价值

在民间文化的价值体系中，除了历史价值外，还有科学价值、社会和谐价值、审美价值、教育价值、经济价值等现实价值。历史价值，是从纵向的、时间的维度跨越不同历史时期来对民间文化进行价值审视。现实价值，则是说在当前时期，在现实社会空间中看民间文化，就会发现它们必定具有真的价值、善的价值、美的价值这三种基本人类价值中的某些因素，就会发现民间文化应用在经济、社会、文化的方方面面。

一　民间文化的科学价值

许多民间文化本身含有相当程度的科学因素和成分，具有科学研究的价值，为进行科学的文化研究提供了基础。与物质文化遗产相比民间文化具有更多的、更鲜明的跨学科、跨领域的文化特征和知识属性。这是因为文化既是对世界和人类自身认识的结晶，同时又是进一步认识的基础和出发点。对民间文化的保护、发掘、整理、研究，增加、丰富、扩大、加深了人类的文化知识，促使人们在上层的、学院派的、知识界的精英文化知识体系之外，注意重视和开掘下层的、基础的、源头的，以及非文字的、活态的、口传的民间文化知识体系，从而深化、拓展人们的认识能力。而用文化人类学标准界定的文化场所或文化空间，突出了民间文化、非物质文化的综合性、集体性、周期性、时空统一性等特征，又可丰富认识方式、增加认识内容，这些都说明了民间文化具有相当重要的科学价值。民间文化的科学价值主要表现在：

1. 民间文化作为历史的产物，是对历史上不同时代生产力发展状况、科学技术发展程度、人类创造能力和认识水平的原生态的保留和反映，传承这些民间文化，是后人获取科技资料、掌握科技信息的基本方法之一。每个民族的民间文化中或多或少可能都会有一些不科学、不人道的东西，都会有这样那样的陈规陋习。这些东西都应该被禁止、取缔，有的随着人类文明的发展也会被创造、信奉它的人群自动抛弃。但是这些东西可能存留了人们在当时的思想认识水平、生活情感态度、科学发达程度、风俗信仰禁忌等社会历史文化内容，因而具有极高的研究价值。因此对那些已经被抛弃或即将被抛弃的暂列于民间文化中的某些部分和内容，也要以求实的态度对其价值予以科学认识。总之，我们要以科学的态度对待不一定科学的民间文化中的某些部分和内容，真正重视、利用它们的科学价值，例如对于中国传统的风水文化就应采取这样一种态度。

2. 民间文化的科学价值还指某些民间文化本身就具有相当高的科学含量和内容，有较多的科学成分和因素。例如民族传统医学药学、民族传统历法以及其他民俗、民间禁忌等。在此仅以民族传统医学药学为例进行分析说明。民族传统医学药学具有极高的科学价值这不仅包括汉族的医学药学，还包括藏、蒙、苗、瑶等少数民族的传统医学药学。中医中药堪称我国最重要的民间文化之一。传统中医在长期的发展中，形成了自己独特的医学体系，包括阴阳五行、经络、病因病机等学说及治法治则，其基本特点为治疗的整体观念和辨证施治。中医理论是由中医师丰富的个体经验支持的理论体系。中医讲究“望、闻、问、切”，而这些都要靠经验传授，也要靠自身经验的积累，靠自身的感悟和摸索，中医的这些无形的技巧和经验，要靠每一个人在实践中去学习和掌握。中医治疗经验的个体性，决定了其传承的复杂性。但中医治疗的整体观，注重从人的机体自身的协调完整性和机体与外界环境的统一性出发，把握人自身脏腑之间的相互影响，以及与外界气候、水土影响的关系，强调因时、因地、因人制宜，不是头痛医头、脚痛医脚，而是把握症候辨证施治。这种强调整体观及辨证施治的科学性，在世界医学体系中是非常独特的。中药学是中医学的重要内容。中药学中对中药的采集、炮制，对药性、药量、配方、服用的分析，都建立在对植物学的深入认识上，具有很高的科学性。例如每剂中药用几味药，每味药需要多少剂量，都是很有讲究的，用量不同，药效就大为不同。再如煎药时用多少水，煎到什么火候，煎多少时间，都直接影响药效和治疗效果。此外，即使对同一种药材植物，在它的不同生长阶段，以及在不同的时令采集和使用也会有不同的药效和治疗效果。①

总之，民间文化不仅本身具有较多的科学内容和因素，而且还给我们提供了极其丰富的史料和极有学术价值的资料，有助于我们从人类学、民族学、历史学、宗教学、民俗学、文学、艺术学、心理学、社会学等多种学科去进行相关的科学研究和认识活动，具有很高的科学价值。因此我们不能鄙视这些反映并表现、存活了人类创造历史的早期行为的精神文化财富，不应轻易地扔掉这些历经沧桑的活态人类文化，而是要充分认识它们所具有的重大的、不可多得的科学价值，积极地去保护、传承、研究它们，从而更好地丰富人类的历史文化知识，提高人们的科学认识水平。

二　民间文化的社会和谐价值

民间文化是积累、传承文化并加以创造发展的一种社会文化形态，是规范人们思想观念、行为方式的一种基本力量；它有利于人与社会的和谐、全面、平衡发展，具有重要的和谐价值。联合国教科文组织在《保护非物质文化遗产公约》中也特别强调了非物质文化遗产促进和谐的价值与作用，认为“非物质文化遗产是密切人与人之间的关系以及他们之间进行交流和了解的要素”。通过民

① 王文章：《非物质文化遗产概论》，文化艺术出版社，2006，第1版，第102页。

间文化的保护、传承、研究和发展，可以促进人与自我、人与他人、人与社会、人与自然，以及族群与族群、国家与国家、地区与地区的和谐，调整个体的精神世界，协调人际关系、家庭关系、族群关系、国家关系、地区关系，以及人与社会、人与自然的关系等，从而达到社会的安定、团结、和谐。对此，它不失为一种有益、有效的途径。

从历史上来看，中华民族是与人为善的民族，自古以来就有关于和谐的丰富思想传统。“和”字常用来指家庭、国家、天下等社会单位内部井然有序、协调一致的状态；“谐”字则更加强调相宜、融洽的含义。儒家思想中对此论述颇多，如孔子讲“和为贵”、“为政以和”、“和而不同”，孟子认为“天时不如地利，地利不如人和”，荀子主张“和则一，一则多力”；他们并且提出了“大同”的和谐社会的美好理想。从哲学上来讲，和谐是事物存在和发展的一种共同生存、相互协作的亲和状态，虽有对立，但更强调统一性。从社会学上来说，和谐是一个过程，是事物发展运动的善与美的理想存在状态及其表现；一个和谐的社会应是自由、公正、诚信、友爱，富有生机、安定有序、环境美好的社会，是一个人与心灵、他人、社会、自然和平共处的社会。和谐社会的核心是人与社会的和谐，主要是人对社会的价值认同，而民间文化就有通过推动价值认同而达成人与社会和谐的巨大优势和重要作用。①

1. 民间文化能够促进社会和谐，具有社会和谐价值

第一，民间文化中含有大量的传统伦理道德资源。历史已经证明，一个民族的文化积淀和文化向善程度，决定了这个民族的伦理道德和社会文明程度。因为伦理道德是促进个体与社会和谐相处的平衡机制，为人类社会生活的平稳运行提供基本的秩序和保证，是协调个体关系、化解社会矛盾的基本调节方式和手段，所以在保

① 王文章：《非物质文化遗产概论》，文化艺术出版社，2006，第1版，第104页。

护、传承民间文化的过程中，通过撷取、展示、宣扬其中的与人为善、尊老爱幼、明礼诚信、天人合一等美好向善的伦理道德资源和内容，就会极大地助益于我们当今的和谐社会建设。群体认同、民族认同、社会认同是人类和谐社会建设的核心和目标，而文化认同则是实现社会和谐的重要基础。每一个国家、族群都有其与众不同的特定文化，这些文化成了维系他们拥有共同情感体验、共同生活风俗、共同伦理意识和世界观的重要内容。民间文化是这些文化中重要的、鲜活的、发挥重大影响的主要部分、重要部分，因而在促进社会认同、族群凝聚方面具有重要作用，有很强的社会和谐价值。

第二，民间文化作为鲜活的、丰富多样的文化资源有重要的社会价值认同、社会和谐的价值和作用。人的社会化过程就是社会价值认同过程、社会和谐实现过程，就是该族群的独特文化代代相传、儿孙相继的过程。在人的社会化过程亦即人的社会价值认同过程中，一方面个体要接受社会环境的影响，如家庭、社区、学校、单位、媒体等；另一方面又要将社会的价值标准、行为规范等潜移默化地变成自己的价值观和行为准则，才能最终实现社会化，完成社会价值认同，达到社会和谐。因而民间文化作为社会文化资源中的重要部分，具有极其重要的社会认同作用、社会和谐价值。个体社会化过程中所关注、所认同的行为文化、伦理文化、风俗文化等，大多属于民间文化的范围；民间文化的突出特征如社会性、群体性、共享性、活态性等，也正是个体在谋求社会认同中所要学会和遵守的。这也再次说明民间文化具有重要的社会和谐价值。

第三，民间文化中的某些传统文化内容，规范着民族的群体生活方式、思想价值取向，是维系民族团结、巩固社会和谐的黏合剂，是民族凝聚力、社会价值认同的重要载体。民间文化作为民族传统历史文化的重要组成部分，是民族凝聚力与亲和力、社会和谐的重要源泉。每个国家、民族都有其独特的文化传统，它们是维护民族独立、尊严，促使民族崛起、振兴的强大精神支柱，具有强大的民族凝聚力、向心力。民间文化是民族文化的精华，是民族精神、民族性格的鲜活体现，是民族情感、民族心理的寄托；不同民族所创造、拥有的民间文化都是渗透在这些民族广大民众的骨肉血脉之中，融化到他们日常衣食住行之中的民族共有共享文化。民间文化中大量的民族文化传统，反映和表现了民族共同心理结构、思维习惯、生活风习等内容，能产生强大的民族凝聚力，促进民族共识和认同，发挥其强大的民族共识、社会认同的价值和作用。因此，可以说民间文化是传统文化、民族精神的载体和象征，具有重要的社会和谐价值，对民族文化认同、社会和谐起着十分重要的作用。

2. 民间文化社会和谐价值的主要表现

民间文化具有重要的和谐价值，不仅能促进人与内心、人与他人、人与社会、人与自然的和谐，还能促进族群与族群、国家与国家、地区与地区的和谐。具体地说，民间文化的社会和谐价值主要表现在以下几个方面：

第一，就个体的人的层面而言，民间文化既能促进自我与内心的和谐，也能促进自我与他人的和谐，这是和谐价值中的人与内心，人与他人的和谐。例如，民间文化中许多口头传说和故事内容，主要突出的就是善有善报、恶有恶报的主旨，安分守己、恪守礼法而不是逾礼违规、悖反伦常；知足常乐、安贫乐道而不是贪得无厌、利欲熏心；明礼诚信、乐于助人而不是背信弃义、刻薄寡恩；意志坚定、心理坚强而不是缺乏毅力、心理脆弱。尽管有些传说和故事在实际中会带来一些息事宁人的负面影响，但总的来说，民间文化中这些方面的内容在促进人内心的平和、人际关系的友爱方面还是产生了明显效果的。

在当今竞争高度激烈的社会条件下，人与人的和谐及人内心的和谐问题越来越突出，引起了各方面的重视。2006 年 8 月 6 日，温家宝总理向著名学者季羡林先生祝贺九十五岁寿辰，二人在探讨和谐问题时，重点谈了人与人的和谐及人内心的和谐。季羡林说：

"我们讲和谐，不仅要人与人和谐，人与自然和谐，还要人内心和谐。"温家宝说："《管子·兵法》上说：'和合故能谐'，就是说，有了和睦、团结，行动就能协调，进而就能达到步调一致。协调和一致都实现了，便无往而不胜。人内心和谐，就是主观与客观、个人与集体、个人与社会、个人与国家都要和谐。个人要能够正确对待困难、挫折、荣誉"。[①] 这就要求我们要高度重视人内心的和谐问题，从民间文化丰富的和谐价值中汲取资源，增强人们的心理承受力、提高人们的心理素质，使人们能正确对待挫折和失误，经受得起失败的打击和考验，承受得起生活的重担、磨难和苦难，成为一个人格健全、心理坚强的人。

第二，就个体的人与集体、社会的层面而言，民间文化能促进人与社会的和谐，这是民间文化丰富的和谐价值在促进人与社会和谐方面的表现。例如，贵州省布依族聚居的黔南州贵定县音寨自新中国成立以来，60 年间无刑事犯罪案件发生。这在全世界也是不多见的。据当地有关人士分析，这一奇迹的出现很大程度上与音寨这一带一直未中断当地特有的"三月三"、"六月六"歌会等民族民间节日文化活动有关，正是这些民间文化的有效传承及活动的举行，很好地起到了崇尚道德、弘扬正气、凝聚民心的作用，从而保证了当地人民平安、社会和谐。

第三，就人的集体与集体的层面而言，民间文化能促进族群与族群、国家与国家、地区与地区的和谐。族群与族群的和谐方面，例如我国土族地区普遍流行藏传佛教，所以在青海省同仁县就出现了土族、藏族共同参加当地最盛大的宗教节日"六月会"的景观，这对土族、藏族人民在当地的和谐相处、共同繁荣无疑具有重要的促进作用。国家与国家、地区与地区的和谐方面，有些民间文化历史地具有国际性、共享性的特点，例如蒙古族长调、马头琴是我国

① 徐京跃：《深情的问候——温家宝看望季羡林纪实》，2006 年 8 月 7 日《人民日报》。

和蒙古国，木卡姆是我国和哈萨克斯坦等国，柯尔克孜族口传史诗《玛纳斯》是我国和吉尔吉斯斯坦、阿富汗等国共同拥有的民间文化。因此，对这样的民间文化要顺应并利用它们的这种共生、共有、共享的特点和优势，开展并促进不同民族、地区、国家间的文化合作与交流，充分发挥其民族团结和国际交流的凝合剂、催化剂的作用，使跨民族、跨地区、跨国家的民间文化的保护、传承、发展成为共创、共有、共享这些文化财富的所有民族、地区、国家的共同责任与义务，使这些民族、地区、国家之间形成良好的交往合作关系。

民间文化可以成为国家间对外文化交流的桥梁，民族间联系沟通的黏合剂。在大力保护传承民间文化的同时，积极开展民间文化方面的对外文化交流，让独具特色的民间文化走出国门、走向世界。弘扬、展现光辉灿烂、魅力独特的民族文化，既有利于同世界各国人民之间的交往和了解，增进友谊，培养感情，同时又能增强民族自豪感、自信心、凝聚力。通过保护民间文化来促进地区和谐稳定、推动国际交往与合作，是有可靠的现实基础和条件的，因为不同民族、不同国家可能拥有相同或相近的民间文化，例如端午节、中秋节、春节、长调、木卡姆等。有些民间文化甚至具有人类意识和普世价值，可以成为一个国家、民族联系世界的纽带，因此通过在保护这些民间文化过程中开展国际交往与合作，也能够拓宽国际交往的渠道，促进国际交往的发展，维护世界和谐、和平。

第四，就人的个体、集体以及社会与自然的关系而言，民间文化能促进人与自然的和谐。例如禁忌文化是藏族人民民间文化的一部分，藏族禁忌文化中有许多禁忌就是为了防止人们肆意破坏自然，保护青藏高原脆弱的生态环境，从而达到人与自然的和谐相处。正是由于对自然的敬畏，有了人与自然的和谐相处，才有了青藏高原这方净土。

民间文化丰富的和谐价值中，也有许多促进人与自然和谐相处的内容。例如白族的“绕三灵”，就在每年的特定时间里，白族人民踏苍山游洱海，融入大自然，从而激起对自然的热爱和善待之心。壮族人民的民间文化中则有丰富的自然崇拜文化，他们崇拜日月星辰等天体，崇拜风火雨雷等自然现象，崇拜蛙、狗、鸟、花、树等动植物。正是基于万物有灵观念的发自内心的自然崇拜，壮族人民把自然视为人类的好伙伴而不是对手和敌手，从而使得壮族地区较好地做到了天人合一、生态平衡、人与自然和谐相处。

民间文化隐含着如此丰富的社会和谐价值，它对于培养人格健全、心理坚强、善待他人、善待社会、善待自然的人，对于维护民族团结、社会安定，对于促进国际团结、地区安宁，以及维护国家文化安全，具有不可估量的价值。

三 民间文化的审美价值

民间文化中大量存在的工艺品、表演艺术等，具有极高的艺术价值、审美价值，是进行艺术研究、审美研究的宝贵资源。丰富多彩的民间文化，展示了一个民族的生活风貌、审美情趣和艺术创造力，审美价值含量极高。民间文化的审美价值主要表现在：

（1）民间文化中有大量的艺术作品，是历史上不同时代、不同民族人民劳动和智慧的结晶，是按照当时审美风尚、美的标准创作的艺术产品。它们能流传到今天，说明其审美水平和创造美的能力得到了历史上不同时代人们的认可、接受和赞美、欣赏，因而含有极高的审美价值，也值得今天的人们去认识、欣赏和研究。

在民间文化中，有许多艺术作品或具有艺术因素的作品，因此民间文化就有许多审美价值需要我们去发现和认识、研究、总结、弘扬。这其中有许多天才的艺术创造，无与伦比的艺术技巧，独一无二的艺术形式，能深深打动人类心灵、触动人类情感。民间文化中有许多人类艺术史上的伟大艺术丰碑，它们是当之无愧的人类艺术的代表作，是人类艺术能力、审美能力、艺术创造智慧的结晶。

无论任何时代，作为民间文化之一部分的艺术作品，往往是既富于原创性的个人的天才创造同时又具有鲜明的时代特点和民族特性、地域特征。因此，从民间文化中传世的艺术作品、艺术杰作中，我们可以充分领会不同地区、不同人群天才的艺术创造及能力，进行一次次美的欣赏和享受，认识它们极高的审美价值和地位。例如主要聚居在我国青海省循化撒拉族自治县的撒拉族，就是一个能唱善歌的民族。撒拉族民歌是撒拉族人民生活、情感在优美音乐中的真实反映，具有鲜明的民族风格和民间色彩，是我国民族艺术宝库中具有强大艺术生命力、表现力的瑰宝之一，不愧为有高深艺术造诣、重要审美价值的民间文化佳作。我国是一个统一的多民族国家，有56个民族，每一个民族都有自己独特的非物质文化遗产，都有像撒拉族那样不胜枚举的民歌。

作为民间文化重要内容的民间文学艺术，反映了历史上广大民众的审美观念和艺术情趣，艺术特色鲜明丰富。在世代流传过程中，许多民间文学作品创造了大量生动丰富的文学形象，留传下了大量文学技巧精湛、优美动人的艺术篇章，成为历代民众审美欣赏的艺术对象。许多民间文学作品更是如清水出芙蓉，极具自然天成之美、巧夺天工之妙，美不胜收，堪称艺术经典、文学典范，具有极高的审美价值，是民间文化审美价值的重要体现。

（2）民间文化中不仅口头文学、民间文学、表演艺术有审美价值，而且民间文学、社会习俗、服饰织染、红白礼仪等也普遍涉及美的内容，具有重要的审美艺术价值。它们是不同地区、不同时代、不同民族文化史、艺术史的活化石，是这些民族的艺术存在的活的见证，反映和表现了不同民族群体杰出的艺术才能和天才创造、聪明才智，是这些民族乃至全人类值得骄傲的宝贵财富。因此，民间文化中的艺术文化资源是人类艺术之源，是不同民族群体艺术、文化得以发展的土壤和天空。

此外，民间文化中存储了大量的文化艺术创作原型和素材，为新的文艺创作和文艺创新提供了不竭的源泉，当代许多影视、小说、戏剧、舞蹈等优秀文艺作品就是从其中孕育而出的，很好地发挥了民间文化的审美再造功能，充分利用了其审美价值。世界文化名人、法国著名作家维克多·雨果在法国大革命时期谈到如何对待历史遗留的文化遗产时，曾坚定地说道："不论业主有多大权利，不能允许这些不顾廉耻、利欲熏心的业主毁坏历史性的名胜古迹；他们是卑劣之徒，竟然愚蠢到连自己是野蛮人都不知道！一幢建筑物里有两样东西，一是用途，二是美；建筑物的用途归业主所有，而美属于大家；毁坏自己的建筑物，是超越了他的权利！"①

四 民间文化的教育价值

民间文化中除了包含丰富的历史文化知识、大量的科学知识，还有许多极富审美价值的文化艺术精品，值得用这些重要的、科学的、美丽的知识和内容去进行个体教育、学校教育、社会教育；要使民间文化教育成为教育的一个重要领域，使教育成为民间文化保护、传承的一条重要途径。民间文化的教育价值主要表现在：

（1）民间文化本身涵盖了各方面的知识内容，是教育的重要知识来源；民间文化中又有大量的独特技艺技能可用以传授，这也构成教育活动的重要内容和方面；民间文化有许多传人，他们传授自己独有的宝贵技能的过程，就是教育活动的过程，而学生或受业人接受知识技能的过程，就是学习活动的过程；民间文化领域有众多以之为职业的专家、学者，他们在学校中、社会上讲授民间文化的活动，体现的也是民间文化的教育价值。

研究民间文化的专家学者整理、传授民间文化的专门知识的教育价值体现在如下方面：发掘、整理、传扬鲜为人知、未受重视的民间文化，让这些人类文化成果为全人类共有共享；探索发现民间文化的价值，多学科、多角度、多侧面地研究民间文化，开发其价值，展示其魅力，赋予其应有的学术地位、科学尊严；教育民众，特别是年轻人、广大学生对民间文化的价值、地位、重要性有正确

① 〔法〕雨果：《向毁坏文物者开战》，《雨果文集》第十一卷，程曾厚译，人民文学出版社，2002，第66页。

的认识，帮助他们树立科学的民间文化的价值观。

（2）我国丰富的民间文化中有大量的民间文艺的内容，这些是学校进行民族主义、爱国主义、历史主义教育和民族艺术教育，以及全面提升素质教育的极好资源。因为每一个民族的民间文化中都有属于该民族的独一无二的优秀文化遗产，这些鲜活生动的、易学易记的、便于操作的活态文化遗产和资源可以构成生动易学的学校教学课程内容，在帮助学生了解优秀民族文化、进行爱国主义宣传教育、完善教育教学体制和内容方面，都是非常有效、有益和重要的。在民间文化的学校教育开始起步的时候，民间文化的社会教育已经取得了令人瞩目的成就。

五　民间文化的经济价值

在做好抢救与保护的前提下，对民间文化加以合理利用，适当将其转化为经济资源，合理开发利用其经济价值，是保护的一个重要方面；同时，更要认识到，从发展文化创意产业角度去充分利用丰富的民间文化资源，会为民间文化带来不失本色的蓬勃生机。而对那些民间文化中的工艺性、技艺性项目进行产生经济效益的生产性保护，如剪纸、年画、风筝、鼻烟壶、传统医药等项目的开发，就可成为提供就业机会和产生经济效益的生产行业，就会给项目保护带来可持续性的长远发展。

将民间文化中有转化条件的文化资源转化成为现实的经济发展、转化成为文化生产力，带来经济效益，才会为民间文化带来持久的、有深厚基础的传承。消极的保护难以长久，只有积极的保护，才是持久的保护。民间文化的经济价值主要表现在：

（1）民间文化具有丰厚的经济价值，是因为民间文化自身具有双重价值，首先是遗存价值，即要确保能够存活而不消亡，才可能被传承、开发、研究，这是根本的因素，是前提条件。其次是经济价值，这只有在民间文化存活的前提条件下才能成为可能。经济价值既包括直接从民间文化得来的各种经济收入，如门票、纪念品、培训费等；还包括由此带来的旅游业、餐饮业、医疗卫生等服务业创造的经济收入。在遗存价值与经济价值二者的关系上，遗存价值越大，潜在的经济价值也就越大，因为民间文化的经济价值是依赖于其遗存价值、文化含量而产生、扩大的。因此，在追求民间文化的经济效益时一定牢记首先要使民间文化存活、传承、发展下去，其次才能谈得上经济开发，否则就是竭泽而渔。因此，我们必须牢记保护第一、合理利用的对待民间文化的根本原则。

另一方面，我们又要解放思想、开拓思路，使经济开发为文化保护创造更好的条件，使二者形成良性循环。总之，要认识到如果做得好的话，经济开发与文化保护是可以相辅相成的。经济开发可以促进民间文化拥有地的经济发展，财政收入增加后，这些地区就有条件加大对民间文化保护资金的投入力度，扩大宣传力度，给民间文化的传承人提供更好的传承、保护、创新条件，提供更好的生活条件，使之更加安心地从事民间文化的保护、传承工作。民间文化保护好了，遗产拥有地的知名度更高了，创造的经济效益就有可能更多，就会更好地促进旅游业和相关服务业的发展，带来更多的经济收入。这种文化保护和经济开发的良性循环互动，是当前民间文化保护工作中一条值得探索尝试的道路。

（2）民间文化具有广泛多样的社会功能和价值，其中也包括极大的市场开发价值，因此可以合理地开发其经济价值，发挥其现实功用。丰富的民族文化遗产、传统文化资源，使民间文化成为中国文化创意产业的优势所在。例如，民间文化中的民间传说、民俗资源就是极为重要的旅游资源，现在有关部门已对此问题有了明确而深入的认识，并已采取了有力的实际行动，取得了较好的社会文化效益和经济效益。例如中国国家旅游局分别将2002年的国际促销主题定为“中国民间艺术游”，2003年定为“中国饮食文化游”，2004年定为“中国百姓生活游”，既介绍、宣传、弘扬了中华传统文化，特别是民间文化，使国际上对中国丰富的民间文化资源有所认识，又获得了大量旅游收入，经济利润可观。

服饰文化是民间文化中的一种。以我国裕固族妇女服饰为例，由于措施得当，不仅很好地保持、弘扬了裕固族妇女服饰文化，而且还带来了可观的经济效益。首先，组织裕固族服装模特队进行节庆演出，表演时中老年妇女戴上头饰，青年少女们则穿上略加改装、便于表演的裕固族传统女装在舞台上大展风采，充分展示民族服饰的魅力。其次，将极富民族特点、有着动人传说的裕固族女用红缨帽子制成小巧好看的旅游纪念品出售，由于这种帽子民族特色鲜明、文化内涵丰富而销量极大、利润可观，由此推动了当地民族服装业的发展兴旺。

白桦林是鄂伦春人生活于其中的家园，鄂伦春人很早就广泛使用桦皮桶、桦皮篓、桦皮盒、桦皮碗等造型美观、做工精巧的桦树皮器具，创造了独具特色的桦树皮文化。桦皮器皿是有形的、物质的，但是其制作技术却是无形的、非物质的，因而桦皮制品及其制作技术作为民间文化都应该得到保护、传承。但是在鄂伦春人走出深山结束狩猎生涯后，大量工业生产的日用品进入鄂伦春人的家庭和日常生活，桦树皮很少在日常生活中派上用场，桦树皮文化面临消失的危险。后来是经济开发挽救了桦树皮制作技艺，挽救了桦树皮文化。一些鄂伦春美术家把中国水墨画、版画技法与桦皮镶嵌工艺结合起来，利用鄂伦春民族传说创作出桦皮镶嵌画，大受欢迎。这种做法既利用传统工艺、传统文化资源取得了经济收入，更重要的是推动了传统文化的传承和发扬，促进了民间文化的保护和发展。这是通过经济手段、经济方式、经济途径救活一种非物质文化遗产的一个典型案例。

（3）民间文化的保护、发展可以把古典与现代、文化与经济结合起来，使传统文化在现代语境中焕发新的生机，寻找到新的生长点和发展点。在工业社会、后工业社会中完美地传承、发展前工业社会的文化记忆把有条件的民间文化遗产变成文化产品，推向市场，形成文化品牌效应，把丰富的文化资源转化、发展成为优势文化产业。

对于具有市场开发潜力的民间文化，例如具有强大生命力、能转化为现实经济效益的民间文化形态，在采取积极保护措施的同时，进行合理开发利用，这样既能充分调动各方面的积极性，使民间文化得到更好保护、继承和发展，同时又能产生良好的经济效益，使社会效益与经济效益双丰收。在这方面，四川省自贡市利用独特民间文化优势发展起来的彩灯也就是一个很好的例子。元宵佳节观灯赏戏是一项全国性的节庆文化活动，自贡市利用这段节日期间，制造提供各种各样新颖奇特、造型各异的花灯形式供广大群众娱乐赏玩，由此形成一个需求庞大的花灯市场，并逐渐形成了品牌效应。近几年年均产值近亿元，还走向海外，到世界十多个国家和地区举办灯展，既展示了我国灿烂的民间传统文化，增进了国际友好往来，还累计创汇1000多万美元。潍坊风筝文化节也是民间文化搭台、经济唱戏的一个成功范例。可见，对民间文化的合理开发利用，不仅能收到很好的社会效益，而且还能取得巨大的经济效益，对经济和社会发展发挥积极作用。①

但也有相当一部分在民间文化进行经济开发时，没有把握好保护第一、合理利用的原则，也没有很好地发掘民间文化中真正值得开发的部分，并且开发的方式、方法也有许多不尽如人意的地方。例如有些地方在对民间文化进行经济开发、民俗文化旅游开发时存在着肢解民俗文化，把民俗文化功利化、庸俗化、商业化的倾向和情况，使许多民俗文化、民间文学艺术遭到了出于商业目的、受经济利益驱动而进行的人为扭曲和破坏。加强这方面的立法已经迫在眉睫。

① 王文章：《非物质文化遗产概论》，文化艺术出版社，2006，第1版，第126~128页。

第四章　保护民间文化的意义

保护民间文化，既是一个重大的理论问题，也是一个紧迫的现实问题。在人类的发展进化过程中，始终伴随着人与人之间的竞争、民族与民族之间的竞争，强者愈强，弱者愈弱，人类之间的侵略、杀戮在一些情况下被美化，强势文化对弱势文化的吞噬，强势经济体对弱势经济体的压榨，竟被人们编织的各种理论体系来加以合理性解释，弱势民族很难有自己独立的生存和发展空间，弱势民族积淀下来的智慧结晶迅速被公有化、全球化。土著民族原有的生活方式不仅受到世界经济一体化的干扰，而且受到强势经济体和强势文化的打扰，这种干扰和打扰，被一些学者认定为历史潮流，对这种依靠经济实力推动的浪潮歌功颂德。随着世界经济一体化的发展趋势和现代化进程的加快，世界文化的丰富性和多样性都受到了巨大挑战，这将进一步影响到人类生活（特别是精神生活）的变化。就全球范围的文化发展态势来讲，以下这些问题是不容忽视的：经济活动左右文化活动，导致文化被商品化；文化的标准化发展趋势导致的对文化个性的压制和对文化多样性的破坏；工业文明的急剧发展及后工业文明的来临所导致农业文明及农耕文化的破坏等。世界范围内的这些问题困扰了整个世界文化的健康发展，影响到人类社会的全面发展，如果不能协调有序地处理好，甚至还将吞噬社会发展的现有成果。自然界的动物都有领地的观念，不容许随意入侵，难道我们人类自己就不能克制一下，一定要让物欲随意横流吗？难道我们一定要以牺牲他人利益来实现自己的利益吗？难道我们自己不能精工细作，把自己内部的事情做好，而非要把自己的模式强加于他人吗？好在我们人类还是有自制力的，人类制定的法律就是处理这些问题的基本界限，法律强调人人平等，强调每个人和每个民族都有生存权和发展权，强调自己的固有财产不容他人非法侵占或剥夺。民间文化是在各民族自己的空间内土生土长的文化，由各族人民按照自己的世界观、人生观、价值观精心雕琢而成，是各民族自己宝贵的无形资产，不容他人任意剥夺或践踏。那么，我们今天保护民间文化，就是捍卫了法制的基本理念，就是保护每个民族宁静的生存空间和发展空间。保护民间文化既是国际社会面临的共同任务，也是摆在我国政府和各族人民面前的一项紧迫任务。

第一节　保护民间文化的理论意义

保护民间文化，它的意义已经超出了民间文化本身的传承与发展问题，它是关系到人类自身反省的人类学重大理论问题，我们从法学角度特别是从知识产权法学角度来看待民间文化的法律保护，使我们从更新的视角来看待一些理论问题，至少具有以下几个方面的理论意义：

一　丰富了洛克的财产权劳动学说

洛克是 17 世纪英国资产阶级哲学家和政治法律思想家，是自由主义的奠基人，是古典自然法学派的杰出代表之一。[①] 为了批驳“君权神授”、“王位世袭”等极端保皇主义观点，洛克因袭了自格

---

① 沈宗灵：《现代西方法理学》，北京大学出版社，1992，第 19 页。

劳秀斯、霍布斯等人以来自然法学家的传统，提出了自然状态、自然法、自然权利和社会契约理论，当洛克将其自然法学说系统化和理论化，并运用于财产权的分析时，创立了对后世影响深远的财产权劳动学说。洛克认为，在和平、自由、平等的自然状态下，“有一种为人人所应遵守的自然法对它起着支配作用；而理性，也就是自然法，教导着有意遵从理性的全人类：人们既然都是平等和独立的，任何人就不得侵害他人的生命、健康、自由或财产”。[①] 可见，在洛克的自然法学说中，财产权是一种与生俱来的天赋权利，任何社会及其法律都必须为其提供保护，政治社会及其法律的合法性也就在于此。他认为：“土地和一切低等动物为人类所共有，但是每一个人对他自己的人身享有一种所有权，除他之外任何人都没有这种权利。他的身体所从事的劳动和他的双手所进行的工作，我们可以说是正当地属于他的。所以只要他使任何东西脱离自然所提供的和那个东西所处的状态，他就已经渗透进他的劳动，在这上面参与他自己的某些东西，因而使它成为他的财产。既然是由他来脱离自然所安排给他的一般状态，那么在这上面就他的劳动加上了一些东西，从而排斥了其他人的共同权利。因为既然劳动是劳动者无可争辩的所有物，那么对这一有所增益的东西，除了他之外就没有人能够享有权利，至少在还留有足够的、同样好的东西给其他人所共有的情况下，事情就是如此。”[②] “劳动使他们同公共的东西有所区别，劳动在万物之母的自然所完成的作业上面加了一些东西，这样，他们就成了他的私有的权利了。”[③] 洛克的财产权劳动学说的内涵可以概括为以下几项内容：（1）上帝将天堂留给自己，而将

① 〔英〕洛克：《政府论》（下篇），叶启芳、瞿菊农译，商务印书馆，1964，第74页。

② 〔英〕洛克：《政府论》（下篇），叶启芳、瞿菊农译，商务印书馆，1964，第53页。

③ 〔英〕洛克：《政府论》（下篇），叶启芳、瞿菊农译，商务印书馆，1964，第20页。

地上的一切赐给人类共有；（2）每个人对于自己的人身拥有所有权；（3）每个人的劳动属于他自己；（4）当一个人将自己的劳动与处于共有状态的物混合在一起时，他就取得该物的所有权；（5）一个人在取得财产所有权时应该留下足够好、同样多的东西给他人；（6）一个人取得财产所有权以不造成浪费为限。[①] 这样，劳动不但使人与客观物质世界联系起来，而且使人与自己的主观世界联系起来，成为人的主观与客观世界联系的桥梁和纽带。洛克的财产权劳动学说主要做出了三个伟大贡献："其一，天赋权利的学说倡导一种权利本位，成为财产个人主义、所有权绝对思想的基石；其二，劳动价值学说为财产权找到了合法性基础；并确立了社会发展的核心价值；其三，扩张了人格权（创造物是自己人格的扩张），使财产权具有人格基础。"[②]

虽然洛克的财产权劳动学说给作为一种私权的知识产权的合理性提供了一个哲理化的解释，但由于未界定劳动的内涵与外延，未准确处理劳动与资本等生产要素在配置财产权时的关系、劳动与劳动成果异化的关系、效率与公平的关系，以及时代限制等原因。因此，在解释现行知识产权制度的合理性时，还存在种种缺陷。知识产权作为一种私权，与之配套的法律制度的合理性取决于劳动、人格、经济学上的效率以及法理学上的公平等各种因素。[③]

我们今天保护民间文化，之所以具有正当性，总体上是与洛克的财产权劳动学说相契合的，并且还在一定程度上丰富了洛克的财产权劳动学说。

首先，地球上现有的物质财富和精神财富在很大程度上已经被人类的劳动创造和改造过，并非出于上帝赐予的原始状态，特别是民间文化，它被许多人加工过，现在仍然被传承人加工着。传承人

---

① 冯晓青：《知识产权法哲学》，中国人民公安大学出版社，2003，第22～23页。

② 易继明：《评财产权劳动学说》，《法学研究》2000年第3期。

③ 李扬：《再评洛克财产权劳动理论——兼与易继明博士商榷》，《现代法学》2004年第1期。

不断地将自己的劳动掺入其中，传承人同样享有对民间文化的权利。因为知识产品从来就是智力劳动的产物。更为重要的是，在知识产品的创造过程中，后人总是站在前人的肩膀上，或多或少利用了前人的劳动成果，而不可能是一个自然挖掘的简单过程。人们常说的“公有领域的知识财富”，其实经历了一个从私有到公有的转换过程。即使存在这么一个自然共有状态，对于经过“自然挖掘”获得了知识产品的人而言，也不可能像有形财产那样，通过事实上的占有（具有公示意义）取得其所有权。因为知识产品没有任何物理形态，其他人根本不可能知道该人已经挖掘出了某种知识产品，所以其他人也可以通过同样的挖掘找到同样的知识产品，这样导致的结果必然是一个知识产品上附着多个所有权。其后果不但会导致资源的浪费，而且会引发无数的纠纷。所以说，要想取得知识产权，仅仅有自然挖掘即劳动是远远不够的。[①] 还要依靠制度的安排，正如我们今天的创作虽然借鉴了前人和他人的劳动成果，把一些公有领域的知识运用到自己的作品中来，但知识产权法仍然对我们的作品加以保护，我们同样需要制定民间文化保护的法律制度，使一些“公有”领域的成果在特定主体掺进自己的劳动后，为该特定主体所私有。

其次，财产权利不仅来自于劳动，还来自于人们的公认，只有一定社会区域内的人们都公认了某项权利，该权利才产生法律效力，才具有强制执行的社会基础。洛克的财产权劳动学说无法解释许多知识产权（比如专利权、商标权、植物新品种权）的原始取得必须经过申请、审查、登记和公告等程序的现象。因为既然劳动直接产生了财产权，那么只要经过自然的挖掘就可以了，这些程序显然是多余的。[②] 然而，事实表明，只有公信力最高的组织——政

① 李扬：《再评洛克财产权劳动理论——兼与易继明博士商榷》，《现代法学》2004年第1期。

② 李扬：《再评洛克财产权劳动理论——兼与易继明博士商榷》，《现代法学》2004年第1期。

府机构代表全民，客观公正地对某项权利加以审查，进行登记和公告，知识产权才能最终确定下来，授予该申请者一项私权，而不是授予其他劳动者。并且，设立这项制度的目的，是要确立一种推动该事业发展的机制，最终推动人类的发展，而保护私权仅仅是一种手段。所以，我们今天保护民间文化传承人的知识产权，承认传承人正当的诚实劳动，不是侵略、掠夺、霸占、抢劫、盗窃式的“劳动”。对诚实劳动加以公示和认可，丰富了洛克的仅仅基于自然状态的财产权劳动学说，增加了“财产权在很大程度上来源于统治阶级制定的法律制度所确立的秩序下的劳动”的新内容。

二　推进了康德等人的人格权学说

康德在1785年发表的一篇论文中提出了著名的著作人格权学说。康德把书的实物存在形式与书的内容做出了区分。“书的实物存在形式上人们享有物权，书的内容是作者向公众说的话——因而作者享有人格权。如果人们在没有得到作者同意的情况下通过翻印把作品公之于众的话，就会侵犯作者的人格权，该出版社就应当向作为作品的‘总管’的被侵犯的作者本人支付赔偿。”[①] 1844年，德国的约翰·卡什博·布伦奇里进一步发展了该理论，并把著作权重构为首先是人格权，其次是财产权。吉尔克在1895年所编著的《德国私法》中，进一步阐释了著作人格权思想：一位作者的某个作品属于该作者人格的势力范围，著作权则保障了作者对这部分人格领域的主宰。按照这种观点，著作权所提供的保护，实质上是对作者个人人格利益的保护。[②] 于是，这种保护可以一直存续，直到“随着时间的流逝，在作者本人死亡之后所延续的精神上的独创性，看起来已不再属于任何意义上、与他的继承人有任何密切关系

① 〔德〕M. 雷炳德：《著作权法》，张恩民译，法律出版社，2005，第24页。

② 张耕：《民间文学艺术的知识产权保护研究》，法律出版社，2007，第57页。

的群体以及权利的继受人，最后只剩下属于民族与人类”。[①]

黑格尔进一步将财产权纳入了哲学体系，创立了意志和人格学说。他认为，“人有权把他的意志体现在任何物中，因而使该物成为我的东西；人具有这种权利作为他的实体性的目的，因为物在自身中不具有这种目的，而是从我的意志中获得它的规定和灵魂的”。[②] 人格形成了任何财产制度的基础，财产作为人格的组成部分，人通过对其占有、支配、处分等与其发生联系，来表明自己的人格。人通过财产权将自己的意志客观化，财产成为个人人格的延伸。黑格尔人格与财产的理论同时注重作者作品中的人格权和财产权，强调财产是人格的凝聚，把康德的人格权学说发展到更高的层次。

当然，康德及其追随者强调的人格是创造性作品中原创者的独立人格，主要表现为自然人个体人格。我们今天对民间文化进行法律保护，更多的是保护传承人群体的集体人格，这种集体人格，主要包括两层含义，一是群体的共同意志，二是群体的共同身份。在很大程度上，我们保护民间文化，首要任务是保护民间文化传承者的身份权，使得传承人在全球化浪潮中不被丧失身份，不被人格混同，坚守自己的特质，有权捍卫自己的尊严和精神领地，使得这种集体人格足够强大到能够抵御各种干扰和侵蚀，因此，保护民间文化，就是对康德等人人格理论的坚守，并且从个体人格推进到了集体人格，把民间文化保护提高到民族生存和发展的高度来认识，也有利于现代人格权理论的进一步提升。

三　诠释了人权理论

维护人权的主张，最早产生于自然法和自然权利的思想中。

---

① 〔德〕M. 雷炳德：《著作权法》，张恩民译，法律出版社，2005，第24页。

② 〔德〕黑格尔：《法哲学原理》，范扬、张企泰译，商务印书馆，1961，第52页。

近现代意义上的西方人权理论，源于13～14世纪，兴起于意大利，15世纪扩张到整个欧洲，文艺复兴运动中进入传播高潮。文艺复兴时期最主要的思潮是人文主义。以个人主义为核心的人文主义思想，以自由、平等为口号的人道主义，以唯心史观为基础的抽象人性论，成为人权理论最早的思想渊源。17世纪提出的“天赋人权”口号成为人权理论最主要的思想基础，使人权理论开始走向系统化。古典自然法学派的创始人荷兰思想家格劳秀斯在《战争与和平》一书中专章论述了“人的普遍权利”，斯宾诺莎明确提出了“天赋人权”的主张，英国思想家洛克系统提出了包含“天赋人权”思想的自然权利学说。后来，法国的孟德斯鸠和卢梭，美国的潘恩和杰弗逊都继承和发展了洛克的自然权利学说，并开始了人权的规范化、法律化工作。[①] 1776年美国的《独立宣言》和1789年法国的《人权宣言》将天赋人权思想以政治宣言形式确认后，人权价值受到广泛重视，各国陆续将人权保护作为一项宪法原则进行规定。[②] 1945年10月24日生效的《联合国宪章》在序言中规定“欲免后世再遭今代人类两度身历惨不堪言之战祸，重申基本人权，人格尊严与价值，以及男女与大小各国平等权利之信念”。此后，联合国大会又先后通过了《世界人权宣言》、《经济、社会和文化权利国际公约》、《公民权利和政治权利国际公约》等系列国际人权公约。使得人权思想深入人心，家喻户晓。

从主体来看，人权既包括个体人权，也包括集体人权；从内容来看，人权既包括基本人权（生命权、自由权、财产权、尊严权、获助权、公正权），也包括延伸人权（发展权、民族自决权）。我们今天对民间文化进行保护，可以说是在全方位地诠释着人权的基

① 赵震江、付子堂：《现代法理学》，北京大学出版社，1999，第332～333页。
② 张耕：《民间文学艺术的知识产权保护研究》，法律出版社，2007，第75～76页。

本理论，保护好了民间文化，就是在某种程度上保护好了人权，就是对国际公约的实际履行。

四　发展了利益分享理论

利益分享理论源于“关民理论”，关民理论是由美国威廉·伊文教授和爱德华·弗里曼教授提出的著名经济伦理理论，是指应由利益创造者和相关的贡献者共享利益。联合国把它运用于生物基因保护领域，便构成了关民共享利益原则，即与基因研究以及成果运用有关联的人应该在一定程度上分享基因研究所带来的利益或益处。利益分享原则是1992年《生物多样性公约》确定的保护遗传资源的三大原则之一。《生物多样性公约》在第15条、第16条和第19条对遗传资源利用中的利益分享有相应的规定。在2002年召开的《生物多样性公约》缔约方第六次大会通过的《关于获取遗传资源并公正和公平分享通过其利用所产生惠益的波恩准则》对利益分享原则作了进一步规定，该准则指出“虽然这些国家拥有世界上大部分的生物多样性，但它们普遍感到，并没有在通过利用本国资源所研制的产品中得到公正的惠益”；“获取和惠益分享制度，应以国家或地区范围内的全面获取和惠益分享战略为基础。这项获取和惠益分享战略应以保护和可持续利用生物多样性为目的，可并作为国家生物多样性战略和行动计划的一部分，而且促进公平地分享惠益。获取遗传资源和分享惠益过程所涉及的步骤可包括：在获取之前进行的活动、使用遗传资源进行的研制活动以及对遗传资源的商业化和其他使用，包括惠益的分享”。“惠益分享机制可能因惠益的类型、各国的具体条件以及所涉利益相关者而有所不同。惠益分享机制应是灵活的，应由参与惠益分享的合作伙伴来决定并因每一具体情况而异。惠益分享机制应包括在科学研究和技术开发方面进行充分合作，并包括那些从商业产品中产生的惠益，包括信托基金、合资企业以及条件优惠的使用许可”。可见在遗传资源的利用中适用利益分享原则已经成为制定国际法律标准和满足社会期望的共同要求。[①] 与利益分享理论有关的学说，还有谈判论、博弈论、帕累托最优的效率论，这些学说被人们引入知识产权理论之中，主张在知识产权领域不要过分强调一方的权利，而要互惠互利，实现双赢。

我们今天保护民间文化，分析民间文化与遗传资源法律特征和法律属性的相似性，主张当民间文化作为一种重要的创新之“源”被直接使用或间接使用时，民间文化传承人有权根据利益分享原则对有关的创新成果分享利益。当然，生物多样性保护中的利益分享原则的适用，并不完全等同于要把民间文化也当成遗传资源一样来看待，采取完全相同的保护模式。土著居民对遗传资源纯粹是一种资源权，而民间文化的传承人不仅在创造性地传承民间文化，还在按照自己的信赖和善良愿望传播民间文化，使人们能够更方便地获取和使用民间文化成果，对于这种轻易到手的东西，使用者不能觉得不要白不要，拿它来获取利益是理所当然的，而要把它与通过努力获取遗传资源来类比，既然通过使用遗传资源获取了利益必须与遗传资源的权利人分享利益，那么民间文化的权利人更有权与你分享利益。并且，在民间文化领域，利益分享适用的前提是对民间文化进行利用后已经获得了收益，如果使用者没有获得经济利益，则不必支付使用费。所以，对民间文化的保护，建立相关制度，能清楚地看出，在一定程度上发展了利益分享理论。

第二节　保护民间文化的实践意义

一　保护民间文化的国际意义

设立国际机制、重视国际一级民间文化保护工作有着重要意

① 黄玉烨：《民间文学艺术的法律保护》，知识产权出版社，2008，第 199～200 页。

义。保护民间文化既是一项科学工作，又是一项和平、发展与人权的基础工作。从国际来看，保护民间文化的终极目的毫无疑问是为了促进人类社会的和平与发展，它在一定程度上深化了我们对人类社会历史发展规律的认识。

（一）保护民间文化有利于维护世界和平与促进发展

1. 保护民间文化有利于强化文化在人类社会发展中的地位和作用

发展是人类社会消除贫困、走向共同繁荣的根本途径；促进人类社会可持续发展是国际社会的共同目标和使命；解决好发展中的问题，是国际社会，也是每一个国家的政府所关注并努力加以解决的迫切问题。

国际社会非常重视文化在发展中的地位和作用。1991 年，联合国教科文组织发起成立了以联合国前秘书长佩雷斯·德奎利亚尔为首的世界文化和发展委员会，着手研究文化与发展的关系。1995 年秋，联合国教科文组织发表了该委员会编写的题为《我们创造性的多样性》的报告。为落实该报告提出的有关建议，1998 年 3～4 月，联合国教科文组织与瑞典政府合作，在斯德哥尔摩召开了“文化政策促进发展政府间会议”。这是联合国教科文组织继 1982 年墨西哥城文化政策会议以来，讨论文化问题规模最大的一次政府间会议。会议将文化视为发展的基础，对文化多样性、文化与发展的关系、文化权利、国际文化合作等问题进行了广泛讨论，通过了《文化政策促进发展行动计划》这一重要文件。《文化政策促进发展行动计划》就文化与发展关系提出了一系列原则性建议。

保护民间文化本意是在保护我们文化的多样性，它使得我们社会更具创造力，使得世界的发展更有活力。因此，《世界文化多样性宣言》认为文化和文化多样性是“发展的因素”，文化多样性增加了每个人的选择机会，是发展的源泉之一，它不仅是促进经济增长的因素，而且还是令人享有满意的智力、情感、道德精神生活的手段。人们普遍认为，文化和经济发展之间的关系体现在世界上所有文化中。经济发展是文化发展的目标，文化发展也是经济发展的目标。如果经济发展一直是人的文化的一部分，那么可持续发展将使得人类在新的千年出现新的世界文化。

但民间文化的脆弱性以及文化生态现实的严酷性，也使得一些人认为民间文化在促进世界发展方面不可能有什么作为。这些思想是不符合理论与实际的。《保护非物质文化遗产公约》明确强调，受保护的非物质文化遗产指的是那些能够“顺应可持续发展的非物质文化遗产”，这在范围上将保护对象限定在仍旧具有发展动力的非物质文化遗产范围内。这个规定说明，列入保护范围的民间文化自身和经济、社会的可持续发展具有本质上的同一性，保护那些能够顺应可持续发展需要的民间文化是与发展相协调一致的，它使得经济社会的发展建立在尊重文化特性、对文化差异持宽容态度的基础上，最终将促进世界实现持久和平与公正。

2. 保护民间文化有利于促进世界的合作与交流，有利于维护世界和平，有利于构建和谐世界

我们今天对文化的独特性和普遍性有着深刻的认识。尊重文化多样性和在不同文化间开展对话是世界和平与发展的重要保证之一。如果我们在尊重文化独特性、多样性的基础上研究文化的普遍性，那么我们就将能够看到不同文化在促进世界交流和合作、维护世界和平方面大有作为。1998 年，联合国前秘书长科菲·安南在联合国大会上指出：“多样性不仅是不同文明之间对话的基础，而且是必须进行对话的现实。”1998 年，联合国大会第 22 号决议《不同文明之间的对话》强调指出：“人类不同文明的成就，体现了文化多元性和创造性的人类多样性”，重申“不同文明的成就构成人类的共同遗产，是全人类灵感和进步的源泉”。大会欢迎“国际社会集体努力，在第三个千年来临之际通过不同文明之间的建设性对话促进理解”。大会还宣布 2001 年为联合国不同文明之间对话年。联合国教科文组织于 2001 年 11 月通过《世界文化多样性宣言》之后，联合国大会在其 249 号决议中表示欢迎这一《宣言》

以及《行动计划要点》，并宣布将每年的5月21日定为“世界文化多样性对话和发展日”。“世界文化多样性对话和发展日”为我们加深理解文化多样性的价值和了解如何更好地“共存”提供了一个机会。2003年通过的《保护非物质文化遗产公约》延续了加强不同文明之间对话的思想，进一步指出“非物质文化遗产是密切人与人之间的关系以及他们之间进行交流和了解的要素，它的作用是不可估量的。”正因为如此，联合国前秘书长安南把建立在文明和谐基础上的国际新秩序称为新的“全球伦理”。

我们今天保护民间文化工作本身就是国际文化合作的一种结果。1966年，联合国教科文组织通过了《国际文化合作原则宣言》。可以说，对于充满各种冲突和矛盾的当今世界，建立在文化多样性和普遍性认识以及国际文化合作基础上的民间文化保护事业，将有利于消解文明冲突，增进不同文化之间的真诚对话，增强国际团结与合作，维护世界和平。

3. 保护民间文化有利于人类社会应对各种现代性危机以及严重的社会问题

全球化和现代化在给世界带来巨大变化的同时也带来了许多问题和危机。不断加剧的贫困、日渐扩大的收入差距、毒品枪支泛滥、艾滋病蔓延、极端国家主义和恐怖主义、环境污染和生态灾难、人口膨胀和老龄化、能源危机、地区冲突、城市巨型化、人道主义危机、军备竞赛等等，这些危机和问题遍布在人类社会生活的各个领域和方面。有学者把人类社会面对的这些危机概括为自然病态和生态危机、社会病态和社会危机、心理病态和精神危机、人际病态和道德危机、文明病态和价值危机等五大类。但不论作何种危机分类，现代化带给人类社会的主要危机是人的“异化”和“物化”，它使得人类的发展充满各种危险。

面对人类社会前所未有的全面危机，我们必须寻找和利用各方面的智慧以及资源，尤其是发掘传统文化所蕴涵着的丰富思想资源，来解决经济全球化所不能解决的人类和谐生存、可持续发展和精神走向等问题。民间文化在本质上往往是价值理性和工具理性相结合的一种综合体：它一方面反映了民间文化所有者的价值理念，另一方面也反映了所有者对民间文化功利性的某种追求。它对其自身现实问题的关切往往是独特和独有的。因此，面对作为人类祖先世代相传智慧的结晶的民间文化，要像联合国教科文亚太地区文化遗产专员理查德·恩高霍特所提倡的："我们必须学习祖先的智慧，来创造一个更加美好的可持续发展的未来"。①

从理论上分析，作为"文化活化石"的民间文化同样具有一般文化的三个特性：即作为全部生活方式的文化、作为资本的文化和作为创造力的文化。其中，在作为创造力的文化方面，民间文化与精英文化的创造性不同，它是大众创造能力的产物。在全世界所有的民间文化中，绝大部分民间文化都是各民族、族群、社区人民，在自己特殊的生活生产方式中为解决某种特定的社会问题或规避某种可能产生的问题而创造形成的，它们有的在规范人类社会秩序方面、有的在处理人与自然和宇宙关系方面、有的在治病强身等方面，有着自己独特的思维方式和问题处理技巧，显现出独特的智慧和创造力。同样，作为创造力的源泉，民间文化将激起人类社会新的创造的出现。从事实来看，民间文化已经在为解决各种严重的社会问题作出自己的贡献。事实也说明，民间文化是人类重要的智库之一，保护民间文化就是保护人类社会的创造力，它使得我们今天在应对现代性危机以及严重的社会问题方面、在构建和谐社会方面将更有创造性。

（二）保护民间文化有利于维护世界文化的多样性

保护民间文化对于文化自身的存在和发展同样具有重要意义，它将有利于我们树立全人类文化观和生态法则文化观，有利于捍卫文化多样性和保护文化传统，有利于文化创新。

---

① 乔晓光：《交流与协作——中国高等院校首届非物质文化遗产教育教学研讨会文集》，西苑出版社，2003，扉页。

从1972年制定《保护世界文化和自然遗产公约》起，国际社会一直强调在文化遗产保护方面坚持世界性、全人类的立场和突出的普遍性价值原则。公约强调："保护不论属于哪国人民的这类罕见且无法替代的财产，对全世界人民都很重要"，"考虑到某些文化遗产和自然遗产具有突出的重要性，因而需作为全人类世界遗产的一部分加以保存。"1989年联合国教科文组织《保护民间创作建议案》强调："民间创作是人类的共同遗产。"1998年联合国教科文组织《宣布人类口头和非物质遗产代表作条例》强调："文化遗产是各国人民集体记忆的保管者，只有它能够确保文化特性永存。"2001年《世界文化多样性宣言》指出："文化在不同的时代和不同的地方具有各种不同的表现形式。这种多样性的具体表现是构成人类的各群体和各社会的特性所具有的独特性和多样化。文化多样性是交流、革新和创作的源泉，对人类来讲就像生物多样性对维护生物平衡那样必不可少。从这个意义上讲，文化多样性是人类的共同遗产，应当从当代人和子孙后代的利益考虑予以承认和肯定。"2002年，在土耳其举行的"第三届文化部长圆桌会议"通过的《伊斯坦布尔宣言》强调："无形文化遗产的多种表现形式从主要方面体现了各民族和社会的文化特性，无形文化遗产是全人类的共同财富。"

国际社会强调文化的全人类价值具有合理性。第一，从文化社会学的视角来考察人类文化的形成、变迁、影响和传播，我们会发现，20世纪90年代以来，令人瞩目的新经济的信息化、全球化与网络化特征促进了当代全人类文化的形成。由于信息技术的飞速发展，极大地推动了全球化的进程，缩短了时空距离，地球作为一个大社区已形成为一个无形的网络社会，而信息社会的同一性必然导致不同文化为全人类所共享，在这个基础上人们产生了文化共生、共享的互动理念，认识到文化的整体性和普遍性价值。在后工业化时代，文化已经为全人类所有，全人类也在共同创造新文化。因此，在这个意义上，继续把"文化的马赛克"作为不同文化之间隔阂或偏好的比喻已经不合时宜了。第二，从文化哲学的理论上讲，无论西方文化还是东方文化，无论传统文化还是现代文化，都是人类文化的组成部分。在今天，不论是以西方文化为主要内容的现代文化，还是丰富多彩的民间文化，都可以成为所有地域、所有人民的共同文化资源。处于地球村时代的我们，应该建立"人类文化"的意识，应该淡化文化接受过程中的异己感。从这个意义上说，国际社会倡导文化多样性、文化遗产保护理念，就是在强调文化的全人类性和世界性。

国际社会在强调民间文化的价值时还突出了文化生态法则。文化生态法则和文化多样性法则在以人为本和生态主义哲学理念上深化了对民间文化价值体系的认识。民间文化保护中的文化生态法则以生态科学观、生态哲学观、生态伦理观为基础，重构人与自然、文化的关系，确定了民间文化的自然属性和自然权利。《世界文化多样性宣言》指出，"文化多样性对人类来讲就像生物多样性对维护生物平衡那样必不可少"。文化多样性和生物多样性之间有着必然的紧密联系。以土著人与生物多样性、文化多样性之间的关系为例，全世界有3.5亿土著人民，居住在70多个国家中。据世界大自然基金统计，地球近20%的地表面积、85%的保护区由土著人民居住着。有一半土著人民居住在热带雨林中，而地球80%的生物生长于热带雨林。在世界6000多种文化中，有4500种是土著文化。根据世界大自然基金的一项研究，所有世界语言中有60%的语言集中在9个国家，而这9个国家中有6个国家是生物多样性中心。在12个生物多样性巨型中心中有10个位于25个地方特有语言最多的国家。以上事实说明，文化多样性与生物多样性是密切相关、不可分割的。因此，联合国教科文组织1997年11月第29届大会上，总干事指出："人类的身体健康离不开保护生物多元化，同样，人类的精神健康也离不开保护文化——语言、意识形态和艺术——的多元化。"

所以，全球经济越是一体化，就越要注意保持世界文化的多样性、多元化。如果全球经济一体化的同时导致了文化的单质化，人类社会就会陷入单调、单一之中，丰富多彩的人类文化就会枯萎死亡。因此，重视民间文化的保护传承，发挥其历史文化价值，显示其文化多样性的资源和作用，对在全球经济一体化狂潮下保持文化的多样性、多元化、本土化、民族化具有十分重要的意义。

（三）保护民间文化有利于促进人权中特定文化权利的实现

人权，是人作为人基于人的自然属性和社会存在所应当享有的普遍性权利，不分国家、意识形态、宗教和性别。从文艺复兴时期的英国资产阶级思想家洛克最先提出“人类天生都是自由、平等、独立的”的人权理论伊始，[①] 到法国启蒙思想家卢梭受洛克思想的影响，更进一步系统地提出了“天赋人权”学说，主张每个人都是生而自由、生而平等，决不能把人当成接受奴役的工具。经过几个世纪缓慢而复杂的发展，现代意义上的人权已经是公民权利和政治、经济、文化、社会、发展等多方面权利的综合统一体，不仅重视公民和政治权利，而且还重视经济、社会、文化与发展的权利。1950 年，T. H. 马歇尔将人权发展阶段描述为：18 世纪是公民权利的世纪，19 世纪是政治权利的世纪，20 世纪是社会权利的世纪，人们普遍认为 21 世纪是文化权利的世纪。文化权利在新世纪被重视主要有四个原因：（1）GDP 增长、恩格尔系数下降，人们对文化消费需求增长；（2）现代化发展要求公民文化素质与之相适应；（3）民主政治使公共管理由权力理性走向权利理性；（4）知识经济对人创造能力的要求和尊重等。[②] 这四方面原因促进了文化权利在新的世纪受到普遍关注，促进了文化权利事业的发展。

---

① 〔英〕洛克：《政府论（上）》，叶启芳、瞿菊农译，商务印书馆，1997，第 59 页。

② 艺衡、任理、杨立清：《文化权利回溯与解读》，社会科学文献出版社，2005，第 5 ~6 页。

“文化权利是属于特定文化的人的权利，因这些文化而形成”。[①] 所以说保护文化多样性是我们保护民间文化的基本表现形式，保护文化权利是保护文化多样性的有利条件。保护民间文化将促进文化平等权、文化认同权、文化经济权益、文化发展权等文化权利的实现。

1. 文化平等权

人类文明是由各种不同文化组成的，全世界有数量众多的不同文化，不同文化有着自己独特的价值。但文化的存在价值和实力之间的关系是不平衡的。在人类历史的任何一个特定时期、任何一个特定地方，都可能存在着多数与少数、统治与被统治、霸权与屈从的不同文化群体。一般而言，民间文化是一种弱势文化。以2001年联合国教科文组织宣布的第一批人类口头和非物质遗产代表作19个项目为例，其中少数民族或部落的民间文化占有相当比重，它们多数是鲜为人知、未为人关注、极为珍稀的少数民族、少数族群、特定信仰群体或弱势群体的文化。

作为弱势文化，民间文化普遍面临着文化空间被挤压，甚至是被“文化灭绝”或“文化群体灭绝”的威胁。以世界语言为例，据儿童基金会统计，目前世界上大约有6000种语言，其中2500种正濒临消亡，还有更多的语言正在丧失使它们作为实用语言存在的生态背景。针对这种情况，国际社会积极提倡文化平等和加强对弱势文化的保护，这对文化平等权利的实现起到了积极的作用。但20世纪90年代以来，文化歧视和文化压迫势头又有所发展。理论上的表现就是文化帝国主义，如汤林森文化帝国主义理论、亨廷顿文明冲突论以及福山历史终结论等。对民间文化发展最不利的是文化帝国主义理论。文化帝国主义是指西方发达国家基于自身物质条件方面的优势，运用经济和政治的力量，宣扬和普及自身文化的种

① 〔墨西哥〕R. 斯塔温黑根：《文化权利：社会科学的视角》，《经济、社会和文化的权利》，黄列译，中国社会科学出版社，2003，第104页。

种价值观、行为模式、制度和身份，并通过文化思想的渗透来控制相对落后的国家，使这些国家成为西方发达国家的文化殖民地。文化帝国主义的思想基础是新自由主义，其实质是一种文化霸权观（文化沙文主义）和文明优劣论，在文化领域可称为文化达尔文主义（Darwinism of Culture）或文化丛林法则。在这种观念和理论挤迫下，许多文化并没有获得应有的尊重和平等对待，其中一些文化（主要是西方文化）被人为地赋予了一种普世性的价值，而另一些文化（主要是弱势文化）则人为地被视为落后文化，造成了对某些文化事实上的歪曲、歧视和压迫。这种以宗教、地域、种族、经济发达程度来评判文化的立场与文化平等观念是背道而驰的。而国际社会在 20 世纪尤其是 90 年代以来大力提倡的保护文化遗产和保护文化多样性理念，是对文化帝国主义理论的一种批判，这在很大范围和程度上保护了不同文化之间应有的平等权利。

造成国际间弱势文化被排挤和被歧视的原因，从现代政治符号学的角度来看，还包括文化技术壁垒。在现代数字技术条件和全球化需求下，西方国家在文化商品和文化服务国际贸易中根据自己的价值观强制设置技术标准，即准入门槛，使得许多弱势文化被排斥在国际交往之外，对一些弱势文化造成了事实上的不平等对待或歧视。而且这种文化的标准化发展趋势压制了文化个性，其实质也是文化帝国主义。

针对民间文化生存空间被挤迫的事实，联合国以及联合国教科文组织通过的许多文件均强调不同文化之间应该平等对待、互相尊重、相互交流和加强了解。1966 年《经济、社会和文化权利国际公约》第 15 条载明："人人有权参加文化生活"。1966 年《国际文化合作原则宣言》第 1 条规定："各种文化都具有尊严和价值，必须予以尊重和保存"，"每一人民都有发展其文化的权利和义务"，"所有文化都是属于全体人类的共同遗产的一部分，它们的种类繁多，彼此互异，并互为影响"。2001 年《世界文化多样性宣言》明确指出"每个人都应当能够参加其选择的文化生活和从事自己所特有的文化活动。”2003年《保护非物质文化遗产公约》在宗旨中强调：要“尊重有关社区群体和个人的非物质文化遗产”，“在地方、国家和国际一级提高对非物质文化遗产及其相互欣赏的重要性的意识”。1989年《保护民间创作建议案》强调“保证各文化团体有权享有自己的民间创作”等。可以说，保护非物质文化遗产、尊重不同文化价值观、加强不同文化之间的交流和对话，是促进文化多样性和文化多元化发展的基础，而要夯实这个基础，就必须树立平等的文化观。

当然，一个国家或一个社会内部同样存在着文化多样性，不同文化之间也存在歧视和压迫的可能，这是一个文化公正的问题。由于各种原因，一些民间文化在一国或一个社会内部常常面临着不公正的对待，而不公正的对待可能会导致严重的后果。这种例子很多，比如塞尔维亚——克罗地亚人因为语言和宗教上的文化冲突导致了南斯拉夫的崩溃。一国或一个社会内部也要实现文化平等权并让人人享有文化尊严。

2. 文化认同权

文化不仅是一个国家和民族历史成就的标志，也是许多民族、群体、社区的基本识别标志。世界上原本存在着多种多样的文化，属于不同文化的人们在各自文化的熏陶下，在宗教、语言及生活样式等社会生活的基本方面形成基本一致的观念。这种一致的观念形成了不同文化的人们对自己文化的普遍认同。

人们普遍认为，人们对自己文化的认同权应该得到应有的尊重和维护。但国际社会对文化认同权的认识走过一个漫长的历程。早在制定联合国宪章时，由于一些政府存在着害怕承认各种不同文化认同的权利，承认弱势人群尤其是少数民族和土著人民的文化认同权利将导致国家分裂、危害国家统一等原因，所以旧金山会议未能将文化权利写进《联合国宪章》。毕竟与世界上大约只有200个国家相比，世界上存在着主要基于语言差异的不同的民族群体有约10000个。因此，出于同样的原因和顾虑，《世界人权宣言》没有明确承认少数人成员的文化权利。到 1966 年制定《公民和政治权利国际公约》才在第 27 条中得到正式确立："在那些存在着人种的、宗教的或语言的少数人的国家中，不得否认这种少数人同他们的集团中的其他成员共同享有自己的文化、信奉和实行自己的宗教或使用自己的语言的权利。"这一情况到了 1982 年墨西哥城世界文化政策大会时有了进一步的好转。大会通过的《墨西哥城文化政策宣言》(*The Mexico City Declaration on Cultural Policies*) 非常关注人们对自己的文化认同以及由此产生的多元主义，正式宣布了"文化认同的权利"。会议认为，无论就个人或就群体和国家而言，对文化认同权的肯定，对文化间包括少数文化的相互尊重和日益增强的意识已经成为一种永久的要求。宣言还特别指出，文化认同是一笔财富，它鼓励各民族各群体从历史汲取营养，从外界吸收与自己相容的特点，不断创造，使人类永葆自我实现的能力。宣言认为对文化认同的肯定有助于民族解放；反之，任何形式的控制和歧视都构成剥夺或破坏文化的认同。20 世纪 90 年代以来发生的许多事件也表明，"承认少数人群成员的文化权利不是危险和冲突的根源，而是和平与稳定的一个重要因素。"

民间文化与物质文化遗产一样，反映了一个民族、族群、社区和国家对自身特性的认同和自豪感以及被世界认可的程度，是维系一个群体或民族文化认同的重要纽带。毫无疑问，保护民间文化将有助于维护少数人群成员的文化权利，可增强民间文化在全球化和文化同一化过程中的竞争力，为维护少数人群体的文化认同权起到作用。因此《伊斯坦布尔宣言》指出：民间文化的"多种表现形式从主要方面体现了各民族和社会的文化特性"，它"是一个生动活泼以及实践、知识和表现可以不断再创造的整体，它可以使社会各层次的个人和社区都能够通过各种系统的价值观和伦理标准来表现自己的世界观"，它"在社会中产生归属感和连续性"。

当前少数人群体的文化认同面临着严重危机。一方面，经济全球化正在深刻地影响着人们生活的方方面面，使得一些人对自己文化身份的认同也出现了问题。与文化帝国主义的主观强迫性不同，经济全球化已经势不可当。今天，信息化、商业化极大地影响全球文化的发展，给人造成一种假象，好像各国文化呈现出同一性的趋势。还有人误以为这种现象就是文化全球化或称之为全球文化同质化。我们必须承认，文化信息化和文化商业化急速地在全球普及是一个不争的事实，它们对传统文化和弱势文化尤其是民间文化造成了很大的影响，使得少数人群甚至是一些大的文化共同体出现文化认同危机。以 2001 年首批 19 项“人类口头和非物质遗产代表作”为例，中国昆曲、日本能剧、韩国宫廷宗庙祭祀礼乐、菲律宾伊夫高族群的哈德颂歌、立陶宛十字架雕刻工艺、科特迪瓦塔格巴纳人的横吹喇叭音乐等代表作濒危报告共同指出，现代化和全球化给世界文化带来单一性的发展，使得人们的生活方式、价值观念日渐趋同使得民众尤其是年轻人在强势文化面前对自己的文化传统和文化身份失去兴趣或拒绝接受。另一方面，一些国家和地区——比如在拉丁美洲、日本、法国——往往出于自己的政治利益而强调自己民族的单一性，否认或曾经否认在其领土内存在少数人群体或土著人，不承认少数人群体所主张的文化权利。这同样在一定程度上加剧了少数人群体的文化危机。因此，保护民间文化毫无疑问地将有助于保护少数人群体的文化认同权，有助于保护处于弱势地位的少数人群体的集体文化权利。

3. 文化经济权

民间文化的保护在三个方面尤为重要：传承人的保护、民间文化本身的保护、相关的精神与经济权利的保护。民间文化往往是特定人群的集体性文化创造，比如传统医药、农业、技术技能、生态知识以及传统音乐、故事和设计等文化表达形式，是具有经济价值或潜在经济价值的——这就必然产生了民间文化经济权益保护的内容。而从当前国际情况来看，文化资源作为一种经济资源，已经出现了一股掠夺潮。一些西方人在世界各地民族地区或村寨大肆收集文化资源，然后制成文化商品或申请专利，再凭借着知识产权保护的旗帜，反过来向文化资源原产地倾销，在大肆破坏文化资源和获取巨额利润的同时，将一些民间文化产地沦为其文化殖民地。这是后殖民主义的一个时代内容。

因此，保护民间文化必然要重视保护民间文化的经济权利。1989 年联合国教科文组织《保护民间创作建议案》指出，民间文化是人类的一种智力成果，对它的保护应该纳入知识产权保护体系。民间创作作为个人或集体的精神创作活动，应当得到维护，这种维护应和精神产品的维护相类似。这一保护十分必要，通过这种手段可以在本国和外国发展、保持和进一步传播这种遗产，而同时不损害有关的合法利益，“除民间创作维护中的‘知识产权’方面外，在有关民间创作的资料中心和档案机构里，有几类权利已经得到维护并应继续受到维护。为此，各会员国应：（a）关于‘知识产权’方面：吁请有关当局注意联合国教科文组织和世界知识产权组织在知识产权方面开展的重要工作，但同时也承认，这些工作只触及维护民间创作的一个方面，故在各方面采取不同的措施是保护民间创作的当务之急。（b）关于包含的其他权益：（1）保护作为传统代表的消息提供者（保护私生活和秘密）；（2）通过注意使收集的材料完好合理地存档的方式维护收集者的利益；（3）采取必要措施，使收集的材料不致被有意无意地滥用；（4）承认档案机构有责任注意对收集之材料的使用。”《实施联合国教科文组织世界文化多样性宣言的行动计划要点》第 13、16 条强调：“制定保护和开发利用自然遗产和文化遗产，特别是口头和无形文化遗产的政策和策略，反对文化产品和文化服务的非法买卖”，“为了当代创作工作的发展并使创作工作得到合理的报酬，保证著作权及其邻接权得到保护，同时捍卫《世界人权宣言》第 27 条规定的公众享受文化的权利。”

文化经济权主要体现在对民间文化的开发中。由于市场经济的蓬勃发展，市场对文化的依赖逐渐加深，文化引领市场已从个别现象演变为普遍趋势，使得民间文化遗产的商业价值在产业开发和全球贸易的过程中逐渐凸显。一方面，随着生活品质和艺术素养的提升，人们对原生态、民族特色浓厚的民间文化情有独钟，于是投资者将眼光锁定艺术价值和历史价值比较突出的民间文化遗产，或开展新的文学艺术创作，或延伸到产品和服务上实现深度开发利用。另一方面，随着权利意识的觉醒，民间文化遗产的保有群体、传承群体力求保护其民间文化遗产的完整性，要求分享民间文化遗产在商业开发过程中的经济利益，并且享有作为保有群体、传承群体应有的精神权利。对民间文化遗产的开发包括两种形式，第一种形式是以繁荣文学艺术为直接目的的开发，是指对长期流传于某族群或地域的民间文化遗产进行整理、翻译、改编、汇编而形成保留原有作品精神内涵的民间文化遗产衍生作品的活动。这种开发活动既具有一定的“独创性”，是对民间文学艺术的再创作，形成的新作品与“原生态”流传的民间文化遗产有所不同，同时也是对民间文化遗产的发展和弘扬，是对民间文化遗产的文化艺术开发性保护。例如：对我国广泛流传的神话传说故事牛郎织女、梁祝化蝶、木兰从军、孟姜女哭长城进行系统化汇总而形成的新作品；将民间广泛流传的神话故事改编成影视片播放或制作成光盘在市场上发行出售，改编成舞蹈或话剧演出；王洛宾通过西部采风、记谱，编写出脍炙人口的系列民间歌曲等。但国外一些文化企业利用中国民间传说中的一些文化元素，拍摄诸如《花木兰》之类的电影、电视剧、动画片等，则并没有尊重中国民间文化中的思想、情感、精神等内涵，甚至歪曲、篡改、编造出和中国民间传说中的“花木兰”完全不同的人物形象，也没有和中国民间文化管理部门沟通，未缴纳任何支持中国民间文化事业发展的使用费，反而在中国文化市场上大把大把地赚取中国人的银子；又如，王洛宾将自己记谱、改编的西部民歌的版权卖给日本人等等，则引起了众多国人的非议。

世界知识产权组织（WIPO）对文化遗产知识产权保护做出了贡献。世界知识产权组织从 1978 年就开始介入和指导民间文化的知识产权保护工作，并较早地将民间文化与生物资源、传统知识一起列为知识产权保护的新的重要方面。1982 年，世界知识产权组织和联合国教科文组织通过了《保护民间文学艺术表达形式，防止不正当利用和其他损害性行为国内示范法》（*Model Provisions for National Laws on and the Protection of Expressions of Folklore against Illicit Exploitation and other Prejudicial Actions*）。该文件将民间文化列为知识产权保护对象，并规定使用民间文学艺术营利要经过政府有关部门或经授权的组织的许可，还要缴纳使用费用，用于国家文化保护和发展。1985 年，联合国教科文组织和世界知识产权组织联合通过了《保护民间文学表达，反对非法开发和其他有害行为协议草案》。1997 年还联合召开“保护民间文化形式国际论坛”并通过一项《行动法案》指出：在民间文化的法律保护方面需要建立一个新的国际标准。1998 ~ 2000 年，WIPO 分别召开非洲地区、亚太地区、加勒比地区、拉美地区等四个地区的研讨会，派出考察团前往不同国家，与当地政府、行会组织、博物馆的人员以及农民、手工艺者、艺术家进行交流，了解他们所掌握的技术及他们所需要的保护。1998 年召开全球联席会议，将政府官员、民间组织代表和民间艺人召集到一起，探讨如何用知识产权方式保护民间艺术和文化。2000 年 12 月，在该组织内组成了一个新的专门机构——生物资源、传统文化、知识产权的政府间委员会，民间文化的知识产权保护是这个委员会工作的重点内容。

但从现实来看，保护民间文化经济权利是大多数发展中国家的愿望，联合国教科文组织和世界知识产权组织所确定的保护原则未能得到一些发达国家的支持。典型的例子是，2005 年联合国教科文组织第 33 届大会通过《保护和促进文化表现形式多样性公约》时，占据世界文化产业头把交椅的美国对该公约持强烈反对意见，主张文化产品及其服务领域应纳入世贸组织自由贸易规定的范畴，并对该公约投下反对票（该《公约》获赞成票 148 票，美国和以色列投反对票，澳大利亚等 4 个国家投了弃权票）。这说明，民间文化知识产权保护之路将是漫长的。

4. 文化发展权

文化发展权是公民个体及其组成的集合体包括一个民族、区域、国家拥有的文化得到保护与发展并由此获益的权利，是发展权的重要内容。任何国家、民族、区域的文化都具有特定的尊严和价值，应当获得平等的发展机会。在全球化步伐加快的背景下，在经济发展与文化保护形成一定冲突的情形下，文化发展权利保护的必要性日益凸显。

20 世纪 70 年代以来，随着国际社会对于政治、经济、社会与文化发展的日益重视，理论界对于发展权和文化权的研究逐步深入，在这两项新型人权的交叉研究中，文化发展权作为一项分支权利近几年开始被提出，但迄今仍停留于概念的层面，文化发展权仍然是人权领域尤其是国际人权法领域的一个理论空白，这不仅有碍于理论发展，而且也不利于文化发展权的有效保护。“文化发展权”与“文化权”和“发展权”既相互关联又相互区别。文化权和发展权是文化发展权利的基础，文化发展权利是文化权和发展权的体现和结果；反过来，文化发展权又是文化权和发展权的保障。保护民间文化是文化发展权得以实现的有效措施和必然途径，是架设在文化权、发展权和文化发展权利之间的桥梁和纽带。从联合国 1948 年通过的《世界人权宣言》第 27 条以及 1966 年通过的《经济、社会、文化权利国际公约》第 15 条来看，虽然规定了“人人有权自由参加社会的文化生活，享受艺术，并分享科学进步及其产生的福利”；“人人对由于他所创作的任何科学、文学或美术作品而产生的精神的和物质的利益，有享受保护的权利”。但如何通过保护工作促进文化发展，并没有在宣言和公约中作为一种权利形式明确提出来。如果他所处环境的民族文化得不到发展，文化生态被破坏了，民族特色文化消亡了，他的文化权利就成了无源之水、无本之木。所以，仅仅强调文化权或单纯保护发展权还是不够的，必须在更高层次上重视文化发展权。

《世界文化多样性宣言》、《保护非物质文化遗产公约》、《保护和促进文化表现形式多样性公约》等国际法律的出台，使得民间文化的保护在国际层面有法可依，使得文化发展权利有可能被提上议事日程。

二　保护民间文化的国内意义

在国家一级保护民间文化对于我们的国家发展和民族复兴具有非常重要的意义。概括而言，保护民间文化将有利于我们借鉴先人的智慧和创造力、掌握文化发展主导权、促进文化创新和民族文化现代化；有利于社会主义文化和经济社会的协调、可持续发展；有利于维护国家文化安全和文化主权，进一步拓展文化空间；有利于促进全社会正确认识世界遗产的意义和价值，承担起保护人类文明的国际义务；有利于促进我国人权和文化权利事业的发展、促进公民文化权利的实现以满足不同群体尤其是民间文化参与各方的文化需求；有利于带动我国对历史文化遗产的全面保护，全方位地弘扬传统文化，维系文化命脉；有利于扩大世界对中国传统文化（特别是对丰富的民间文化）的了解，改变或破除世界对中国陈旧的、落后的负面印象，重塑中国形象；有利于促进世界各地华人（特别是大中华文化圈）对中国文化的了解与传承，提高他们的文化认同感和自豪感，进一步增强民族文化的凝聚力，增强民族自尊心和自豪感，促进中华民族的伟大复兴。正因为如此，对于为什么要保护民间文化，大多数中国学者在谈论这个问题时主要还是从民族利益出发的。保护民间文化的国内意义主要体现在如下几个方面：

（一）保护民间文化有利于保护我国传统文化和民族文化的多样性

丰富多彩的民间文化是文化多样性的生动体现。保护民间文化的核心内容就是保护传统文化，保护文化多样性。

在不同文化系统之间保护民间文化将促进多元文化的发展。人类生存方式的多样性决定了人类社会需要多元文化。《世界文化多样性宣言》将文化多元化视为是与文化多样性“这一客观现实相应的一套政策”，指出“在日益走向多样化的当今社会中必须确保属于多元的、不同的和发展的文化特性的个人和群体的和睦关系和共处”；文化多元化“与民主制度密不可分，它有利于文化交流和能够充实公众生活的创作能力的发挥”。《实施联合国教科文组织世界文化多样性宣言的行动计划要点》要求“促进文化多元化方面的知识与良策的交流，为多元化社会中来自四面八方具有不同文化背景的个人和群体的融入和参与提供便利。”

今天，我们的传统文化和多样文化生存面临着普遍危机。孙家正在《〈人类口头与非物质文化遗产丛书〉总序》中指出：“现代化进程的加快发展，在世界范围内引起各国传统文化不同程度的损毁和加速消失，这会像许多物种灭绝影响自然生态环境一样影响文化生态的平衡，而且还将束缚人类思想的创造性，制约经济的可持续发展及社会的全面进步”。[①] 这里概括地揭示了传统文化和多样文化所面临的危机、危机产生的原因及其后果。在我国，传统文化面临的这种整体性危机是可预见的。以我国基诺族为例，云南省社会科学专家通过研究指出：“基诺族服装可能在10年内消失，基诺族口碑史、民族歌舞可能在20年内消失，基诺族语言可能在30年内消失”。[②] 2005年7月5日，文化部、江苏省人民政府联合举办的“中国非物质文化遗产保护·苏州论坛”上，孙家正指出，“断层和失根的文化可能使我们游荡的灵魂难以找到精神的家园”。

我国政府非常重视民间文化保护和发展之间的重要关系，将保护工作纳入国家战略。一方面，保护那些能顺应可持续发展的民间文化对于落实科学发展观，实现可持续的经济、文化全面协调发展具有重要意义，它能进一步推进经济、政治、文化、自然协调发展，促进社会全面进步和人的全面发展，促进我国社会主义现代化

---

① 孙家正：《〈人类口头与非物质文化遗产丛书〉总序》，《人类口头与非物质文化遗产丛书》，浙江人民出版社，2005。

② 赵自庄：《云南民族文化区域构建》，《中国少数民族艺术遗产保护及当代艺术发展国际学术研讨会论文集》，文化艺术出版社，2004，第80页。

建设。另一方面，我国党和政府非常重视民间文化保护在促进文化认同和爱国主义教育方面的重要作用。2005 年 3 月，国务院办公厅印发的《关于加强我国非物质文化遗产保护工作的意见》强调，要充分发挥非物质文化遗产对广大未成年人进行传统文化教育和爱国主义教育的重要作用，广泛开展非物质文化遗产的宣传展示和普及教育活动。《意见》充分表明了我们党和政府对保护中华民间文化的高度重视，将有力促进我国年轻一代对我国文化的认同，将极大地推动年轻一代对我国民间文化的了解、保护和传承。

（二）保护民间文化有利于促进我国的文化创新和发展先进文化

《保护非物质文化遗产公约》在前言和定义中强调，尊重和保护非物质文化遗产是为了促进文化多样性和人类的创造力，是为丰富文化多样性和人类的创造性作出贡献。民间文化是一种人类的创造，其有益于世界发展的普遍价值，更是世界和人类社会发展的重要动力和精神源泉。

在一个文化系统内部，文化创新是文化发展的生命之源，而文化遗产又是文化创新的源泉。2001 年《世界文化多样性宣言》第 7 条“文化遗产：创作的源泉”指出：“每项创作都来源于有关的文化传统，但也在同其他文化传统的交流中得到充分的发展”；2002 年《伊斯坦布尔宣言》指出：“无形文化遗产被认为是创造性和文化创作的主要源泉之一”。文化创新的内涵十分丰富，包括文化思想和观念、内容和形式、体制与机制、领导方式和管理模式等等。保护民间文化将在这些方面促进各民族文化和世界文化的创新。我国文化创新和发展先进文化的性质是社会主义的。我们要掌握当代文化发展的主导权。2002 年党的十六大明确提出，要“扶持对重要文化遗产和优秀民间艺术的保护工作”。我们时代的文化遗产是中华民族优秀文化的重要体现，也是我们时代文化创新的重要源泉。我们对民间文化的保护实质是一种创造性的转化，就是“用中国特色社会主义的先进文化所具有的价值取向、思维方式、道德观念和行为方式来改造、更新传统文化，使之符合现代化的要求，使之在自我超越中获得新的生命力”。[①] 因此，为了中华文化的发展，为了在世界多元文化格局中保持中华文化的竞争力，为了文化创新和发展先进文化，我们必须重视对文化遗产的保护和创造性转化。所以说，保护就是创新，只有做好民间文化的保护工作，才能有力地促进我国社会主义先进文化的发展和中华文化的不断创新。

（三）保护民间文化有利于促进我国和谐文化建设

人类社会和文化的发展走向和谐境界是一个历史的必然规律。追求有序、和谐，是社会文化系统自我发展的必然结果和最终形态，它代表着人类社会文化系统发展的方向。在新世纪新阶段，我国确立了建立社会主义和谐社会的伟大目标。促进和谐文化建设，可为构建社会主义和谐社会提供强大的思想道德力量。中国的民间文化在历史上为中华民族和谐文化的形成和发展作出过重要的贡献，它也是我们今天建设社会主义和谐社会，树立和落实科学发展观的重要思想资源。从这个意义上来说，保护民间文化将有利于促进我国和谐文化的建设与发展。

和谐思想是中华文化固有的价值观、世界观和人生观。构建人与自然、人与人（特别是人与群体）、人与自我的和谐是我国传统文化和绝大部分民间文化的思想基础和核心价值理念。而以“和谐”为思想内核和价值取向，奉行和谐理念为主要内容的文化形态、文化现象，都可以统称为和谐文化。和谐文化在思想观念、价值体系、行为规范、文化产品、社会风尚、制度体制等各个方面有多种存在方式或表现形态。和谐文化最核心的内容，就是崇尚和谐理念，体现和谐精神，大力倡导社会和谐，坚持和实行互助、合作、团结、稳定、有序的社会准则。

民间文化中蕴涵着大量的和谐思想以及行为规范。前面我们提

---

① 王文章：《中国先进文化论》，文化艺术出版社，2004，第185页。

到，民间文化在本质上往往是价值理性和工具理性相结合的一种综合体，它对其自身现实问题的关切往往是独特而有效的。绝大部分民间文化在规范人类社会秩序、构建“公序良俗”的社会环境等方面有着自己独特的思维方式和问题处理技巧，它的存在为历史上一定范围内的和谐社会的存在和发展起着决定作用。当前，要建设和谐文化，离不开对中国民间文化中和谐思想观念的继承和发扬。民间文化中的许多积极因素可以直接作用于和谐社会的建设，人们通过遵循民间文化中的一些规定性要求来适应和谐社会的要求，来帮助我们解决人类的和谐生存、可持续发展和精神走向等问题。另一方面，民间文化本身就是一个稳定的文化系统，我们可以在思想观念、价值体系、行为规范、文化产品、社会风尚、制度体制等方面向民间文化汲取有益的东西，使得我们的和谐文化建设更具有民族性和大众性。

民间文化对关注人的内心和谐有着特殊意义。人的内心和谐靠的是充满血肉的情感，它能使人产生愉快、喜爱、慈悲、怜悯、理想、信仰等情感的和谐情愫。而民间文化的传承靠的是心灵感受，这种心灵的感受往往能激发我们情感的共鸣。从这个意义上来说，民间文化又是一个承载人类多种情感信息的载体，是一个储满人类情感的仓库。由此，我们也可以把民间文化看作是人类一种特殊的情感遗产，它对人类的情感活动有着特殊作用，在处理人与人、人与群体、人与自我关系方面蕴涵着一种自足、祥和、安宁的和谐特质，能给人们带来无限的欢乐和愉悦。由于民间文化作用于人的情感，使人达到内心和谐，人内心的和谐进而给人与人、人与社会带来和谐，所以我们必须充分重视和发挥民间文化感染人们情感因素的特殊功能，扩大民间文化对构建人的内心和谐的作用，使民间文化的保护工作真正为建设和谐文化、构建和谐社会做出贡献。

（四）保护民间文化有利于促进我国文化事业和文化产业的发展

民间文化的保护水平与一个国家的经济水平尤其是文化产业发展水平有着密切关联。一般来讲，民间文化保护程度离不开一个国家文化产业发展程度和文化政策制定执行水平情况。因此在民间文化保护方面，联合国教科文组织非常重视和强调缔约国在国家一级保护工作层面应注重提高文化政策制定执行水平和积极发展文化产业。

1. 保护民间文化有利于促进我国文化立法，提高文化政策制定与执行水平

政府拥有权势和公共资源。政府文化政策的制定和实施直接影响着非物质文化资源的配置和使用，直接决定着保护民间文化的成效。在保护民间文化政策方面，我国有许多工作要做。在法律方面，如果缺少完整、配套的法律环境，保护民间文化将是没有保障的。我国目前有《文物保护法》和《非物质文化遗产法》，没有《民间文化知识产权保护法》。在文化管理体制和行政方面，政府文化行政部门所应对和管理的主要是精英的、上层的、艺术的、见诸于文字的、物质的和可视的部分，对民间的和大众的、生活的、非字面表述的、非物质的和无形的文化遗产管理职能相当弱化。这说明，多数的民间文化恰恰存在于文化管理体制之外。此外，我国的民间文化保护涉及文化、旅游、文联、民族、宗教、教育等多个政府管理部门和社会团体，没有一个高效和统一的管理机制，这使得保护工作效率和成效低下。这些情况都是需要调整的。在文化政策方面，保护民间文化重在基层和社区，但我国缺乏相应的政策可供执行，这使得保护工作缺乏基础。因此，保护民间文化需要我们在立法、政策制定和文化行政方面加强工作。

2. 保护民间文化有利于提高我国文化产业的发展水平

目前世界上文化产品和文化服务的流通和交换存在着严重的失衡现象，文化产业发达国家对发展中国家具有明显的贸易和服务优势，这对文化多样性和发展中国家的文化主权构成了很大的威胁。

联合国教科文组织注意到：要树立平等的文化观，必须消除民间文化交流和对话之间的“数字鸿沟”，只有技术上的进步才能消解不平等的“游戏规则”或歧视性的技术壁垒。1998 年，联合国教科文组织《文化政策促进发展行动计划》“在信息社会的范围内并为信息社会促进文化和语言的多样性”的目标中，要求各国在文化政策层面关注文化遗产保护的技术问题。2001 年，联合国教科文组织在《实施教科文组织世界文化多样性宣言的行动计划要点》中倡导缔约国“促进‘数字扫盲’，将信息与传播新技术作为教学计划中的学科和可提高教学工作效率的教学手段，提高掌握这些新技术的能力”。2002 年，联合国教科文组织《伊斯坦布尔宣言》继续在强调全球化和数字技术带给世界文化单一化严重威胁的同时，已经乐观地看到“通过新信息和传播技术的利用有利于无形文化遗产的传播，同时新信息和传播技术也创造了值得保护的数字化遗产。因此，全球化有利于形成一套全人类共同的参照标准，从而推动更好地了解他人和尊重多样性的团结和宽容。”所以，我国应该在保护民间文化方面充分利用全球化和数字技术带来的优势，以强有力的数字化手段来保护自己的民间文化，扩大自己的文化在国际交往中的话语权。①

（五）保护民间文化有利于保护传承人的文化身份权

任何民族或自然人个体，生活在这个星球上，都希望他人承认其存在。文化身份权不是每个人都享有的，只有那些创造了文化、在文化传承中弘扬了文化、为文化事业做出贡献、拥有相应知识产权的人或群体才拥有文化身份权。这是一种获得他人承认的方式。获得他人承认的方式有多种多样，对于那些以传承民间文化为己任，以传承民间文化为生活方式，甚至是以传承民间文化为生活来源的人来说，传承者就是所传承文化的权利主体，他人对其所传承的民间文化的认可和尊重是何等的重要。这时，传承者的身份就和所传承的民间文化紧密结合在一起了，一旦被分离，民间文化传承者的生活甚至生命就将失去绝大部分甚至全部意义。所以，文化身

① 王文章：《非物质文化遗产概论》，文化艺术出版社，2006，第 1 版，第 161 ~ 167 页。

份权是人权中的一项重要文化权利，是传承人须臾不可缺少的。

前些年，我国东北赫哲族某乡因《乌苏里船歌》著作权归属的权益问题起诉著名歌唱家郭颂案，就是深刻反映民间文化身份权利保护内容的一个典型例子，争论至今仍未平息。赫哲族在我国属于少数民族，人口不多，世代生活在乌苏里江一带，主要以打渔和狩猎为生，这种生活方式，为他们创作民间曲调提供了良好的条件，吟唱民歌使他们生活充满乐趣，民歌是他们生活中不可分割的组成部分，民歌已经成为赫哲族的标志和象征，正是通过这种特有的民间文化，使人们认识和了解赫哲族，正是这种特有的民间文化，使赫哲族获得了美好的声誉。其他人唱这种民歌，就得声明是赫哲族民歌，哪怕是根据赫哲族民歌改编的现代歌曲，也得声明是根据赫哲族民歌改编而成。如果把改编作品或含有赫哲族民歌元素的作品硬说成是原创作品，就会遭到赫哲族人的反对，他们就不会认你这个朋友，就会说你是偷了他们的东西，这主要不是经济利益问题，而是身份问题，是人身权利，就好比是血缘关系一样，容不得他人随意改变。该案的争议是身份权争议，解决争议的关键，还得从身份入手。问题在于，郭颂的身份要不要认定，如何认定。郭颂长期在东北农村生活，被赫哲族人民授予赫哲族“名誉渔民”的称号，他自己也在名片上印有“赫哲族渔民”的字样，如果认定郭颂是赫哲族的一员，是赫哲族民歌的传承人，只要确认了这个身份，郭颂创造性传承赫哲族民间文化的权利是不容剥夺的，他和其他文艺工作者共同完成的《乌苏里船歌》，就不是改编而是在原创歌曲中引用了赫哲族民歌的曲调，这种继承传统文化而完成的新作品，著作权完全属于创作者，这种引用行为，属于合理使用。从这个案件的起因和最初的诉讼请求来看，赫哲族人并不是为了钱，而是要个身份，要个应有的社会地位，要一个他人对赫哲族民间文化的尊重。法院的判决只是从技术的角度来看问题，把引用和改编混为一谈，导致了对事实的错误认定，虽然维护了赫哲族人的民间文化传承者的身份权，却没有维护赫哲族“名誉渔民”——郭颂作为杰出的赫哲族民间文化传承者的身份权，强迫使用者在今后使用《乌苏里船歌》这首具有浓郁的赫哲族民歌风格的原创作品时，必须声明根据赫哲族民歌改编，是不符合事实的。正确的做法是，我们既要认定《乌苏里船歌》是赫哲族民歌，也要认定《乌苏里船歌》是郭颂等人原创，且不仅仅是独创。

第五章　民间文化保护的法律机制

中国的民间文化源于中华五千年文明，深深根植于民族民间，它是我们祖先五千年以来创造的极其丰富和宝贵的文化财富，是我们民族精神情感、个性特征以及凝聚力与亲和力的载体，是中华民族身份的象征，也是民族文化的根基，有些还是人类文化宝库中的优秀作品。民间文化被保护的对象是具有创造力和独特文化品格的那一部分，以及这些活态文化赖以存在的文化生态环境。保护民间文化的目的是为了使我们民族这条古老深厚的文化生态之河免遭破坏和断流，保证民间文化特异性永存不灭。只有保持民族精神资源的丰富性，才能为保存人类文化的多样性做出我们的贡献。

随着世界经济一体化的发展趋势和现代化进程的加快，世界文化的丰富性和多元性都受到了巨大挑战，这将进一步影响到人类生活（特别是精神生活）的变化。就全球范围的文化发展态势来讲，这些问题是不容忽视的：经济活动左右文化活动，导致文化被商品化；强势文化对弱势文化的侵蚀；文化的标准化发展趋势导致的对文化个性的压制和对文化多样性的破坏；工业文明的急剧发展及后工业文明的来临所导致的农业文明及农耕文化的破坏等。作为发展中国家的一员，中国不但面临着上述问题的困扰，而且还有自己特殊的问题，诸如为实现经济现代化指标所导致的经济对文化的误导，农业文明被工业文明取代所导致的自然环境和其他方面社会环境的恶化，大规模的城市化运动所导致的对文化生态和文化遗产的破坏等。世界范围内的这些问题困扰了整个世界文明和文化的健康发展，影响到人类社会的全面发展，如果不能协调有序地处理好，甚至还将影响社会发展的成果。

我们所说的保护包括两层含义：一是要直接保护民间文化遗产本身，这主要是采取行政手段保护，这方面的工作从 20 世纪 80 年代以来受到各级政府的高度重视，已经大有成效。但经过一些地方不科学的抢救甚至揠苗助长，使得一些民间文化脱离了原有的传承和练习环境，过分强调它的表演性，把一些商业因素和时尚因素渗入到民间文化中来，使得有些文化已经不是原生态的民间文化了，因此行政手段也要在相关的行政法的规范下，科学有序地进行。二是要采用法律手段间接保护，通过保护民间文化遗产权利人的权益，使民间文化通过传承人的传承，不断发扬光大，使民间文化权利人能够“靠山吃山，靠水吃水”，以其自身的努力实现“青山常在，绿水长流”。民间文化遗产的保护是必须的，不保护，可能就被随意侵占和掠夺，民间文化遗产保有者和传承人就不会得到任何回报，他们只能靠信仰成为民间文化遗产的守护者。当他们遭受工业文明带来的青山被毁、水土流失和耕地减少的窘迫，自身的生存难以为继，当他们外出打工，置身于轰鸣的机器声中，当他们奔走于繁华都市，湮没于汽笛的喧嚣之中，他们除了在内心深处珍惜民间文化的昔日辉煌，还有暇继续操练民间文化的各种技艺吗？活态的民间文化遗产没有了，干尸般的民间文化遗产即使存在，也只能唤起人们心中遥远的记忆。鉴于行政手段和法律手段保护的作用和结果大有区别，我们主张建立以法律手段保护为主、行政手段保护为辅的机制，行政保护也必须有法可依，这样才能实现保护的合法性、科学性、规范性和可持续性。

第一节　建立健全法律保护机制的意义

最近几年来，我国各级政府对民间文化保护的重视程度逐渐加强，采取了一系列的政策和措施，收到了很大成效。这主要源于几个方面的因素：一是中央和地方领导的高度重视；二是各级文化职能部门的积极推动；三是经济发展之后用于文化建设的投入逐渐加大；四是舆论宣传工作深入到基层群众，调动了民众的参与热情。行政措施有一个显著特点，就是见效快，但是，其缺点也很明显，新鲜劲过去以后，舆论不会再把它作为热点关注，领导干部的重视程度会下降，各级机构的推动作用会减弱，群众的热情会降温，特别是在长效机制的设计上，还存在明显缺陷。那么，如何才能使民间文化的保护工作能长久持续下去，特别是如何充分发挥民间主体的主观能动作用，调动权利主体自身的积极性，避免出现“上边热，下边凉”、“上边主动，下边被动”、甚至在有些地方“热热闹闹搞几次活动就无声无息”的状况，真正形成上下联动的长效机制，是民间文化和法学工作者应该认真思考的问题。

立法保护，是民间文化保护的根本保证。民间文化是不可再生的珍贵的文化资源，必须致力于对它们的保护。法律是统治阶级意志的体现，法律一旦制定颁布，就会在全社会产生引导和教育作用，在人们的文化保护意识还没有充分树立起来之前，立法显得格外重要，它能教育人们加深对民间文化保护意义和作用的认识；保护意识树立起来以后，如何科学规范地开展保护工作，也需要公开透明的法律来指导。况且，保护民间文化不是短期行为，而是一项长期而艰巨的系统工程，需要一代一代做下去。要实施好这项工程，仅有应急性措施是远远不够的，必须有坚实的法律和政策的规约和保障。可以说对民间文化的法律保护，是进行抢救与保护民间文化工作的前提和基础。

一　法律在保护民间文化方面的功能

1. 指引功能

法通过对权利义务的规定，为一般人的行为提供一个模式，引导人们在社会活动中正确作出行为选择。权利义务关系是社会生活中的法律关系，法律关系必须以明确的制定法来加以规范，对人们的行为加以指引。法的指引功能主要是通过法律规范对人们权利和义务的规定来实现的。法律制定颁布后，明确告诉人们，对于民间文化，各主体分别享有哪些权利，必须履行哪些义务，它是指引人们在民间文化保护、开发、利用工作中的行为规范。

2. 预测功能

法的预测功能，是指根据法律的规定，人们可以预先估计到他们相互间将会怎样行为以及行为的后果，从而对自己的行为作出合理的安排。预测功能作用的对象是人们相互的行为，包括国家机关的行为。根据法律规范，人们对民间文化进行保护、开发、利用，付出了劳动，投入了资金，签订了协议，就能预期可能得到自己想要的结果；如果违背法律，则必须承担违法行为所带来的法律后果。

3. 评价功能

法作为一种特殊的社会规范，是人们行为的准则，因而具有作为判断、衡量人们行为是否合法的标准与尺度的功能。评价功能作用的对象是他人的行为。虽然，法只能评价人们的行为是否合法或有无法律效力，且仅靠单一的法的标准来评价是不全面的，但在保护民间文化工作中，法律评价却能发挥它的独到作用。在民间文化保护工作中，道德标准无法发挥强大的评价功能，因为民间文化的保护工作是一项社会性工作，不直接涉及个体的伦理道德问题；而经济标准可能导致人们的短视和行为的急功近利，也不能客观正确地评价民间文化这项功在当代、利在千秋的宏伟事业。所以，法的评价功能无可替代。

4. 教育功能

法的教育功能是指法的实施对人们的认识和行为产生的影响。其作用的对象是一般人的行为。法的教育功能主要在两个方面起作用：一方面，通过对违法行为的制裁，既可以教育违法者本人，同时又对那些企图违法的人起到威慑和警示作用，使其引以为戒；另一方面，通过对合法行为及其法律后果的确认和保护，对人们的行为起着示范与鼓励的作用。所以，制定和颁布保护民间文化的法律，对于树立人们保护民间文化的法律意识，增强保护民间文化的积极性、热情、信心，都将产生强大的心理作用。

5. 强制功能

法具有国家意志性和国家强制性的特征，因而自然地具有强制功能。法的强制功能作用的对象是违法者的行为。任何社会的法都由国家强制力保障实施，对违法者以国家的名义加以制裁，但是，不同类型的法，其强制功能的对象、范围和方式是不一样的。在民间文化的保护方面，法律的激励色彩较强，惩戒作用相对较弱，因为民间文化主要是指非物质的文化遗产，单个的自然人很难起到较大的破坏作用。但并不是说保护民间文化就不需要强制力量，恰恰需要用法律去规定人们必须履行的义务，来推动民间文化保护工作的开展，使人们养成保护民间文化的习惯，变成一种自觉的行动，进而形成文化自觉。

二 建立健全民间文化保护法律机制的意义

建立健全民间文化保护法律机制具有以下几个方面的意义：

1. 使民间文化保护工作持续长久地开展下去

法律虽然落后于实践，但能够促进、指导和规范实践，法律一经制定，就不能朝令夕改，就必须在一个较长的时间内保持相对稳定性，法律的规定，必须严格遵守和执行，它不依领导者个人的偏好而存废，它比政策具有刚性，不会随着政府工作重心的转移而消失或失去作用。所以，建立民间文化保护的法律机制，能使民间文化的保护工作深入持久地开展下去。

2. 充分发挥各方面的作用特别是调动民间文化保有和传承主体的积极性

一般来说，行政工作往往把基层群众作为工作的对象，群众是被领导号召而参加到政府组织开展的工作中来。因此，群众具有被动的一面，积极性的发挥和保持都与领导的重视程度和工作水平有极大的关系。而法律把公民个人作为法律关系的主体，特别是民事法律把公民与公民、公民与政府机关、公民与其他组织在民事活动的地位平等看待，公民与其他民事主体都有权平等地行使法律规定的权利，他们的合法利益可以通过法律得到维护。所以，建立健全保护民间文化的法律机制特别是知识产权法律机制，能持久地调动民间文化保有主体和传承主体的积极性。

3. 能较好地处理保护与开发利用的关系，使民间文化保护与开发有法可依

精神文化的传递是民族血脉的见证和灵魂共鸣的基础。朝代的更迭和时间流逝难以掩盖同血同脉，同族同亲的事实。炎黄子孙都珍爱中华民族的民间文化，都希望自己人开发自己的民间文化遗产，都希望民间文化遗产的商业价值在本土首度释放，但是，民间文化的保护、传承、开发、利用在当今经济全球大发展的形势下日益交融，你自己不开发，外商可能捷足先登，你自己还在争论，外商可能首先利用。

对民间文化遗产的开发包括两种形式，第一种形式是以繁荣文学艺术为直接目的的开发，是指对长期流传于某族群或地域的民间文化遗产进行整理、翻译、改编、汇编而形成民间文化遗产衍生作品的活动。这种开发活动既具有一定的“独创性”，是对民间文学艺术的再创作，形成的新作品与“原生态”流传的民间文化遗产有所不同，同时也是对民间文化遗产的发展和弘扬，是对民间文化遗产的文化艺术开发性保护。例如：对我国广泛流传的神话传说故事牛郎织女、梁祝化蝶、木兰从军、孟姜女哭长城进行系统化汇总而形成的新作品；将民间广泛流传的神话故事改编成影视片播放或制作成光盘在市场上发行出售，改编成舞蹈或话剧演出；王洛宾通过西部采风、记谱，编写出脍炙人口的系列民间歌曲等。这种开发不仅是无可厚非的，而且必须用法律加以规范，使这种开发有法可依。学界已经逐步达成共识，国家版权局和文化部经过多年调研和讨论，已经组织起草《民间文学艺术作品著作权保护条例（征求意见稿草案)》，只要该《条例》出台，这种开发便有法可依，其必要性也无需赘述。第二种形式是以获取商业利润为直接目的的开发，把民间文化遗产的元素或符号用于商业领域，为的是吸引消费者的眼球，刺激消费者的欲望，投入技术和资金进行大规模的产业开发，使其依附在产品上或融入到服务中，投入市场。这种开发是对民间文化遗产的商业开发，又可叫做二次开发或深度开发。例如：歌手罗林用“刀郎”做艺名进行包装，餐厅将民间典故写进菜谱，食品公司将民间诗歌用于产品广告，玩具厂将民间神话中的人物做成玩具，装修公司将民间艺术用于建筑装潢，以及越来越多出现的将民俗抢注为商标或网络域名待价而沽等。这种开发目前存在较多的争议。

当前，我国有两支队伍正在各行其是：以学术界为代表的队伍以抢救保护为己任，强调民间文化的“原汁原味”，可称之为“保护派”；以旅游业者和开发商为代表的队伍则以利用、开发为己任，强调创新、发展，可称之为“开发派”。两者之间在认识上和措施上存在着一定的差异，但也存在着相互促进，协调发展的可能性。我们的观点是：“配合有道，相互促进。”“保护派”强调民间文化遗产的“原汁原味”，当然有理，但应看到民间文化遗产随着时代进步而变化的事实；“开发派”除了着眼于市场要求，还应看到通过产品开发，科学地继承传统民间文化遗产精髓和记忆的重要性。保护是为了留下有价值的文化记忆，让千秋万代的子孙们认识过去；开发是为了现实的需求，不但能使千千万万民众脱贫致富，而且能使中国民间文化走向世界，发出异彩。两者皆有其各自的价值取向和重要意义，绝不能是丹非素，褒此贬彼。

建立法律保护机制，就是要协调好保护与开发的关系。民间文化的发展是一个动态的渐变过程，它的共享性、流变性、传播性等特点决定了民间文化遗产保护的特殊性，既不能搞绝对禁锢和封闭式圈护，也不能放任开发而不作任何保护，而是要在有效保护的前提下开发利用。一旦过度开发，便会在商品或服务中滥用民间文化成果，造成对民间文化遗产的延伸使用，改变民间文化遗产蕴含的意义，对民间文化遗产造成不可弥补的破坏。在协调保护与开发利用两者之间的关系时，必须清醒地认识到，保护只是手段，不是目的，保护是为了更好地传承与利用；保护是开发利用的保证、基础和前提。没有保护的开发利用，只能使民间文化遗产在开发中变异，在变异中消亡。而开发利用，是为了更好地传播、传承优秀文化，使之得到更大的发展。因此，要处理好保护传承与开发利用的关系，必须牢固树立“保护性开发”的理念，坚持在保护中开发，在开发中保护。总之，使保护和开发都有法可依。

4. 平衡传承者、开发者、使用者的利益，使民间文化走向良性发展的道路

在历史的长河中，勤劳、勇敢、智慧、朴实的华夏民族，创造了极为丰富灿烂的民间文化遗产，这些遗产至今仍闪烁着智慧的异彩和历史的折光，它们不仅是前人留给我们的宝贵精神财富，也是为我们的生活创造着无穷物质财产的力量源泉。然而在民间文化遗产开发的过程中，一方面是客观上法律缺失，另一方面是开发商主观上对权利主体的人身权利的尊重意识不强，对权利人的财产利益更是漠视，造成了在商业开发过程中，原创群体、保有群体与开发商之间权利义务的失衡和利益的失衡。我们探讨保护与开发的关系，目的就是避免失衡，寻求建立一种实现民间文化遗产权利主体和开发者之间利益平衡和权利义务平衡的法律机制，使法律保护始终处在临界点附近，为商业开发创造良好的法律环境。这种法律机制，是我们要建立的整体法律保护框架体系中的一种不可缺少的重要机制。

建立民间文化遗产保护与开发平衡机制的宗旨是承认民间文化遗产的社会、文化、经济、教育等价值及其作为现代人类科技文化创新之源的特殊地位；增进人们对民间文化遗产保有人的尊重；制止对民间文化遗产进行滥用并保证权利人可以分享民间文化遗产的商业开发利益。同时，对民间文化遗产的保护应有助于保护传统文化及其多样性、促进文化艺术自由而公平地交流、鼓励民间文化遗产的传承与创新。我们拟建立的平衡传承者、开发者、使用者利益的法律制度，应该符合知识产权法的功能和价值取向，但与现有制度有着较大的区别，是一种专门对民间文化遗产进行保护的制度。

这种保护制度实质上就是针对民间文化遗产创设一种新的突破传统著作权法中所要求的权利保护期、客体的凝固性、主体的确定性等基本条件的知识产权性质的权利，其权利的核心内容是精神权利和商业化利用的财产权利。这种权利需要经过普查或申请、公示、登记取得。笔者认为该法是知识产权法体系下的单行条例，主要是在明确各主体之间权利义务关系的基础上，平衡其利益关系。总之，使民间文化走上良性发展之路。

5. 提升民间文化的势能，增强民间文化抗侵蚀的能力和国家的文化安全

在国家文化力的构成中，文化势能是文化创新与文化传播的基础性资源，文化势能越高，不仅该文化不容易被外力所改变，而且该文化的影响力与传播力越强，文化势能的积蓄将为文化创新与文化传播提供不竭的动力，而文化创新与文化传播反过来也推动文化势能的积蓄。我国的民间文化历史悠久，民族特色鲜明，有浓厚的地方风格。民间文化，不仅体现了我们国家不同时期不同地域经济发展状况和民族特色，更体现了我们国家民族的气质和人们的智慧。对民间文化进行法律保护，是积蓄我国民族文化势能、增强民族文化抗侵蚀能力的重要手段和法律保障。

国家文化安全是本民族的优秀文化以及适应这个国家制度的价

值观念、意识形态不能受到实质性的损害，使得这个国家的文化特质得以保持和延续。文化安全的宗旨是反对放弃自身原有的优秀文化，反对被他国的文化同化，反对模仿、照搬外来文化，反对本民族文化被强行异化。文化安全主要包括国家的文化主权和文化尊严不容侵犯，民族文化传统和文化选择必须得到尊重，与一国的经济基础和社会政治制度相适应的意识形态必须占据主导地位。文化安全的核心内容是文化立法权、文化管理权、文化制度和意识形态的选择权，文化交流和文化传播的独立自主权等。我们对民间文化进行立法保护，是保障国家文化安全的具体措施和有效途径。

6. 促进民族文化和世界各国文化的平等交流，使中华文化走向世界，增强国家的软实力

为丰富人们的精神文化生活，需要进行文化交流，文化自身的发展，也需要交流。交流必须平等，必须相互尊重。既要反对文化霸权，防止外来文化对民族文化的蔑视、干扰、压制；也要反对文化掠夺，防止外国对我国民间文化滥用、歪曲、篡改，甚至将歪曲和篡改的文化再次输入我国，成为我国大众的消费品。加强民间文化保护的立法，形成依靠国家主权的强有力的法律机制，就能保证文化交流的平等性，就能促进我国优秀的民间文化走向世界，也能保障引进到我国的文化必须是能为我所用、能丰富我国人民文化生活、促进我国文化发展的优秀文化。

推动中华文化走向世界，是增强中国国力的需要，是中华文化永葆活力的需要，是为构建和谐世界做贡献的需要。中华文化走向世界，是时代的要求，是历史的必然。她将以民族性、包容性、进步性的品格影响今天的世界。

文化影响力是一个国家软实力的重要指标。建立健全民间文化保护的法律机制，使我国在民间文化领域形成一个良好的法律环境，使民间文化繁荣昌盛，增强我国文化的总体实力，推动中华文化走向世界，扩大中华文化影响力，就能起到增强我国软实力的作用。

我国对民间文化保护的立法首先是从地方开始的。20世纪90年代，宁夏、江苏先后制定了保护民间美术和民间艺术的地方性法规或政府规章。1997年国务院还颁布了有关传统工艺美术的保护条例。从2000年开始，云南、贵州、福建和广西壮族自治区先后颁布了省级民族民间传统文化保护条例，这些对传统文化保护的立法所做的有益探索，都为国家的立法提供了一定的经验和基础。2004年8月28日，在第十届全国人大常委会第十一次会议上，表决通过了中国政府正式加入联合国教科文组织《保护非物质文化遗产公约》的批准决定。以2001年昆曲艺术入选世界“人类口头和非物质遗产代表作”为标志，中国民间文化的抢救与保护工作掀起了一个新高潮。目前，我国正在起草《中华人民共和国非物质文化遗产保护法》和将以国务院条例方式颁布的《中华人民共和国民间文学艺术作品的著作权保护办法》，这标志着我国民间文化保护工作将由自发走向自觉，最终实现自律。

第二节　民间文化法律保护机制的模式选择

保护民间文化的法律机制是根据民间文化的自身的价值、性质、特点和发展规律制定出来的，它必然要符合民间文化的法律特征。鉴于民间文化的独特性、多维性、活态性、流变性、艺术性、民族性、历史性、地域性、主体的多样性，传承的持续性等特点，保护民间文化的法律体系也应该是综合性的，单一的法典很难全面地胜任保护民间文化的使命，必须多角度思维，从不同的部门法来考虑民间文化的保护工作，从中央到地方的视野来区分不同层次法律、法规和规章的不同功能，从而建立起一个较完善的整体框架。我国的民间文化种类繁多，性质各异，因此，一部法律不可能包罗万象地涉及每个问题，需要有与之相匹配的法规条例。地方各级人大也要相应出台本地区“民间文化保护条例”等地方性法规。各省、自治区、直辖市应尽快将民间文化的法律保护纳入立法、司法日程。健全了相关的法律、法规，使保护工作有法可依、有章可循，我国的民间文化抢救与保护工作才能由无序到有序，并走向层层深入的发展阶段。

一　民间文化的法律特征

民间文化是千百年来在民间自发形成、传承和发扬光大的文化生态现象，是一种源远流长、生生不息的活态文化，它具有自发性、民间性、传承性、融合性以及上面提到的诸多特点，与这些特点相关联，民间文化的法律属性具有下列特征：

1. 在权利客体上，无形和有形相结合，以无形文化为主

民间文化是各族人民世代相承、与群众生活密切相关的各种传统文化表现形式（如民俗活动、表演艺术、传统知识和技能，以及与之相关的器具、实物、手工制品等）和文化空间，这里的文化空间是指民间约定俗成的情形下举行传统文化活动或集中展现传统文化表现形式的场所，如各种庙会的场所等，兼具时间性和空间性。民间文化具有活态性，各种活态的民俗活动、表演艺术、传统知识和技能等是无形的，而与之相关的器具、实物、手工制品、服装道具和特定的场所等是有形的，在总体上看来，民间文化是在借助一定的物质形式的条件下进行表现的无形的文化形式，以无形的文化形式为主导。有形的物容易保护，无形的表现形式不容易保护。对民间文化的保护，核心是保护其无形的文化表现形式。就拿我们对民族传统服饰的保护来说，保护的对象不在于现代人生产的衣服物质本身，而在于服饰的表现形式以及能够实现这种表现形式的技艺。

2. 在权利主体上，群体和个体相结合，以民间群体为主

民间文化是一种随时代变迁而发展但也容易湮没的文化记忆。某种民间文化是何年代首创的，通过传说或史料也许还可以追根溯源，但是谁首创了这种民间文化，却很难加以考证，只能大体证明什么地区的人们以什么起因或目的首创了它，然后世代相传，发扬

光大。从实体法的角度来看这并不是需要关注的重点，需要关注的是谁记忆或传承了并正在传承这种民间文化，谁拥有并正在使用该种技能。现代法律探讨的权利主体，已经不再是历史上的首创者，而是现实生活中传承人。这种传承人可能是一个地区的某个民族群体，可能是一个地区某社区内的某个群体，也可能是一个地区的某个家族，还可能是一个地区的某个自然人；当然，像清明节、端午节、中秋节、春节中的一些民间文化，已经成为全中华儿女共同传承的对象，其权利主体可以认定为国家。总的来说，多数情况下，民间文化的权利主体以群体的方式出现。如赫哲族民歌的权利主体就是黑龙江省赫哲族聚居地的赫哲族群体。

3. 在权利内容上，精神和经济相结合，以精神权利为主

民间文化是族群或民族身份的象征，是培育民族自豪感的宝贵资源，是促进民族团结、增强民族认同感和凝聚力的文化基础，是推动民族发展的重要精神力量。一些口头传统，包括作为文化载体的语言；传统表演艺术；民俗活动、礼仪、节庆；有关自然界和宇宙的民间传统知识和实践等等，都是以该民族的世代繁衍、生产、生活为基础产生和发展的，深深打上了该民族愿望、情感和智慧以及世界观、价值观和审美观的烙印，容不得他人掠夺、窃取、篡改、歪曲、丑化，这些都是不容置疑的精神权利。同时，某些传统手工艺品、传统医药的制作和技艺的传承，是该民族群体重要的经济来源，甚至是生存和发展的基础，某些民歌、民间杂技、民间曲艺、民间口头作品的表演，是表演者谋生的手段或辅助手段；在商品化高度发达的今天，一些无形的传统知识和元素（包括符号），也能被人加以商业利用，带来巨大的经济利益。这些都是主体从人权法或民商法角度可以主张受到保护的经济权利。因此，权利主体对于民间文化的权利内容，既有精神权利（或称人身权）又有经济权利（或称财产权）。虽然，受现代知识产权法律规则的约束，人们认为传统知识已经进入公有领域，因此更多地主张精神权利。即便如此，精神权利和经济权利不是截然分开的，在越来越主张精神损害赔偿的今天，从精神损害赔偿的角度，也能主张经济上的补偿。

4. 在权利性质上，私权和公权相结合，以特定私权为主

民间文化是一个国家文化遗产的重要组成部分，是文化遗产中的活化石，是活生生的文化形式。民间文化和其他文化形式一样，要受到国家文化主权的管制。文化主权是指“现代民族国家将本民族文化的习惯、信仰和价值观念上升为国家意志，意味着对本民族文化所拥有的最高的和独立的权利和权威”。[①] 主权国家对文化的管制权属于公权。国务院《关于加强文化遗产保护的通知》（2005 年 12 月 22 日）、国务院办公厅《关于加强我国非物质文化遗产保护工作的意见》（2005 年 3 月 26 日）、文化部《国家级非物质文化遗产保护与管理暂行办法》（2006 年 11 月 2 日）等文件的颁布，就是我国政府行使文化主权的表现。国家机关通过公权的行使，强有力地推动了我国的民间文化保护工作。同时，我们也应该看到，民间文化主要依靠民间自发的内在动力来传承和弘扬。群体或个体传承、表演、弘扬民间文化，是因为这种文化形式能够给他们身心愉悦、心灵寄托，物质或精神的需求得到某种满足。他们运用自己的智慧创造性地完成了民间文化作品，他们拥有关于这些民间文化形式的全部（或部分）著作权，这些权利属于私权。例如，郭颂先生响应上级领导的号召，到乌苏里江一带的赫哲族群众中采风，和一些文艺工作者共同创作完成了民族歌曲《乌苏里船歌》，并亲自演唱，取得了广泛的社会效益和良好的经济效益。没有郭颂先生等引用赫哲族民歌作曲、填词和表演的《乌苏里船歌》，就没有赫哲族民歌在我国民间文化体系中今天这样的影响和地位。国家对国内任何文化形式都享有文化主权，可以通过公权干预文化的传

① 花建：《软权利之争：全球化视野下的文化竞争潮流》，上海社会科学院出版社，2001，第 1 版，第 250 页。转引自吴明君：《论全球化时代的国家文化主权问题》，《东华大学学报》（社会科学版），2008 年第 1 期，第 6 页。

播和发展。公权的行使，最终要通过私权的实施，来推动民间文化的弘扬和光大。传承民间文化的民间主体享有私权，不仅是使民族的、大众的文化得到繁荣和发展的手段，也是法律精神以人为本的一种体现。当然，这种权利，不像物权法上的所有权，主体拥有的权利只是知识产权中的部分权项。权项的具体情况又千差万别，必须根据民间文化的形式以及各种主体在传承和创新中所发挥的作用或拥有的技能分别具体确定。

二　民间文化的法律保护模式

1. 行政法保护论

行政法保护论者认为，民间文化是国家和社会的公共财富，政府是民间文化保护职责的主要承担者，通过宣传、号召、发动等工作，把民间主体动员到民间文化保护事业中来，政府不仅要拨付经费，建设场馆，设立国家级和地方级保护名录，建立传承人档案，而且要建立相关制度，依法行政，使民间文化保护工作持续开展起来。

前一段，我国关于民间文化保护的立法工作，基本上是按照行政法的模式进行的。20 世纪 90 年代，宁夏、江苏率先制定了保护民间美术和民间艺术的地方性法规或政府规章。1997 年，国务院颁布了有关传统工艺美术保护的条例。从 2000 年开始，云南、贵州、福建和广西先后颁布了省级民族民间传统文化保护条例。2002 年 8 月，文化部向全国人大递交《民间文化保护法》的建议稿，2003 年 11 月形成了《中华人民共和国民族民间传统文化保护法（草案）》第 6 稿。2004 年 8 月，为借鉴联合国教科文组织通过的《保护非物质文化遗产公约》的精神，全国人大有关部门又把《中华人民共和国民族民间传统文化保护法（草案）》的名称调整为《中华人民共和国非物质文化遗产保护法（草案）》，该草案经过完善，最终形成《中华人民共和国非物质文化遗产法》，于 2011 年 2 月 25 日第十一届全国人民代表大会常务委员会第十九次会议通过。

在行政法保护模式下，各国创造了一些有效的机制和做法。在对传承人的保护和培养方面，日本设立了“人间国宝”认定和发放补助金制度，“人间国宝”必须将补助金用于培养和传承技艺。这种做法在泰国、菲律宾和法国等得到了推广；在动员民众参与方面，韩国从大学生入手，向大众传播，收到了良好的效果；在将民间文化传承与文化旅游相结合方面，意大利对木偶和木偶戏的开发，已经成为一个亮点；在发挥旅游业对民间文化保护的作用方面，韩国的商业化运作不仅规范，而且成效显著；在制定民间文化的评价标准方面，法国在战后逐渐形成了保护文化遗产包括民间文化的整套评价标准和管理办法；在建立民间文化名录方面，日本借鉴欧美的做法，设立了“文化财登录制度”，我国也建立了类似的普查登录制度，正在发挥积极作用。

行政法保护模式的优点很突出，但不足也十分明显。它依靠的是自上而下的推动力，号召式、运动式、形式化的倾向较为普遍，并且容易产生短期行为，甚至为了出政绩而揠苗助长，可能破坏民间文化自然生长的生态环境，形成难以克服的负面因素；它关于主体的规定较为简单，关于主体的摆位还不够准确，把民间主体作为从属的被管理者来对待，对主体的重视程度无法到位，在调动民间文化权利主体自身的积极性和内在的驱动力方面也缺乏长久的保障机制。因此，单纯的行政法保护模式不能带来民间文化保护的最佳效果。

2. 知识产权法保护论

知识产权法保护论者认为，民间文化是独特、有价值、有内涵的文化表现形式，是智力创造的成果。而知识产权法建立之初的宗旨就是有条件、有期限地保护人们的智力成果和经营标志，以激励社会的创新机制，促进科技的进步和社会的发展。应以知识产权法为中心，对民间文化进行法律保护。①

---

① 李宗辉：《民间文化的法律保护——以知识产权法为中心的思考》，《百家言》2005 年第 6 期，第 54～57 页。

针对上述观点，也有不同意见和顾虑：其一，民间文化世代相传，表现形式丰富多样，经过几百上千年的发展已经无法确定作者。其二，很多民间文化是以口头传说、风俗活动、传统表演艺术的形式存在，已经进入公有领域，如果将我国如此巨大的民间文化纳入私权就会使进入公有领域的资源重新纳入知识产权专有领域，实践中会造成很多麻烦。其三，知识产权从确立之初就有垄断的性质，将民间文化归入知识产权领域就会使民间文化打上垄断的烙印，不利于公众对文化的挖掘、整理、推陈出新，与国家继承和发扬本民族的优秀文化的宗旨相背离。

我们主张将行政法和知识产权法结合起来，发挥行政法的强大推动作用，也注意运用知识产权法来发挥民间主体的主观能动性、创造性和积极性，建立一种长效机制，使民间文化得到更好的保护。不妨在此对于上述顾虑逐一进行分析。

对于权利主体难以确定的问题，已经可以用立法技术加以解决。早在罗马时代，优士丁尼的《法学阶梯》就将世俗的物分为大集体、中集体、小集体和私有，[①] 所有的财产全部归入人的控制之下，那么民间文化也是可以通过立法技术确定权利主体的。某项民间文化如果是由整个国家的民众不分民族和区域进行传承如春节，那么国家就成为权利主体，具体到我国就是由国家版权局作为权利主体；如果由少数民族所特有，比如仡佬族中流传着的傩戏、地戏、台子戏、木偶戏，那么权利主体应当是该民族；如果是某个地区或社区内的民众不分民族而传承的，那么这个地区或社区的管理机构代表民众作为权利主体；对于以行业的形式传承的传统表演艺术、传统的手工技艺，将该行业协会定为权利主体；如果是以家族的方式传承就将这个家族定为权利主体；对于某些特殊的民间文化，是由掌握稀有民族民间传统技艺或者保存原始文献、实物，并

① 徐国栋：《罗马私法要论——文本与分析》，科学出版社，2007，第 1 版，第 123～124 页。

对其有一定研究的传承人进行延续，可以将该传承人确定为权利主体。当然，关于权利主体的确定方式，是在申请登记的程序中，由申请人申报，国家职能部门依职权审查并经公示确定的。一般可以在省级区域内初审，再报国务院职能机关确定。

对于进入公有领域中的问题，也可以在知识产权的框架下加以解决。我们知道，知识产权包括著作权、专利权和商标权三大基本部分。著作权不仅包括人身权，也包括财产权，通过本书第四章第二节第三个问题第 1 点的分析以及本节第一个问题第 4 点的分析，我们已经清晰地看到了民间文化著作权部分权项的存在，同时，与著作权相关的邻接权，更可以不折不扣地运用于民间文化的保护。我们主张对民间文化的知识产权进行保护，实质上就是要保护主体应该拥有而且可以实际拥有的部分权项的著作权和完整的邻接权。对于没有进入公有领域的部分，可以用专利法或商业秘密法来保护，对于特定产品可以用特殊产品名称和地理标志来保护，对于民间文化符号，可以通过限制他人抢注商标的商标法相关规定来保护。①

对于垄断性问题，由于不存在专利权和商标权，著作权的垄断性十分脆弱。相对于专利权和商标权而言，著作权的保护是弱保护。对于同一项民间文化，著作权法允许有多个权利主体同时存在，并且设立了强制许可制度和合理使用制度，可以说垄断性问题几乎已经不复存在。例如，曾经被媒体炒得沸沸扬扬的《千手观音》版权之争，我们认为原甘肃省艺术学校校长、现任北京师范大学艺术系兼职教授、甘肃省一级编导高金荣和原中国残疾人艺术团艺术指导、原总政歌舞团副团长、现任团长、国家一级导演张继刚两个主体都是在借鉴和传播民间文化的过程中创作了《千手观音》，都分别拥有各自的著作权，在认定双方都在一定程度上原创

① 苏喆：《文化符号商业标识功能的商标法规制——滥用民间文化符号注册商标的非正当性分析》，《知识产权》2011 年第 1 期，第 94 ~ 98 页。

了舞蹈《千手观音》，享有相应的著作权的情况下，谁也没有对《千手观音》构成垄断，任何一方都不能妨碍对方或他人对传统文化的挖掘、整理和推陈出新。

经过以上分析，知识产权保护模式与国家继承和发扬本民族的优秀文化的宗旨不仅不相背离，而且完全吻合。保护知识产权，就是保护知识产权所有人的人权，就是保护民族的根本利益，就是保护国家的文化主权。虽然西方人设计的知识产权制度的基本原则不便于或不利于我们对民间文化的保护，但也不能妨碍我们从中寻找部分法理根据，做出不违背国际公约且符合国情的实施方案设计和创新性的制度安排，以弥补行政法保护模式的不足。

3. 反不正当竞争法保护论

反不正当竞争法保护论者认为，在单纯的知识产权法律领域内，对民间传统文化保护有所不足，认为将反不正当竞争法融入对民间文化的保护制度体系之中是很有必要的。理由是：

（1）从民间传统文化保护的现状来看。

目前，由于知识产权保护的缺失使得民间传统文化保护方面存在很多漏洞。例如许多文化企业、旅游企业随意使用民间传统文化资源，作者和表演者也可以尽情地利用传统文化的成果，[①] 而传统文化的保有群体或传承人不仅得不到财产权利上的保障，并且会因这种随意使用的行为而使民族民间传统文化陷入被歪曲、滥用，甚至流失的危险。反不正当竞争法可以在这种情况下，以其弹性保护及“宽保护”的特点发挥重要作用。

（2）从反不正当竞争法的自身特征及保护特点来看。

通常，反不正当竞争法被认为是作为现行法律框架筑起“最后一道防线”起补充保护作用或者称之为“兜底”保护作用。知

① 郑成思：《反不正当竞争——知识产权的附加保护》，《知识产权》2003 年第 5 期，第 4 ~5 页。

识产权法虽然均规定了严格的保护要件，属于相对的“强保护”，但同样由于保护要件的严苛使它们均不同程度上限制了客体的范围，这就决定了它们都属于“窄保护”。而反不正当竞争法则是某种弱保护，从范围上讲又是“宽保护”。[①] 正是有这种“宽保护”的存在，才能够克服知识产权法保护的不足，形成比较全方位的保护体系。

（3）从国际上有关的立法来看。

1982 年联合国教科文组织（UNESCO）和世界知识产权组织（WIPO）共同颁布了指导各国立法的《保护民间文学艺术表达形式、防止不正当利用及其他侵害行为的国内示范法》，该《示范法》为各国采用最适合本国国情的保护体系给予了极大的选择余地。这就为反不正当竞争法在我国民间传统文化保护方面的适用创造了可能。

（4）从保障人权的角度来看。

发展权是一项基本人权，也是最重要的一项人权。而对于民间文化的保有者和传承者来说，他们的传统知识、技术构成了他们日常生产生活不可分割的一部分。对这些传统文化的保有及发展就成为实现发展权的必然途径。笔者认为，通过反不正当竞争法的保护，可以更好地实现和维护民族民间传统文化的原著群体的基本人权。

反不正当竞争法作为一部禁止不正当竞争行为，规范公平、有序的竞争秩序的法律，因其灵活性、宽泛性保护的特点在对我国民间文化的保护中应当发挥其应有的“兜底”保护、补充保护的重要作用。形成由知识产权为主线，反不正当竞争法为重要补充，并结合行政法律法规共同构成保护民间传统文化的法律体系。在我国的《反不正当竞争法》的修改完善过程中，对民间传统文化这一

① 刘筠筠：《民间文学艺术保护的立法探索与比较研究》，《贵州师范大学学报（社会科学版）》2005 年第 6 期，第 38～39 页。

领域应当给予更多的关注。①

4. 商业秘密权保护论

商业秘密权保护论者认为，我国五千年的文明历史积淀了丰富的民族民间传统知识，其中不乏有大量的祖传秘方、祖传技艺等传统的技术或经营秘密。有些传统秘密由于不符合著作权、专利权以及商标权的要求，从而得不到传统知识产权的充分保护。但是，这些传统秘密却可以在商业秘密法律上寻求到保护，同时，商业秘密权的无期限性也恰好能使这些传统秘密能够被不断传承和发展。虽然对传统知识的法律保护不是我们的最终目的，但是法律的充分保护却能够为传统知识创造更好的生存和发展空间。对于商业秘密而言，只要其不被公之于众，那么商业秘密持有人就会永远对其持有的商业秘密享有权利，这一点正好与传统知识的不断传承和发展的要求相符合。

民间传统知识具有很大的经济价值和文化价值，特别是其中一些采取保密措施传承下来的传统知识、技艺和配方等，具有以下四个特征：

其一，非周知性或秘密性。它符合我国反不正当竞争法所规定的“不为公众所知悉”，即有关信息没有为公众所普遍知晓并且该信息不能从公开渠道，如出版物或英特耐特信息网络上轻易就能获得。

其二，价值性。它能为权利人带来现实的或潜在的经济利益，所有人因掌握该传统知识、技艺或配方，而拥有谋生立命的手段，或在市场竞争中具有竞争优势。这里的“价值”，当然是指商业上的经济价值。

其三，实用性。它是一项具体的实用技术或俗话所称之“看家本领”。该传统知识、技艺或配方不是单纯的一般知识、经验或

① 苏喆、关珊珊：《从民间文化的保护看我国反不正当竞争法的完善》，《中央民族大学学报（哲学社会科学版）》2009 年第 2 期，第 10 ~ 14 页。

构想，也不是抽象的概念，而是一种具体的操作方案或形式，可付诸实施。

其四，采取保密措施。它之所以不为公众所知晓，恰恰是因为该信息的所有人将该信息视为秘密，客观上采取了保密措施。保密措施是指权利人为防止信息泄露所采取的与其商业上的经济价值相适应合理的防范措施，如建立保密制度，订立保密协定等。

因此，通过保密措施得以传承的传统知识、技艺、诀窍或配方等应该受到现行法律的保护。由于部分传统知识不符合现行知识产权法的要求而不能受到传统知识产权的保护，特别是传统知识中的一些祖传秘方、技艺等传统意义上的商业秘密，由于其创造性达不到专利的条件而得不到专利法的保护。但是这些传统意义上的技术秘密或经营秘密却可以在商业秘密法律上寻求到保护。商业秘密权具有自动获得、程序简捷、保护期限与保密状态相一致等特征，而且，其要求的创造性水平并不像专利那么高，因此其能够更好为传统知识提供保护。《与贸易有关的知识产权协定》把商业秘密纳入了知识产权的客体范围，美国的法律也把商业秘密权作为一种财产权来认定。而我国对商业秘密的保护只规定在《反不正当竞争法》里，是通过对不正当竞争行为的规制来保护商业秘密的持有人的合法权益的，这是一种消极的保护，从传统知识的保护和发展的角度来看，《反不正当竞争法》关于商业秘密的保护问题的规定还比较原则，尚不够全面，保护力度尚不够强。因此，我国有必要尽快制定出一部商业秘密法律，通过赋予包括民间传统技能、配方、诀窍在内的商业秘密持有人一种权利，即通过积极的保护模式来保护持有人的合法利益，这样，才能够完善我国传统知识的法律保护体系。

5. 商品化权保护论

商品化权保护论者认为，民族民间文学艺术的商业性开发利用——商品化是一种客观存在，目前处于无法可依的自发状态，出现各种矛盾和冲突在所难免。对民族民间文学艺术实施商品化权保护，使商品化行为有序进行，一方面可以在尊重知识产权的原则下避免或化解矛盾和冲突，另一方面可以最大化地释放民族民间文学艺术本身所蕴含的商业价值和文化价值，实现双赢。

我国作为一个拥有56个民族的文明古国，民族民间文学艺术具有较强的地域色彩和民族风情，历史悠久，多为偏远地区处于农耕文化状态中的人们享有，现代文化中生活的人们对它们并不熟悉，一旦被开发，这些民族民间文学艺术对大家具有极大的吸引力。尤其是近年来，原生态民族文化风盛行，无论是服饰还是家居，都呈现出一股强烈的复古风潮，因此，众多商家纷纷将目光投向了民族民间文学艺术。法律必须顺应这种潮流，使民族民间文学艺术在商业开发中体现其价值，使权利人获得合理的回报，从而反哺民族民间文学艺术事业，使其得到繁荣与发展。

由于民族民间文学艺术的表现形式丰富多彩，在各行各业都出现了将民族民间文学艺术商品化的现象，如果任由民族民间文学艺术被人滥用于商业，势必会降低民族民间文学艺术的价值，并且极大的侵害民族民间文学艺术真正权利人的合法权益。而且随着整个社会商品化现象日益突出，产生了很多新型的法律纠纷。这些法律纠纷不能运用传统法律予以解决，因为传统的权利类型难以准确描述在这种商品化现象的背后所蕴含的新型权利。正如郑成思先生所说："在一般民法的人身权与版权之间，以及在商标权、商号权、商誉权与版权之间，存在着一个边缘领域。正像把工业版权的问题无论放到工业产权还是版权领域解决，也都难得出令人满意的答案"。[①] 这种权利就是随着商品化行为而产生的商品化权，它的产生暴露了现有权利体系的漏洞，因此需要商品化权来对民族民间文学艺术商品化行为予以规制。

商品化权是一种新型权益，目前国内学者对商品化权的表述可

① 郑成思：《知识产权法》，法律出版社，1997，第31～32页。

谓众说纷纭，归纳起来大致有以下几种观点：虚构角色说，形象权说，公开权说，公开形象权说，商品化权说。最初，商品化权是一个与自然人人格要素相联系的财产权，它以自然人的人格权为前提，并将人格要素的商业性使用作为专有权利加以保护。其后，商品化权的保护对象融入了有关作品虚构角色的内容，包括漫画、动画等视觉表现的臆想角色和文学语言表现的虚构角色。近来，又将著作权以外的权利对象置于商品化权的保护之中，如标题、标语、图章、装潢要素、设计和画片，甚至真实的动物形象等，这些要素，都可以对应具体的民间文化符号。由此可见，在商品化权发展过程的每个阶段，变化的只是商品化权的适用范围，呈现出越来越广的趋势，但实际上，这种权利的本质始终未变，即是通过对某些标志性符号在商业领域进行使用来获取利益，这种符号具有一个共性：能够创造商业信誉。正是这种信誉的存在，达到了吸引消费者，创造商业效益的目的。近年来，将民间文化符号用于商业活动的现象大量产生，在很大程度上侵害了民间文化传承人的经济利益，构成一种不当得利。①

民间文化中的民族民间文学艺术是一种传统文化，它是指一个民族和一个地域在漫长的历史发展过程中形成、创造和积累起来的，世代相传，具有独特民族色彩和区域特色的，体现该群体发展历史、风俗习惯、生活环境、心理特征、价值观念等内容的文学和艺术表现形式。② 虽然民族民间文学艺术只是特定区域文化的表现形式，但是在现实生活中，一些民族民间文学艺术尤其是已经被搬上国家级艺术舞台，成为国家文化遗产的一部分，已经被更多的人所关注，所熟知，他们本身已经成为一种文化的象征，一种信誉的代表，具有极强的知名度。

---

① 苏喆：《文化符号商业标识功能的商标法规制——滥用民间文化符号注册商标的非正当性分析》，《知识产权》2011 年第 1 期，第 94～98 页。

② 张术麟：《加强保护民族民间传统文化的意义及法律保护现状》，《前沿》2004 年第 4 期，第 155 页。

那些利用民族民间文学艺术进行商业利用的商人，正是看中了民族民间文学艺术所代表的良好信誉和知名度来宣传其产品，吸引消费者的注意力。他们将民族民间文学艺术用于商业领域，或者注册为商标，或者直接用于商业生产或商业服务，不论他们采用什么样的方式，他们的目的都是利用民族民间文学艺术的信誉来牟取利益。

于是，一旦某种商品或服务与民族民间文学艺术之间存在某种或明或暗的联系，那么这种产品的销量往往比其他同类产品的销量高很多。因为消费者在见到这类产品时，总是会不由自主地联想到在产品背后所隐含的民族民间文学艺术的良好信誉，这种信誉激发了消费者的购买欲望。正是在这个基础上，我们说民族民间文学艺术的商品化行为与商品化权的本质是一致的。因此，我们可以采用商品化权来预防在民族民间文学艺术商品化行为中某些商家的不当得利，维护民族民间文学艺术权利人的合法权益。①

我们认为上述五种机制是我国民间文化保护法律体系中不可缺少的五种不同模式，分别发挥着各自的作用，构成我国保护民间文化法律体系的基本骨架。其中，行政法机制正在建立，知识产权法、反不正当竞争法、商业秘密法和商品化权保护法四位一体的广义知识产权保护机制还处于理论探索之中。本课题所重点研究的就是这种四位一体的知识产权保护机制在民间文化领域中的具体运用。

总之，中国是一个历史悠久、地域辽阔、民族众多的文明古国，各族人民在五千年的历史发展中创造了丰富多彩的民间文化，使中华文化的百花园争奇斗艳，异彩纷呈，至今仍然具有神奇的魅

① 苏喆：《论民族民间文学艺术的商品化权保护模式——从“刀郎”之争看民间文艺的知识产权保护》，《扬州大学学报（人文社会科学版）》2010 年第 1 期，第 39～45 页。

力。民间文化是中华文明的重要组成部分，是维系中华民族生生不息、绵延不绝的纽带，是国家统一、民族团结的文化基础，也是社会主义精神文明和物质文明的重要内容。面对现代社会的发展和经济全球化趋势的加快，继承、发展和保护民间文化遗产，是我们这一代人义不容辞的职责，特别是用立法的手段来保护和发展民间文化，将具有重要的现实意义和深远的历史意义。近年来，文化部、全国人大科教文卫委员会就民间文化的保护多次到全国各地进行调研，并召开了民间文化保护与立法工作座谈会，这无疑把民间文化的保护提高到一个重要的位置。立法是代表国家和人民意志的行为，具有严肃性和科学性。我们相信，随着立法进程的发展，我国民间文化的保护机制一定会逐步建立和完善起来。

第三节　知识产权法保护机制的正当性分析

在本书前面几章我们已经探讨了保护民间文化的重要价值和重要意义，在这一节我们主要探讨具体用知识产权法模式保护民间文化的正当性、合理性。总的说来，民间文化的创造者和传承人用自己的智慧创造了并一直在创造着光辉灿烂的民间文化，民间文化产生了很大的反响，有着极高的信誉和价值，有较高的智力含量，具有一定的艺术性和实用性，对人类的生活产生了极大的影响，今后相当长的时期内还会服务于人类的生产和生活。因此，我们不仅要对它进行保护，还要用知识产权法这种保护创新性智力成果和工商业标记的法律模式来进行保护。这种保护机制的正当性，我们可以从基于民间文化而产生的财产权利、人身权利和商品化权三个方面的契合性来展开论述：

一　民间文化是创造者和传承人用自己的劳动创造出来的智慧财产

人们用智慧创造出的劳动成果可否视为财产并用法律来保护？

用知识产权法律机制来保护是否具有正当性和合理性？法哲学早就做出了科学的回答。法哲学“是探讨正义的学说”。[①] 法哲学作为“关于法律的普遍本质的思考”,[②] 是“从哲学角度研究法在指导人们正确生活方面的作用”。[③] 其中洛克的财产权劳动学说，为我们提供了很好的理论范式。17 世纪英国资产阶级哲学家和政治法律思想家约翰·洛克（John Locke），是最为著名和影响最大的自然权利论的导师。[④] 他的财产权劳动学说的内容可以简单地归结为：一切处于自然状态的资源属于人类共有；人们的身体属于自己所有，人的身体活动——劳动也属于个人所有；一个人将自己的劳动掺进自然物中就可以将该物据为己有；基于劳动而取得财产权时要受到两方面的限制，即“以供我们享用为度”和“还留有足够好的东西给其他人所共有”。“每个人对自己的人身享有一种所有权，除他之外，任何人没有这个权利。他身体所从事的劳动和他双手所进行的工作，我们可以说，是正当地属于他的。所以，只要他使任何东西脱离自然所提供和那个东西所处的状态，他就已经掺进他的劳动，在这上面掺进他自己所有的某些东西，因而使它成为他的财产”。[⑤] 按洛克的看法，是人而非自然，是人的劳作而非自然的赐予，才是几乎一切有价值的东西的源泉：人们要把几乎一切有价值的东西都归功于他自己的劳动。洛克所处的时代还没有现代意义上的知识产权制度，财产权劳动学说关注的只是有形财产。但由于该学说被运用到无形财产领域上与知识产权制度具有巨大的契合力，以至于它已被视为一个理论图腾，现代学者热衷于将其运用到知识

---

① 〔德〕考夫曼：《法律哲学》，刘幸义等译，法律出版社，2004，第 1 页。

② Paul Edwards, *The Encyclopedia of Philosophy*, The Macmillan Publishing Company & The Free Press, 1967, p. 567.

③ Erin H. Polack, *Jurisprudence*, “Preface”, Ohio State University Press, 1979.

④ 〔美〕列奥·施特劳斯：《自然权利与历史》，彭刚译，生活·读书·新知三联书店，2003，第 168 页。

⑤ 〔英〕约翰·洛克：《政府论》（上篇），叶启芳、瞿菊农译，商务印书馆，1995，第 19 页。

产权领域，讨论智慧劳动成果知识产权的合理性。[1] 在版权产生时期，法官就开始自觉不自觉地运用自然法中的财产权劳动学说判决案件。1769 年，英国发生的“米勒诉泰勒”案就提出了两个问题：依据普通法作者是否享有版权？如果有，这一权利是否被《安娜女王法》所废除？被告泰勒复制原告米勒的诗歌实际上已经超过《安娜女王法》的保护期，米勒胜诉的唯一希望是普通法所确定的版权不受该成文法的影响继续存在。案件的审理结果是四个法官中有三个法官同意做出米勒胜诉的判决。该案主审法官阿斯顿认为，版权的存在是以作者对其脑力劳动的成果享有所有权为基础的。这实际上是继承了洛克的财产权劳动学说的思想，也是洛克思想在知识产权审判领域中解释知识产权正当性的最早运用。有学者指出，关于知识产权法的起源，财产与知识产权的哲学基础是建立在劳动基础上，或者更准确地说，是建立在对物的创造的基础上，某人创造了一个新的物，他对于该物就享有权利。这也是在解释知识产权正当性方面运用了洛克学说。即使在现代英国知识产权法学专家看来，洛克的劳动学说这一自然法思想也是解释版权和其他知识产权正当性的重要理论之一。[2]

洛克的财产权劳动学说在相当程度上能够恰当地解释对民间文化的知识产权保护的正当性：首先，自由的人身应该是归每个正常人自己所拥有和支配的，人的思维和智慧更是不能随意剥夺或践踏的，每个人的思想和意志都应该受到他人的尊重，这是一种自然权利，既不是上帝给予的，也不是他人恩赐的，而是与生俱来的。其次，在公平正义社会，是劳动赋予了每个人拥有财产的法律基石，智力劳动属于高级劳动，它创造的是无形财产，同样应该受到法律的保护，因此应该受到专门保护无形财产权利的那些法律机制的保

---

① 冯晓青：《知识产权法哲学》，中国人民公安大学出版社，2003，第 22～23 页。

② 张耕：《民间文学艺术的知识产权保护研究》，法律出版社，2007，第 54～55 页。

护，知识产权法律机制恰恰是用来保护和鼓励这种创造性劳动的，并且这种保护并不妨碍他人在同等条件下对自己创造财产的占有和对自己权利的行使，给他人留下了足够的合理空间，使得他人在此基础上开展创新与合理的演绎。我们可以在民间文化知识产权保护机制中设立相应的合理使用制度、法定许可制度和强制许可制度，使得民间文化能够在受到保护的同时更好地造福人类，实现传承者利益和他人及社会公众利益的平衡。

二　民间文化是由特定的主体所传承的，特定主体的人格特征深烙于其中

物以类聚，人以群分。有相同语言、相同爱好、相同信仰、相同生活习惯的人在一起容易交流，容易相互理解，容易产生大家公认的智慧火花。民间文化是由特定主体创造和传承的，特定主体可能是一个家族成员、一个社区村落的居民、一个特定民族的群体，特定主体内部有着极高的认同感，就是依靠这种内部的认同感，群体有着较强的凝聚力、向心力，有着共同的愿景、意志和诉求，这种心照不宣的认同感，一般又通过一个简单的符号——特定的身份外化地表达出来，这种特定身份不是随随便便就能获得的，一般需要先天的生育加后天的研习传承，或后天长期的融入到该特定群体，受到该群体特定民间文化的长期洗礼，把这种文化作为一种思维方式和生活方式融入到了骨子里和血液中，才能获得这种特定身份。这种特定身份和意志能否作为人格权的内容受到法律的保护？用知识产权法律机制来保护是否具有正当性和合理性？法哲学中的人格理论也早已做出了肯定的回答。

从欧洲起源并得到普遍认可的人格理论的代表人物是德国的哲学家康德（Kant）和黑格尔（Hegel）。人格理论把人格权同财产权联系起来，将人的思想、意志、自我意识等精神领域的事物客观化。黑格尔明确指出：“人有权把他的意志体现在任何物中，因而使该物成为我的东西；人具有这种权利作为他的实体性的目的，因

为物在自身中不具有这种目的，而是从我的意志中获得它的规定和灵魂的”。[①] 人格形成了任何财产制度的基础，财产作为人格的组成部分，人通过对其占有、支配、处分等与其发生联系，来表明自己的人格。人通过财产权将自己的意志客观化，并表达了其对于他人即社会整体化的需要，财产成为个人人格的延伸。人格理论认为，智力成果的创造者之所以对自己的智力成果享有权利，是因为该成果不但是劳动的产物，更因为其中包含了人的自由意志、精神和人格，而人的自由意志和人格作为存在的本体是不能够放弃和转让的，因此必须给智力成果设置权利，包括物质性的权利和精神性的权利。[②] 正如有学者指出的那样“知识产权可以说是保护人格利益或者个人的人格方面的一种手段。”[③]

人格理论为民间文化的知识产权保护提供了更多的理论支持。全球化浪潮逐渐导致现代社会出现身份（identity）丧失、人格（personality）混同现象，传统社区、民族甚至国家的价值观念、文化传统和伦理体系受到侵蚀，社会结构甚至政治系统被破坏，越来越多的人或群体逐渐丧失文化个性，迷失自我。身份或人格对于个人的生存或民族的延续都是至关重要的，个人、群体、民族或国家都不能失去身份，失去人格。德国哲学家叔本华认为：“人是什么，他本身所具有的一些特质是什么，用一个词来说，就是人格。人格所具备的一切特质是人的幸福与快乐最根本和最直接的影响因素。”[④] 个人的人格重要，特定民族或群体的人格又何尝不是如此重要。只有通过具有特定个性的习惯、经验、文化，才能识别出群体或民族的身份，它才具有独立的人格特征。民间文化

① 〔德〕黑格尔：《法哲学原理》，范扬、张企泰译，商务印书馆，1961，第 52 页。

② 张耕：《民间文学艺术的知识产权保护研究》，法律出版社，2007，第 58 ~ 59 页。

③ 冯晓青：《知识产权法哲学》，中国人民公安大学出版社，2003，第 143 页。

④ 〔德〕叔本华：《叔本华人生哲学》，李成铭等译，九州出版社，2003，第 9 ~ 10 页。

是民族的根，是民族文化的基因，是本民族基本的识别标志。正如有形的文化财产不许非法转让所有权一样，无形的文化财产所有权也是不能随意转移的，特别是它的身份和人格意志无法通过买卖发生转移。民间文化的人身权利作为人格的体现和延伸是不可放弃或转让的，但该权利的行使不能脱离康德所确立的普遍法则——任何一个人的意志选择的自由与他人的自由并行不悖。[①] 也就是说，只有在个人积极的自由意志与其他所有人的自由意志协调一致时，才会有一般意义上的权利。这个普遍法则实际上隐含着权利应当受到限制的思想，这为民间文化知识产权保护利益平衡制度的具体设计提供了宏观理论依据。[②]

三　民间文化经传承人长期使用、完善和传播，享有了较高的信誉和知名度

民间文化是一种历久弥新的文化，在长期的传承中，经反复使用，不断完善，获得了良好的知名度和广泛的美誉度，在现代社会，这种知名度和美誉度能带来很高的经济效益，因而被人用于商业活动中，这种商业性使用是否需要获得民间文化传承人的同意？是否因此而产生相应的法律关系？这种关系应该由何种法律机制来调整？这一系列问题，我们可以从商品化权理论中找到相应的答案。

商品化权是现代社会经济生活中出现的一种新型权利。商品化权本来也属于财产权的范畴，但这种财产权和知识产权领域对保护对象的直接使用不同，它是一种间接使用，是对原有民间文化成果的开发性使用或跨类到非原有知识产权领域中去使用，所以不能简单地用原有知识产权法律机制来加以调整和规范。英美国家早

---

① 〔德〕康德：《法的形而上学原理》，沈叔平译，商务印书馆，1991，第40页。

② 张耕：《民间文学艺术的知识产权保护研究》，法律出版社，2007，第59～60页。

在20世纪50年代开始有相关判例。我国在20世纪80年代末引入这一概念，许多学者对此问题做出探索，有商品化权、形象权、虚构人物形象权、虚拟角色权等多种称谓，影响了该权利在市场竞争中的作用及司法实践中的把握。尽管国外对商品化权的界定范围不完全一致，但对其基本内涵的认识是一致。[①] 我们通过对商品化现象及有关商品化的表述的综合分析发现，商品化的法学内涵实际上体现在二次开发利用和商业性使用两方面。商品化行为理应是商业性的使用行为，在主观方面通常具有明显的营利目的；在与民间文化有关的客观使用方面，其行为方式通常表现为将民间文化符号（如民间文化符号的名称、特定民间文化艺术作品中的形象、标识等）再使用于商品或用于广告宣传及商标注册等领域。

因此，从理论上学者们一般将商品化权的概念归纳为：商品化权是指权利人将自己的姓名、形象及创作的作品、角色、标识等通过商业性利用而取得的经济权益的可能性的权利。笔者将民间文化中的商品化权界定为：权利人对具有顾客吸引力的民间文化中的文学艺术角色形象（不限于主角）、有代表性的物件、标识性的徽章乃至作品名称及角色的名称等具有实质个性特征的商品化元素改编使用或二次商业性开发利用于各种商品或服务，从而创造对该商品或服务的消费需求的专有权利。

世界知识产权组织在1996年的《反不正当竞争示范法》第二条中，已经把当时国际司法实践中承认多年的知名人士或虚构角色的标志性人格特征（如姓名、名称、肖像、形象、声音等）的商品化权从反不正当竞争的角度列为知识产权中的一项。我国许多学者也将商品化权纳入知识产权的范畴。郑成思先生曾经说商品化权“这种无形财产权目前已被发达国家归入知识产权范围”[②]；有学者

---

① 朱和庆：《知识产权司法保护理论与实务》，知识产权出版社，2008，第340页。

② 郑成思：《知识产权、财产权与物权》，《中国软科学》1998年第6期。

认为“应将商品化权这一新型权利类型放入知识产权体系，独立于专利权、商标权、著作权等，与之并列而为新型知识产权”。[①]有学者指明：“商品化权作为无形财产领域出现的一种新型权利形态，应当划入知识产权的范畴”[②]；“角色商品化权是从著作权等民事权利中分化出来的无形财产权，应归属于知识财产权的范围”。[③]

我们认为，民间文化中的商品化权应归属于广义知识产权领域，原因主要在：

第一，从知识产权的范围来看，知识产权可以包容民间文化开发产业链中的商品化权。《世界知识产权组织公约》将知识产权界定为工业、科学、文学或艺术领域一切来自知识活动的权利，商品化权属于“工业”领域里“来自知识活动的权利”。其中一部分是民间文学艺术作品的著作权与商标权或广告使用权的交叉，即民间文化开发产业链中的商品化权；另一部分是“名人”的姓名权或肖像权等人格权与商标权或广告使用权的交叉，即真实人物商品化权。

第二，民间文化开发产业链中的商品化权的客体是创造性劳动的产物，具备知识产权客体的非物质性、创造性、价值性、公开性等知识产权客体的基本特征，基于特定客体而产生的权利与知识产权具有同质性。

第三，知识产权从权利来源上讲，主要发生在智力创造性活动与工商经营活动。从民间文化开发产业链中的商品化权与商标权、商号权的对比分析看，后两者明显属知识产权权利系谱。商标、商号等识别性标识被经营者选定并使用于广告宣传、促销活动以及最根本的保持产品或服务的恒定质量等过程中，体现了经营者的创造性劳动；民间文学艺术形象标识与特定的商品或服务

① 杨素娟、杜颖：《商品化权议》，《河北法学》1995 年第 1 期。

② 刘春霖：《商品化权论》，《西北大学学报》（哲学社会科学版）1999 年第 4 期。

③ 孙美兰、孔丁英：《“奥特曼”纠纷案引发的思考——论对商品化权的保护》，《法学》1999 年第 7 期。

结合更能吸引消费者的注意力，从而刺激消费，这种从形象利益到经济利益的演变过程凝聚了大量的智力性劳动。由此可见，民间文学艺术形象标识商品化过程中所体现出的创造性劳动，具有的标识功能，与商标、商号无太大区别，应与商标权、商号权并列纳入知识产权领域。

第四节　知识产权法律保护机制的基本原则

一　尊重传统知识的原则

在传统知识中，民间文学艺术具有独特的价值，其最容易受到现代社会的滥用，不当使用也甚为严重。因此，民间文学艺术的保护率先引起人们的注意。自 20 世纪 50 年代以来，非洲、南美的一些发展中国家即倡议在国家及国际间建立保护民间文学艺术表达的特殊制度。1976 年，世界知识产权组织（WIPO）与联合国教科文组织（UNESCO）一起推出了《突尼斯版权示范法》。这部法律影响到非洲许多国家，使非洲诸国相继在本国版权法框架内建立起民间文学艺术保护机制。同时，区域性的国际保护协定也建立起来了，如 1977 年的非洲知识产权组织《班吉协议》。1967 年的斯德哥尔摩外交会议在讨论修订《保护文学艺术作品伯尔尼公约》期间，也曾就民间文学艺术表达的保护进行过讨论。修订委员会曾成立一个特别工作组，以便研究相关的建议，并就在伯尔尼公约的哪一部分加入相应规定最为合适作出决定。该工作组的建议获得了外交会议的一致通过，从而修订了伯尔尼公约第 15 条第（4）款。该款规定，涉及作者不明的未出版作品时，如果有充分的依据认定作者为本联盟某一成员国的国民，那么由何种主管机关代表作者在本联盟所有成员国保护并行使其权利，将由各该国国内立法来确定。1973 年 4 月 24 日，玻利维亚政府向联合国教科文组织总干事提交了一份备忘录，要求 UNESCO 研究起草一份以保护民间文学艺术表达为目标的国际文件，作为世界版权公约的附加议定书加以实施。应此要求，世界版权公约下的政府间委员会于 1973 年 12 月作出决议，责成 UNESCO 秘书处对在国际层面上保护民间文学艺术表达的必要性加以研究，并向政府间委员会及伯尔尼联盟的执行委员会提交一份报告。1977 年，联合国教科文组织总干事就民间文学艺术表达的法律保护问题召集了一次专家委员会会议，就全面研究有关民间文学艺术表达保护的所有问题达成一致意见。经过一段时间的共同工作，联合国教科文组织秘书处与世界知识产权组织国际局共同成立的工作组于 1980 年 1 月在日内瓦召开会议，研究起草一份有关民间文学艺术表达保护而供国内与国际立法参考的示范法条。通过会议讨论，工作组就以下几点达成一致：（1）为民间文学艺术表达提供适当保护是必要的；（2）此种法律保护应通过示范法条的形式在国内立法层面上加以推动；（3）此种示范法条应既适合于尚无任何相关立法的国家采用，又适合于已经存在相关立法的国家在完善其立法时参考；（4）此种示范法条应允许采用版权或邻接权模式保护民间文学艺术表达；（5）该示范法条应为下一步民间文学艺术表达的次区域、区域及国际保护铺平道路。1982 年 6 月 28 日至 7 月 2 日，联合国教科文组织与世界知识产权组织总干事联合召集了题为“民间文学艺术表达保护知识产权问题政府专家委员会”的会议，讨论了由工作组提交的示范法条草案及相关的意见和建议，最终通过了《保护民间文学艺术表达免被滥用国内立法示范法条》。虽然当代全球文化受经济一体化的影响呈现融合的势头，但其发展的目标应是多元化而非一元化，一元化的结局必然是思想认识和价值取向的统一，其后果将表现为僵化和无创新。保护传统文化的必要性与保护珍稀物种的必要性是十分相近的，而早在《生物多样性公约》组织（CBD）之前，人类对保护濒危物种已达成了共识：我们显然不会让大熊猫自生自灭。《生物多样性公约》组织的成立更充分说明了生物多样性的内在价值不容忽视。同样，在文化领域，只有那些拥有自己特殊“基因”的本土文化才具有无可取代的价值，在世界文化发展中占一席之地。换句话说，越是民族的，就越是世界的；人们更愿意接触有独特风格和文化底蕴的产品。每一个拥有自己丰厚文化传统的民族、地区或国家，都不应舍本求末，盲目追求与所谓“主流文化”融为一体，而是应当充分发挥自己的优势，开发利用以求发展。

二 权利人事先知情同意和许可的原则

事先知情同意（prior informed consent）是《生物多样性公约》第15条规定遗传资源的取得制度时使用的术语。它要求资源获取方在获取遗传资源前须经提供资源的缔约国事先知情同意，由此形成了事先知情同意权。作为对这条规定的具体化，在国内法上，有的国家把事先知情同意权的主体确定为政府有关部门；有的国家则把事先知情同意权的主体确定为传统社区，并把权利客体从《生物多样性公约》的遗传资源扩展到传统知识。例如，《菲律宾原住民权利法》第35条规定，经过有关传统社区依据其习惯法事先知情同意后，外方才能获取有关生物遗传资源及保存、利用该资源的传统知识。《秘鲁原住民群体知识保护条例》也规定，为科学研究、商业或者工业利用的目的，需要接近和获得传统知识的组织或个人，应获得传统知识持有人的事先知情同意；该组织或个人还须获得一个非排他的许可证。在安第斯国家联盟，其2000年第486号决议通过的《普通工业产权规则》第3条要求成员国必须保护和尊重其传统部族、非裔的遗传资源及其有关传统知识。遗传资源及其有关传统知识利用前的事先知情同意许可原则不仅尊重了传统部族和有关国家对其遗传资源及有关传统知识的主权和所有权，又为传统部族和有关国家参与遗传资源及有关传统知识利用过程中的利益分享创造了条件。有关地区和国家根据《生物多样性公约》的宗旨和目标，在区域性或本国专利法等知识产权法上就涉及遗传资源和有关传统知识的发明获取专利等知识产权时，要求申请人提交来源地证明、事先知情同意证明和许可证明，作为对传统知识的保护措施。它是指专利申请人在申请与遗传资源及传统知识相关的专利时，应提交和披露遗传资源及传统知识来源地证明、传统部族事先知情同意的证明和许可证明，否则可能得不到专利授权或者可能导致专利权的无效。换句话说，即在就涉及传统知识的发明申请专利时，把有关遗传资源和传统知识来源、事先知情同意证明和许可证明作为获取专利的一个要件。就来源地证明和事先知情同意证明的披露而言，一些国家的专利制度已采纳这条规则。如印度1999 年及 2002 年专利法均规定了专利申请人就有关生物资源申请专利时须披露生物材料来源地，如果没有标注或错误标注则可能不能获得专利权。《哥斯达黎加生物多样性法》规定，有关人员在申请与传统知识利用有关的知识产权时，必须提交该国生物多样性管理委员会技术办公室发布的来源证书和传统部族事先知情同意的证明。欧共体也已明确认可涉传的发明专利申请中必须公开有关遗传资源和传统知识来源的规则。同时，一些国家和地区专利机构在专利申请实践中已运行该制度。[①] 我国在 2008 年新颁布的专利法中，也对依靠遗产资源完成的发明创造要求提交有关遗传资源合法来源的证明。

三　权利人个体利益与社会公众利益平衡的原则

一般认为，知识产权的利益衡量包括知识产权所有人权利与义务之间的平衡，创造者、传播者、使用者三者之间的平衡，个人利益与公共利益的平衡。[②] 事实上，一项知识产品在被利用之前的经济利益是很小的，甚至体现不出经济与社会价值。只有通过在产业中实施，将其转化为生产力，才能产生一定的效益，提高技术水

① 严永和：《传统知识的知识产权保护》，法律出版社，2006，第 1 版，第 108 ~ 110 页。

② 吴汉东：《著作权合理使用制度研究》，中国政法大学出版社，1996。

平，促进经济增长，实现社会进步。可以说，其他人对知识产品的使用，一方面为知识产权人实现其财产权获得报酬提供了渠道，另一方面又促进了新技术与新知识的扩散以及满足消费者的需求。与此同时，知识产权人与使用人之间的关系也需要进行协调与平衡，它包括两个方面：一是利益的平衡。知识产权的许可使用属于民事活动，在知识产权许可使用过程中，知识产权人与使用人应当建立在平等的基础上，两者的利益在本质上是一致的，既要严格保护知识产权人的利益，又要顾及使用人的效率以及社会公共利益。二是权利不得滥用。知识产权作为一种合法的垄断性权利，一般是作为反垄断法的适用除外而存在的。但是，知识产权这种独占权往往会使得其拥有者在某一特定市场上形成垄断或者支配地位，限制了该市场的竞争，尤其是在某些情况下拥有知识产权的人可能会滥用其依法获得的独占权，通过不正当的行使知识产权来非法限制竞争。知识产权的滥用，是相对于权利的正当行使而言，它是指知识产权人在主张与行使其权利时超过了法律所允许的范围或正当的界限，导致对该权利的不正当利用，损害他人利益和社会公共利益的情形。①

《知识产权协定》在序言中要求各成员承认知识产权的私权属性，诚然确认知识产权的私权属性，可以为权利的实现提供可靠的法律保障。但是，现代社会的价值体系是个人本位与社会本位并重的模式，权利与义务具有相对性。当我们强调知识产权人私人利益的同时，也不能忽视社会公共利益的需求，应当在保护私有权和企业利润与公共利益之间取得平衡。通常认为知识产权人享有的垄断性权利的“度”不宜超过他对社会所作的贡献。② 在一定意义上来说，自然法即是一种追求正义秩序的信念成为人定法权利赖以存在

① 王先林：《知识产权与反垄断法——知识产权滥用的反垄断问题研究》，法律出版社，2001，第22~23页、92页。

② 黄玉烨：《民间文学艺术的法律保护》，知识产权出版社，2008，第210页。

和有效的根据。平衡知识产权人与社会公众之间的利益无疑是对法律正义的追求。[①] 所以，法律一方面赋予知识产权人广泛的权利并给予有效的保护，另一方面为保证公众利益的实现，对知识产权人的权利予以一定的限制。例如当国家出现紧急状态或者非常情况，发生了战争、自然灾害、社会动荡以及其他法律认为必要的情形下，可以凌驾于个体的知识产权之上，适当牺牲一个小的利益而保护一个更大的利益，对知识产权给予强制许可；或者是为了个人学习研究、为了公共利益而非商业性目的时，可以赋予社会公众合理使用知识产权成果的权利，而不必要获得同意，无须支付报酬。这种对权利人权利进行限制的制度，恰恰是实现权利人和社会公众之间利益平衡的一种有效手段和法律保障措施。这种对知识产权权利的合理限制，反过来会促进知识产品的传播，有利于扩大其影响，有利于知识产权在更大范围内实现有偿许可，使权利人获得更多的利益。

四　对利用传统知识的收益进行公平、公正分配的原则

近现代知识产权制度赋予权利人垄断性专有权，以在激烈的市场竞争中保护其无形财产；这一由工业及文化产业发达国家一手创立和发展的制度已在世界范围内形成了旨在鼓励新成果的完善规则。然而在全球走向多极化的今天我们再审视这些规则，是否真的像其所宣称的那样确是保护知识成果的公平完美的制度？我们看到，现有的知识产权制度在鼓励创新方面是功不可没的，也适当照顾到了公众的利益，但却几乎没有涉及为创新提供基础的民间文化权利人的利益。越来越多的本属于土著居民的民间文化被有资金、人才和技术的发达国家发掘采用，被开发者按照自己的理解包装为新产品和新服务，并由其依照现有的知识产权法获得专有权；这也

① 吴汉东：《著作权合理使用制度研究》，中国政法大学出版社，1996，第32页。

是土著居民要求其权利得到基本尊重并分享后期利益的原因，也是反省知识产权制度，从中找到新的平衡点的出发点。我们不止一次看到民间文化被原生境外的利用人凭借其资金、人力和技术原封不动的无偿或几乎毫无对价地拿走，却据此获得不相应的利益，而真正的权利人却没有得到任何利益，甚至可能受到精神权利上的损害。

民间文化的保护并不仅是个保持民族传统特色的问题，它还能为我们带来相应的经济利益。日本著名的民俗学家柳田国男曾经说过："日本农民为什么生活这么贫穷？我研究民俗就是为了解决这个问题"。[①] 当然，农民的物质生活相对贫困，是一个世界性问题，不是单纯的保护民间文化所能解决的。我国，虽然越来越多的有识之士呼吁保护传统文化，但少有讨论如何利用现有制度或倡导建立新机制以对其进行经济价值开发的。其实，在全球化和商品化的社会里，一切有独特价值并为人所需的文化知识信息都可以成为市场交易的标的；我国丰富的民间文化的潜在经济价值应当被充分地认识到并挖掘出来。这一思路不仅应在国际竞争的层面上得到考虑，在目前的国内社会发展态势下也不失为解决经济发展不平衡、贫富差距的对策之一，因为那些民间文化的权利人往往是不发达地区的少数民族或土著居民。从市场经济的意识不可避免地入侵以来，不发达地区的少数民族或土著居民在经济竞争中一直处于劣势，其生活环境根本无法和发达地区的资讯、设备、人才等便利条件相比；但正因为此，他们保留了相对独特、丰富的传统。发展经济应当扬长避短，在"知识经济"时代，这种深受冲击、濒临消失的传统知识所具有的独特经济价值应得到更广泛的认识。事实上，一些民间文化的持有者已开始意识到可以将之转换为经济利益，比如民间工艺美术品已成为一些少数民族地区的妇女收入的主要来源。

① 参见《日本人热爱广东民俗》，2004 年 9 月 17 日 A18 版《羊城晚报》。

传统部族参与遗传资源商业化利用过程中的利益分享是《生物多样性公约》的宗旨之一。确认国家对遗传资源的主权控制为这种利益分享创造了前提，而事先知情同意和许可机制则为利益分享提供了制度保障。一些国家的法律规定了利益分享权以及利益分享的具体方法和额度。如 1995 年，菲律宾发布第 247 号行政令（Executive Order No. 247），规定了为科学和商业目的以及其他目的开发生物和遗传资源及其副产品和衍生物必须公平分享利益的制度框架，规定国家和有关传统社区有分享权，有关研发方应该向政府和有关传统社区缴纳使用费。《秘鲁原住民群体知识保护条例》规定，如果传统知识及有关生物资源被用于商业目的，则必须签署一个利益公平分享的特别许可协议。另外，获得有关传统知识的非排他许可，该法人或个人必须缴纳传统知识获取外加 0.5% 的将来销售所得。这些费用交给原住民发展基金（Fund for the Development of Indigenous Peoples）。对于已处于公共领域的传统知识，原住民仍然能与外部社会的使用者签订协议，并要求补偿，利用者应向原住民发展基金缴纳 0.5% 的未来产品销售额。[①]

五 客体和主体的多样性原则

1. 客体

按国际上通行的划分法，民间文化表达是传统知识的下项。传统知识是“基于传统产生的文学艺术或科学作品、表演、发明、发现、设计、标志、称号或象征、未披露信息、以及其他在工业、科学、文学艺术领域的活动中产生的以传统为基础的创新成果”。[②]

---

① 严永和：《传统知识的知识产权保护》，法律出版社，2006，第 109～110 页。

② 参见 WIPO 2001 年报告：《知识产权（1998～1999）：传统知识持有者的需要及期望》，第 25 页；Identifying Intellectual Property Needs and Expectations of Traditional Knowledge Holders, WIPO Report on Fact-finding Missions on Intellectual Property and Traditional Knowledge（WIPO 2001 Report）。

这一宽泛的内容也包括功能和美学性质的信息，即所有可以用于农业或工业的方法和产品以及无形的文化价值等。其中具有文化美学价值的传统知识早就被称为传统文化表达或民间文艺（Folklore），尽管无明确定义，但国际上对传统文化表达的范围是基本一致的，即指在某一国家或地区内可以认定是由该国或该地区国民或族群创作并世代相传、构成其文化传统的基础的全部文艺“产品”，如语言、文学、音乐、舞蹈、游戏、神话、礼仪、习惯、手工艺、建筑等等。这样，我们在讨论传统知识时往往做狭义解释，指那些遵照当地法律和风俗习惯世代相传并反映环境变迁的农业知识、科技知识、传统医药救护及生态知识等。值得注意的是，这里说的传统知识是一个总合概念，即由某个族群共同创造的所有智力成果的总和，不同于具体的、由个人根据民间文化作出的有新意的智力成果。这后一种成果往往可以通过现有的知识产权制度获得保护，这其中的关键问题是如何协调群体的传统知识权利与个人的创新或传承权利之间的关系。许多西方人在反对为传统知识权利提供财产性保护时都指出：有形的文化遗产各国往往有国内法专门保护、无形的文化遗产早就处于公有领域而不应再获得知识产权的保护。这一论调似乎有理，然而我们可以从两个方面考量其缺憾：其一是这种民间文化具有变异性，作为一个连续的整体，我们无法说它早已过期；其二，这种民间文化作为整体并未获得现有知识产权制度的权利保护，因此将“权利保护期”这一限制强加于其上是有失公允的。设想这样的情形：如果有人利用某个国家或族群的传统知识或提取蕴含在其传统文物中的无形表达并根据现有知识产权制度获得了专有权，那么这不只是背离了知识产权制度鼓励创新的宗旨，甚至还违背了民事活动中基本的公平原则。这种情形有时并不一定表现在知识产权经济利益的不正当获取，而是表现为对民间文化权利人精神权利的不尊重。澳大利亚的“幸运星杆”案就是这样的例子，无奈法院认为根据“当前的版权法”这种明显属于该部落的传统文化表达不能得到保护；即使是精神权利，部落也无法主张。[1] 可喜的是我国的司法实践在这方面前进了一步：在引人注目的“乌苏里船歌”案中，尽管困难重重，法院还是判明了群体拥有的民间文艺应受保护，尽管这种保护还仅限于精神权利方面。

由于民间文化的口头性、无形性及其本身内容的庞杂性增加了其不确定性，许多民间文化资源丰富的国家开始寻求一种在发生冲突时更加容易界定的方式来作为整个保护民间文化工程的第一步，这就是“传统文化基因库”。这种努力的目标是通过建立一个不断更新的数据库、收录尽可能多的民间文化来使原先“不可确定”的客体有形化。显然，此类“工程”作为数据库整体得到保护的可能性是很大的；然而由于文化传统层次内容的复杂庞大，完全的数据库建设缺乏可操作性，而其中最关键的是有关“数据”的权利还是得不到满意回答，因为欧盟保护一般数据库指令中的“特殊权利保护”问题在目前仍未得到世界范围的认可。但是，建立数据库的做法仍是值得鼓励的，尽管某一争议对象是否属于受保护客体应当最终由法院裁决，但在数据库里可以查知至少使民间文化在遭遇诉讼时有证据上的优势。

2. 主体

现有的知识产权法体系深受自然法哲学影响，谁付出、谁获益；不仅有明确的可保护客体，还必须有可证明的智力劳动投入者。发明者由于其智力投入而享有创造性成果的专有权，作者基于其个人智力创作当然地成为其作品的权利主体。但是在民间文化的创造中，尽管一开始可能由某个个人对智力成果做出了贡献，但其之所以成为民间文化是因为该成果经过整个群体的创作、完善、发展，一代代流传下来为所有成员共同享用。在这里，传承的群体（或社区）才是权利主体。那么如何界定作为某一民间文化的主体

---

[1] 参见澳大利亚联邦法院：Yumbulul v. Reserve Bank of Australia, No. D G26 of 1989 FED No. 448 Trade Practices-Aborigines-Copyright 21 IPR 481。

之群体？在非物质形态的人类文化遗产保护中，群体应指生活在同一地区、传承同一文化传统的一群人，即通常所说的土著居民、本地或当地人、民族、部落、原生地居民、族群等。不管如何解释，民间文化的主体并不像有人所称的那样复杂。在我国，绝大多数的民间文化是可以找到相应的地区或民族的，比如，中医药在我国有几千年传统，其主体就应该是中华民族，藏医藏药就属于藏族人民；壮族民歌、维吾尔族舞蹈、贵州少数民族蜡染等也是容易明确主体的。有的民间文化由于流传太广，发展为对外代表整个中国文化的客体的，则应属于全体中华民族所有，仅在对境外主张权利时有意义，比如“梁祝化蝶”、《茉莉花》江南小调、舞狮等民间文艺。即使是一些由几个地区或群体“共享”的某项民间文化（如许多少数民族流传相似的神话故事、蒙古族和藏族同流传《格萨尔王》诗史），主体问题也不是无法解决：由历史证据证明其发源地和流传地；如果无清晰的起源证据而有同时流传于不同地区群体中的证据，则可认为该客体由几个主体共有。当然，通过保密方式保存下来的独门绝技，我们就可以将个人或家族认定为权利主体。另外，建立特殊的非政府机构（NGO）来作为主体的法定代表行使民间文化有关权利是十分理想的设计。①

第五节　知识产权法保护的框架体系与战略选择

根据民间文化的特点，我们认为，在现有知识产权法制度安排下，适合于对民间文化进行保护的机制主要有版权法机制、专利法机制、商标法机制和地理标志法保护机制。关于专利法保护机制，在民间文化的保护中能适用的范围较窄，因为民间文化主要是传统

① 苏喆：《论民族民间文学艺术的商品化权保护模式——从“刀郎”之争看民间文艺的知识产权保护》，《扬州大学学报人文社会科学版》2010 年第 1 期，第 39～45 页。

知识，大多已经在各种场合公开展示，新颖性已经丧失，只有那些通过保密方式流传下来不为外界知晓的或在传统知识基础上创新的技艺以及中药的新配方等能直接运用专利法来保护。所以本书特别倡导建立与民间文化有关的中药老字号的知识产权保护专门模式。还有一种保护机制，就是商品化权保护机制，有些专家表述为知识产品的衍生财产利益保护机制，认为传统知识产品能用于商标、地理标志、商号等，“在长期使用过程中得到社会公众和市场的认可、信赖和优良评价，构成知识产品持有者良好的商业信誉等无形财产利益”。[①] 我们认为，这些商业性标识，一般是用民间文化符号（主要是作品名称、文学艺术角色的名称、有关形象或图形等）来表达的，既不是作品本身，无法用现有的著作权法保护，也不是产品或服务本身，无法用现有的反不正当竞争法来保护，只是借用了这些符号的影响力或吸引力。所以，当民间文化权利主体没有将此类符号用来进行商标注册或使用，即没有采用商标法保护机制来主动保护的情况下，现有的知识产权法无法将它纳入到保护的范围中来，衍生知识产权的概念过于宽泛，从立法技术上看难以实现，所以，用商品化权来表述更为妥当，关于这种对民间文化的延伸保护机制，我们将在第十章专门论述。我们这里仅探讨版权法机制、商标法机制、地理标志法机制和中药老字号的知识产权专门保护机制。这些都是针对民间文化作品或产品本身的保护问题来谈的。

一　框架体系

（一）版权法保护机制

版权，又称为著作权，是指基于文学艺术和科学作品依法产生的权利。版权有广义和狭义之分。狭义的版权，是指各类作品的作者依法享有的权利，其内容包括人身方面的和财产方面的；广义的

---

① 严永和：《论传统知识的知识产权保护》，法律出版社，2006，第123页。

版权不仅包括了狭义的版权，还包括表演者、录音制作者和广播电视节目制作者依法享有的权利。民间文化的表现形式中，表演占了很大比重，所以，我们研究民间文化的版权法保护机制，要从广义来看待其版权问题。

《伯尔尼公约》规定，民间文学艺术作品受版权法保护，按照世界知识产权组织的解释，那些作者不明但有充分理由可以推定是公约某成员国国民所创作的未出版的作品，属于应该受到版权法保护的作品，包括民间文学艺术作品。根据我国《著作权法》第6条的规定，民间文学艺术作品在我国享受著作权法保护，但具体保护内容和保护方式由国务院另行规定。我国《著作权法》的原则对民间文学艺术作品也应当是适用的。所以，如果发生类似纠纷，寻求司法保护是有法律依据的。

版权的内容包括人身权和财产权两大部分，根据我国《著作权法》，人身权包括发表权、署名权、修改权、保护作品完整权；财产权包括复制权、发行权、出租权、展览权、表演权、放映权、广播权、信息网络传播权、摄制权、改编权、翻译权、汇编权，以及注释与整理等其他权利。广义的版权还包括民间文艺表演者的权利。这些权利属于民间文化持有者或传承人所享有，他人在对民间文化进行上述任一形式的利用时，必须尊重权利人的版权，得到权利人的许可。版权法采取自动保护的原则，只要作品完成即受到法律保护，因此版权法保护机制是我国目前能直接用于民间文化保护的法律机制，是一种经常和广泛采用的机制。民间文化的登记式版权保护是当前一项简单易行的有效措施

国际公约和各国的国内法，早已确立了对民间文化进行版权（即著作权）保护的法律依据。对民间文化的著作权保护可以追溯到1967年，世界知识产权组织在《保护文学艺术作品伯尔尼公约》中规定“文学艺术作品”一词包括科学和文学艺术领域内的一切作品，不论其表现方式或形式如何，这种规定包含了授权保护民间文化的可能性。1989年，英国著作权法就按照《伯尔尼公约》

将民间文学作品视为“无作者作品”予以保护。1976年，突尼斯政府在世界知识产权组织和联合国教科文组织的帮助下通过了《1976年突尼斯版权示范法》，对发展中国家国内民间文化作品提出专门保护。1977年，非洲知识产权组织《班吉协定》的参加国都将民间文化通过区域性版权条约进行保护。我国《著作权法》第6条明确授权国务院制定保护民间文学艺术作品的专门条例，虽然民间文化与民间文学艺术不完全等同，但是这一条规定为作为群体、个体智力成果的民间文化提供了版权保护的法律基础。我们建议在此基础上对民间文化实施登记式版权保护，不是主张另起炉灶，建立一套全新的保护制度，而是着眼于充分利用现有法律制度，发挥行政法和知识产权法的互补优势，对现有制度的不足加以完善。

1. 必要性分析

民间文化关键靠人来传承，靠责任人来保护，实施登记式版权保护的好处就是便于将这种保护的权利落实到具体的责任人。只有对民间文化的版权实行初始和变更登记，才能切实有效地加强对民间文化的保护和管理。虽然现有的国际公约和国内的《中华人民共和国著作权法》可以用来保护民间文化，但如果不在著作权法中增加专门条款或制定专门的单行条例，只是简单直接套用，不可能产生预想的效果。

其一，自动保护原则难以适用。无论是国际公约还是国内法，都对经原创完成的作品实行自动保护，原创者可以拿出主张权利的直接证据。而民间文化一般不是原创作品，传承人很难拿出主张权利的直接证据，只能拿出一些间接证据，这些间接证据，如果没有专家的鉴定，没有登记公示过程中大众的认可，不能证明传承人拥有著作权。在登记之后，由专家委员会进行科学的鉴定，并且登记公示之后没有第三人提出异议，传承人权利的合法性就有了依据和保证。

其二，不登记的著作权保护是弱保护。著作权属于私权，对于私权，各国的普遍做法是民不告官不究，如果没有民间的举报，没有官方的行政执法，这种保护往往被忽略，侵权行为得不到制裁。在登记之后，在网络高度发达的今天，经过公告和宣传，民众将广为知晓，有利于民间监督，也有利于权利主体根据登记证书自身维权，还有利于行政部门根据登记公告开展行政执法。

其三，不登记的著作权不利于民间文化的传承。不登记的著作权处于一种完全自由和自发状态，著作权人的姓名可以公开，也可以不公开，还可以用笔名，如果将这种规则适用于民间文化，不利于行政机关对传承人的管理和监督，不利于民间的联系和交流，也不利于民间权利主体履行应该传授技艺或培养传承人的法定义务。登记以后，使用真实姓名，不仅上述问题将迎刃而解，并且借鉴商标法 10 年保护期限的规定，限定权利人到期续展，出现权利人不续展、死亡或撤销等情形，在没有民间权利主体的情况下，该民间文化的版权暂时由国家版权局行使，然后重新确定或培养传承人作为权利主体。

其四，不登记的著作权不利于政府和公众对其转让行为的监督。不登记的著作权转让行为处于一种缺乏监督的无序状态，不仅善意第三人的利益难以得到保障，就是民间文化著作权转让行为本身的合法性也值得商榷。国家不仅可以出台针对将民间文化版权转让给境外法人或自然人的禁止性规定，也可以要求在国内主体之间的转让进行登记和公示，加强对民间文化版权转让的有序管理。

2. 可行性分析

虽然著作权的登记制度还没有在世界各国和我国普遍实施，但这丝毫不能成为我们对民间文化进行登记式保护的障碍。我们已经拥有深厚的物质基础、成熟的立法技术、系统的组织保障和便捷的公示途径。开展民间文化版权登记，为民间主体宣示权利，不仅是一项法律程序，也是一项文化工程，是利国利民的好事，只要把好事做好，一定会得到人民群众的拥护和支持。

第一，经过三十多年的改革开放，我国已经建设为一个经济大国，并正在向经济强国迈进，社会建设、文化建设和制度建设有了可靠的物质保障，国家在 21 世纪初期开始，拨巨资实施中国民间文化保护工程，保护工程从 2004 年到 2020 年分为三个阶段实施，工程已经为保护民间文化做了大量基础工作，已经在全国范围内进行民间文化普查，逐级逐批申报了民间文化代表作，并正在建立民间文化名录体系，这些都为民间文化版权保护工作奠定了坚实的基础，版权登记工作正好可以借机开展。

第二，众所周知，物权登记在世界各国和我国的实施已经有了相当悠久的历史，专利权和商标权的登记在我国也已经建立了相当成熟的制度，这些领域的实践和立法为我们开展民间文化版权登记提供了相当丰富的经验，积累了足够的立法技术，在立法上已无任何困难，只要我们对现行的《中华人民共和国著作权法》稍作修改，增加民间文化保护的条款，或制定专门的条例，规定专门针对民间文化实行版权初始登记和变更登记的内容，剩下的事情就是交由国家版权行政管理部门和文化行政管理部门来协同操作的问题了。

第三，我国已经建立了相当完备的文化行政管理体系和版权行政管理体系，文化行政管理部门和版权行政管理部门都负有保护知识产权的职责。我们在调研的过程中发现，有些地方的文化行政管理部门对于打击盗版问题相当积极，甚至使得当地的版权行政管理部门插不上手，这和职责分工有一定关系。相对而言，版权行政管理部门是小部门，承担的工作量相对较少，我们正好可以在版权登记行政管理和执法任务上强化其工作重心，充分发挥其版权管理的行政职能。

第四，我国已经建立了相当先进和完备的信息传播与交流的网络和体系，这为版权公示提供了顺畅的信息渠道，不再需要国家投入大量资金来建立专门的信息网络，在互联网上大众就可以第一时间了解到有关的版权公示信息，有利于民间做出及时的反馈。

3. 实施步骤

在版权登记工作开始之前，要完成好已经开始的普查工作，摸清资源底细，建立健全名录，规范各项民间文化的名称，明确其内容，使之在版权申报登记工作中起到“项目指南”的作用。关于申报登记工作，可以按照以下步骤开展。

首先，要做好宣传和动员工作。由国家机关有关部门，比如国务院办公厅拟定并向全国各省、自治区、直辖市发出通知，要求各级地方政府做好民间文化版权登记管理的准备工作，向广大群众讲清民间文化版权登记的意义、作用和实施方法与步骤，鼓励民间权利主体向当地的版权行政管理部门递交有关民间文化版权的申请，特别是要有针对性地组织已经进入名录的民间文化的权利主体向版权行政管理部门递交版权申请。

其次，要做好版权申请的受理工作。与商标和专利不同的是，民间文化以地方特色为主。受理工作既要提高工作的效率和管理的规范化程度，简化环节，节省开支，也要便于分类审查，便于对权利主体的管理和认定。我们认为省级版权行政管理部门作为申请的受理机构和初审机构是比较合适的，省级以下的版权行政管理部门可以作为代办机构，帮助申请者申报，为申请者提供相应的服务。申请材料应包括民间文化的名称、申请者的名称、关于该项民间文化的说明书、权项请求书以及相关的证明材料（如传承的时间和空间范围、产生的社会影响、相关的宣传报道记录、获得的有关认定书、表彰奖励证书等）。

再次，要做好申请的审查、公示和登记工作。审查工作实行初审和终审两级审查机制，不仅进行形式审查，而且进行实质审查。初审工作由省级版权行政管理机关成立专家委员会进行，初审通过后向全社会公示，不管是否有人提出异议，都应当在公示结束后报国家版权局，由国家版权局成立的专家委员会终审，终审通过后，给予登记，颁发证书。

最后，要做好司法监督工作。加入世界贸易组织后，我国的知识产权行政执法工作已经总体上纳入司法监督，对于民间文化版权登记工作中出现的纠纷，也应受到司法的最终审判。

（二）商标法保护机制

商标权是商标所有人依法对其使用的商标所享有的权利。商标权是商标法的核心。商标法就是围绕着商标权的一系列问题，诸如商标权的取得、内容、行使、期限、续展、终止、转让、使用许可以及司法保护等建立起来的法律制度。商标权类似于所有权，包括对注册商标的占有、使用、收益和处分的权利，在这诸多的权利中，对商标的排除他人使用的权利，即通常所说的商标专用权具有特别重要的地位。商标权是一种法定的权利，它意味着法律对权利人为某种行为的保障，许可他人为某种行为的权利，要求他人为一定行为或不为一定行为的保障。

我国《商标法》中的以下原则与民间文化保护有正相关或反相关：

1. 保护在先权利原则

《商标法》第九条规定的“申请注册的商标，应当有显著特征，便于识别，并不得与他人在先取得的合法权利相冲突”和第三十一条规定的“申请商标注册不得损害他人现有的在先权利，也不得以不正当手段抢先注册他人已经使用并有一定影响的商标”，对于保护民间文化权利主体的在先权利有一定作用。其出发点是从立法技术上消除实践中屡现的所谓“权利冲突”问题。商标法这两条开放式的规定在将来条件成熟时必定能为传统知识和民间文艺及其要素的权利人提供救济。从长远来看，该规定是商业竞争领域内最恰当的保护传统文化及其表达的方式，因为无论某一地区的具体民间文化表达形式（民间歌舞、民间神话、民间美术等），还是以此闻名的某一族群的名称或某一文化的特定称谓本身，都毫无疑问属于该群体，也足以形成商标法所指的“在先权利”，不能为他人任意作为商标使用并注册，或进行不正当竞争。可惜的是，在目前这一条款还难以为保护民间文化及其相关要素提供任何保护。据称“刀郎”酒的使用者在2002年便完成了该商标的注册，“西域刀郎”的注册是在罗林出名之后。这说明了目前我们的困境：民间文化及相关要素，像其他任何自由传播的无主信息一样，是“公有领域”的资源，可以被任何人“合法”抢注。[①]

2. 申请在先原则

《商标法》第十八条规定：“两个或者两个以上的申请人，在同一种商品或者类似的商品上，以相同或者近似的商标申请注册的，初步审定并公告申请在先的商标。”这就是申请在先原则。根据该原则，一个商标即使已经使用多年，如果不及时申请注册，也会因别人申请在先而失去注册机会，得不到对该商标的专用权。当然，申请在先原则也有不灵的时候，遇到两个以上的商标在同一天申请注册的情况时，就必须通过其他方法来决定专用权的归属了。这一条原则总体上讲与民间文化的保护是反相关的。根据这一条，民间文化就是唐僧肉，味道很香，那就看谁的手脚快，谁抢注了就归谁。我们认为，应该采用使用在先原则，保护未注册但已经使用的民间文化标记。

3. 诚实信用原则

诚实信用原则是民法领域里的一项基本原则，其法律表现形式在《民法通则》第四条中有规定：“民事活动应当遵循……诚实信用的原则。”

诚实信用原则要求的是民事主体在民事活动中要维持当事人之间的利益平衡，以及当事人利益与社会利益之间的平衡。在当事人之间的利益关系中，诚实信用原则要求尊重他人利益，对待他人事务就像对待自己的事务一样，以保证法律关系的当事人都能得到自己应得的利益，不得损人利己。当发生特殊情况使当事人间的利益关系失去平衡时，应进行调整，使利益平衡得以恢复，由此维持一定的社会经济秩序。在当事人与社会的利益关系中，诚实信用原则

① 管育鹰：《知识产权视野中的民间文艺保护》，法律出版社，2006，第133页。

要求当事人不得通过自己的民事活动损害第三人和社会的利益，必须在权利的法律范围内以符合其社会经济目的的方式行使自己的权利。

现行《商标法》虽然没有明确使用“诚实信用”这个概念，但其关于商标权的确立、行使和保护的诸多规定中都体现了诚实信用原则的基本精神。例如《商标法》第六条、第三十一条和第三十四条关于“制止欺骗消费者的行为”的规定；第八条第（8）款关于不得以“夸大宣传并带有欺骗性的文字或图形作为商标注册”的行为的规定；第二十七条关于“以欺骗手段或者其他不正当手段取得注册”的行为的规定；第三十八、三十九、四十条关于“侵犯注册商标专用权”应予处罚的行为的规定，都体现了诚实信用原则的精神。《商标法实施细则》第二十五条更是明确地把“违反诚实信用原则，以复制、模仿、翻译等方式，将他人已为公众熟知的商标进行注册的”行为解释为《商标法》第二十七条第一款所指的以欺骗手段或者其他不正当手段取得注册的行为。可见，诚实信用原则作为整个民法领域的一项基本原则在《商标法》中发挥着重要的作用，虽然我们过去在理论上没有把它作为《商标法》的一项基本原则给予应有的重视，但在商标权的确立、管理与保护等实践活动中，我们实际上还是把它作为一项基本原则来遵循的。这一条原则用在民间文化的保护上，是正相关的，但应具体规定，与民间文化无关的主体，不得随意将民间文化元素作为商标注册。

4. 行政保护与司法保护相并行的原则

这是我国商标法律制度的又一个突出特点。《商标法》规定，对商标侵权行为，被侵权人可以选择由工商行政管理机关处理，也可以向人民法院起诉。如果被侵权人向工商行政管理机关投诉，工商行政管理机关可以依据被侵权人提供的有效证据或者自己调查时取得的证据，责令侵权人立即停止其侵权行为，并赔偿被侵权人的损失，还可以同时对其处以罚款。当事人对工商行政管理机关所作出的处罚决定不服，可以向人民法院起诉。并行保护的原则为当事人解决商标纠纷提供了便利，有利于商标专用权的保护。

从国际范围来看，商标法的发展趋势是，既要对注册商标进行保护，也要对未注册而在现实生活中使用的商标进行保护。我国的民间文化产品主要是手工艺品和部分农产品及手工制作的食品，对于这些民间文化，我们不仅要保护技艺，也要用商标来保护产品本身的信誉和质量，因此，商标法在民间文化的保护方面应该是有用武之地的。现在的重要问题是，我国对未注册商标的法律保护还很有限，所以我们要鼓励民间文化产品的生产者开展商标注册。鉴于目前商标注册的程序和相关费用的统一性标准，对民间文化产品生产者来说过于繁琐和昂贵，我们建议对于这类商标注册采取简化手续和降低费用的措施。当然，如果将来要变更项目和使用范围，超出民间文化的性质，则可以在变更时加收费用。

（三）地理标志法保护机制

地理标志，是指标示某商品来源于某地区，该商品的特定质量、信誉或者其他特征，主要由该地区的自然因素或者人文因素所决定的标志。

世界贸易组织《与贸易有关的知识产权协议》第二部分第三节规定了成员对地理标志的保护义务。

《TRIPS 协议》对地理标志的定义："地理标志是指证明某一产品来源于某一成员国或某一地区或该地区内的某一地点的标志。该产品的某些特定品质、声誉或其他特点在本质上可归因于该地理来源"。

地理标志是特定产品来源的标志。它可以是国家名称及不会引起误认的行政区划名称和地区、地域名称。里斯本协定"原属国系指其名称构成原产地名称而赋予产品以声誉的国家或者地区或地方所在的国家"。

地理标志的基本特征有三点：

（1）标明了商品或服务的真实来源（即原产地的地理位置）；

（2）该商品或服务具有独特品质、声誉或其他特点；

（3）该品质或特点本质上可归因于其特殊的地理来源。

由以上定义我们不难看出，《TRIPS 协议》要求各成员国保护的地理标志，实际上属于较特殊的地理标志，它更接近原产地名称。

与商标相似，地理标志的主要功能是区分商品的来源。虽然可以想象地理标志用于服务，但地理标志如此宽泛的适用范围在目前还未用于由 WIPO 管理的国际条约或《TRIPS 协议》中。与商标不同，地理标志区分商品是通过对其生产地的标示，而不是通过对其制造来源的标示。对制造或生产的地方的标示是地理标志的本质。地理标志与商标不同，不是主观随意选定的，并且地理标志的标示不可替代。

地理标志的合法使用者有权阻止其商品并非来源于该地理标志所标示的地方的任何人使用该地理标志。与商标一样，地理标志适用“特殊性”原则，即：所受到的保护仅限于其实际使用的产品种类上；还适用“领土”原则，即仅仅在一定领土范围内受到保护，并受该领土的法律、法规的约束。享有盛誉的地理标志是特殊性原则的一个例外。目前，由 WIPO 管理的条约和《TRIPS 协议》均未对地理标志提供这种扩大保护。

我国自 1994 年将地理标志纳入商标法律保护范畴、1995 年开始接受地理标志注册申请以来，到目前已经注册地理标志 110 多件。通过地理标志保护的商品除香梨、芦柑、蜜桔、柚、橙、茶叶等农产品外，还包括烟花爆竹、瓷器、煤、石雕等手工艺品和矿产品，此外还有在水晶、玉石等矿产品上要求地理标志保护的注册申请处在审查之中。

我国通过或申请通过地理标志方式保护的商品范围已经大大超过了欧盟国家和美国。因此，什么商品具有地理标志的性质，什么商品不具有地理标志的性质，什么商品可以通过地理标志保护，什么商品不应该通过地理标志保护，尚需深入研究，充分论证。有人主张，按照《商标法》的规定，参考其他国家的做法，适用地理标志保护的商品范围，原则上不宜超过农产品、食品、葡萄酒、烈性酒的范畴。

我们认为，我国现行商标法不能涵盖地理标志保护法的功能和适用范围，地理标志保护法不仅应该独立于商标法，而应与商标法并列，而且应该把民间文化中的手工艺品、石器、瓷器、陶制品、手工生产的农产品、食品、酒类等都纳入地理标志法的保护范围。民间文化产品具有鲜明的地域特征，和该地理范围内的人文氛围、自然条件有着天然的联系，一般采取群体生产制作的方式，以作坊为主要生产单位，各作坊之间相互学习，相互借鉴，相互帮衬，共同提高，共同创造了这些无形的智慧成果，共同享有这些大自然赐予的财富，这些权利是不容他人无偿分享或被他人剥夺的自然权利。地理标志保护法虽然起源于对农产品的特殊保护，但其立法宗旨完全吻合于民间文化保护的内在要求，应尽快完善该保护机制。

我国民族众多，地域辽阔，民间文化产业资源丰富，应当建立一个由文化部、国家版权局、国家知识产权局、国家商标局联合授权的民间文化知识产权集体管理组织来代表和维护特定民间文化权利人的集体利益，该集体管理组织是一套以政府扶持和指导、能代表和维护特定民间文化群体利益的管理机构网络体系，以此作为民间文化地理标志权利维护的组织和管理者是可行的选择。这套机构体系应是中央和地方、官方和民间相结合的体系。例如已经注册“景德镇”证明商标的江西景德镇陶瓷协会属于民间团体，而注册“青田石雕”证明商标的浙江省青田县石雕行业管理办公室则属于官方机构。那种简单套用现行国有资产管理体系来管理民间文化等传统知识财产权利的观点是行不通的。①

① 龙文：《论传统知识财产权利的实现形式》，《专利法研究》，知识产权出版社，2004，第 458～462 页。

（四）中药老字号的知识产权专门保护机制

在中华民族昂首迈向现代化的21世纪，传统中药文化在国家软实力建设中占有重要地位，不仅不能抛弃，而且要在保护中实现更好更快的发展，要尽快实现中药产业的科学化与现代化，要在世界医药领域占有一席之地，而不是被西方国家拒之门外，也不是被国外的一些模仿者所窃取和霸占。中药老字号企业是我国中药文化的传承者和坚守者，也是现代化过程中容易受到冲击的对象，对中药老字号的保护刻不容缓。保护的重点领域是积极发展和保护老字号中药企业的自主核心技术，并要在此基础上采取措施鼓励老字号企业探索现代化中药的技术标准，实现由传统中药企业向现代中药企业的转型。标准是构成国家核心竞争力的基本要素，是规范经济和发展社会的重要技术制度。得标准者得天下，标准化已经上升为国家战略。研究中药老字号知识产权专门保护机制，形成高水平的研究成果并推广应用，可以推动中药老字号知识产权保护，可以促进中药技术标准的尽快制定和实施，可以帮助中药老字号企业更好地走向国际市场。

我们面对的现实十分严峻。加入世界贸易组织后，中国向成员方出口的中药必须在该法域内获得注册才能以药品销售，但到目前为止，我国的中药竟然没有一种获得美国和欧盟注册。之所以注册缓慢，原因有三个：一是中药的技术标准低且不规范，不符合现代市场经济的要求；二是老字号中药企业既舍不得放弃传统的生产技术，也不愿意将自己拥有的技术秘密公开，使之标准化；三是中药企业的国际化程度不高，就连同仁堂这样的大企业也屈就在国外的食品保健品市场销售，其国际市场销售额仅占到其总产值的2%。人无远虑，必有近忧。日本韩国通过了注册的汉方药近年来在国际市场大行其道，我国只占到20%的份额。在世界卫生组织发展传统医药决议的引导下，日本、韩国及欧美等国家纷纷通过各种形式和途径争取自然生物药国际标准制定的主导权。形势对我们极为严峻，这意味着中药必须按照他人的标准来生产，一些中药企业的生存与发展受到极大的挑战。怎样才能使中药老字号在国际化进程中既保护好自主知识产权又迈向现代化？引起了人们前所未有的关注。

在保护中药老字号的自主知识产权方面，法学界近年来作了一些研究，归纳如下：（1）中药作为传统文化的表现形式之一，绝大多数学者认为应该传承和给予特别保护（吴汉东，2010；宋晓亭，2008；李顺德，2006；费安玲，2006；洪静，2003；么厉、肖诗鹰、刘铜华，2002）；（2）作为文化产品，法国、加拿大等国学者认为具有特殊性，可以作为文化例外给予特殊保护，写入世贸组织乌拉圭回合谈判相关文本中（于佩，2008）；（3）中药知识作为集体知识，一些专家认为可以拥有“集体产权”，可以通过集体产权的形式保护好企业的个体利益（吴汉东，2010；朱国华，2010）；（4）从资源的社会性及效用社会性角度分析，有专家建议采用“权利弱化与利益分享理论”作为传统知识保护的理论基石，来协调传统知识拥有者之间的关系（曹新明，2005）；（5）从风险控制角度，企业可以通过集体互助，化解全球化带来的文化风险和社会风险（斯科特·拉什，2002）；（6）为了处理好传统知识和私有权利之间的关系，对于已经共有的一些传统知识，可以采取行业协会的组织形式来加以保护（朱国华，2009；王莲峰，2008）；（7）从专利保护角度，对中药行业可以采取特殊的保护规则（张今，2004）；（8）为了保护老字号同行的行业利益，协调彼此关系，避免同室操戈，可以采取建立专利联盟等知识产权战略同盟保护模式（冯小青，2010；詹映、朱雪忠，2007；张平，2004）。

中医药界权威专家、学者主张中药标准化，但以老字号为核心也有争议，代表性观点如下：（1）中医药要真正走向世界，除必须把好质量关外，更迫在眉睫的是要制定出中医中药的标准，在没有建立标准体系之前，不可能要求别人接受我们（中国科学院院士陈可冀）；（2）标准化的最终目标之一是推动中医药的国际化，在相关标准的制定上，我国应与世界各国特别是有文化同源性的日本、韩国及东南亚国家和地区展开合作（世界中医药学会联合会副会长李振吉）；（3）以中华老字号为样本制定中药单方国际标准（原全国高科技产业健康产业工作委员会中医药专业委员会主任刘届祗）；（4）如果每个厂家都用中华老字号产地的药材，那么产地药材资源会很快枯竭，而其他地区的药材就没有了市场（中国中药学会顾问阎洪礼）。

法学界人士虽然认为传统中药文化需要保护，但没有认识到通过系统的标准化制度来保护传统中药文化；中医药界主流观点虽赞成中药标准化，但没有认真研究中药标准化的程序，不熟悉标准化过程中如何保护中药传统知识。因此急需多学科协同攻关，特别是需要法律工作者、经济学专家和中药研究工作者深入中药老字号企业来开展调研、分析，帮助中药企业开展标准化工作，并将自主知识产权加以保护，形成核心竞争力。

我们认为，建立中药老字号知识产权专门保护机制的指导思想和基本原则有以下几个方面：（1）中药老字号的现代化是一条必由之路，但现代化的前提是要传承好老字号传统知识，要维护好老字号的核心利益，要保护好老字号的自主知识产权。（2）中药技术的标准化是必然趋势，但标准化不是对传统知识产权的无情剥夺，而是保护知识产权的一种新的手段和形式。（3）标准化的过程伴随技术秘密的公开，中药技术秘密是我们的国粹，是老字号的命根，在药品标准化过程中将其中许多秘密公开，要有专利制度作为过渡措施，保障老字号企业对这些技术秘密的专有使用权。（4）标准化制度是新型知识产权制度，标准化体系是智力成果，标准的创制者可以通过标准化制度的安排，在市场竞争中占得先机，赢得主动，提升企业的核心竞争力，实现自己的市场目标，获得自己的经济利益。因此，中药标准的制定和实施工作，应有中药老字号企业的积极参与，以此作为引导老字号走向现代化的主要途径。我们要研究我国中药行业老字号发展和保护自主知识产权的重点以及老字号中药企业通过发展和保护自主知识产权实现现代化的路径问题。

目前需要从以下几个方面来开展研究：（1）阐述中药老字号企业发展和保护自主知识产权，要围绕标准的制定和实施权来展开争夺，应尽快参与中药技术与管理的国内国际标准体系的制定和实施，促进我主他随的标准体系为现代医学所认可并在世界范围内应用；（2）论证标准制定的直接目的是要围绕提高中药材质量、保护野生药材资源，保护和提升中药传统技术；（3）开展中药材种质资源、药用动植物基源、种子种苗、道地药材、中药炮制、中药资源保护和中药材质量控制等标准的研究和制（修）订，解决当前中药材质量与资源保护领域最为紧迫的技术标准需求；（4）研究标准的制定和实施程序以及如何处理政府、行业协会、企业之间有关标准的权利义务关系。

通过中药老字号知识产权转保护机制的研究和应用，不仅要推动国家中药管理部门和相关立法机构制定和完善中药标准化的实体法和程序法，也要引导老字号中药企业积极承担国内国际标准制定工作，提出国内国际标准草案，争取以我为主形成技术标准，掌握制定中药国际标准的主导权；还要推动各级中药学术研究机构和协会开展中药国际标准、国家标准、行业标准、地方标准的研究，建立相应的科学标准，并实现各类标准体系之间的协调；最终要促进从标准计划立项到标准发布以及实施等整个过程的动态管理和责任制的全面实施，在中药标准化组织管理工作中建立健全优胜劣汰的竞争机制，在我国中药行业形成中药标准化工作的良性循环体系。

目前需要解决的关键科学问题是，中药老字号企业如何发展与保护自主知识产权，老字号企业的技术秘密和专利转化为技术标准以及实施的程序；企业、行业协会、政府之间在有关标准化工作中的权利义务关系。具体来讲应该从以下四个方面寻求突破：（1）中药技术申请专利时，专利标准是否应有特殊性，如果应该有，尺度如何掌握？专利共有权和专利联盟如何在中药老字号企业间形成与保护？（2）中药老字号企业十分珍视的技术秘密在制定标准的过程中公开后，如果不能申请为专利，如何保护老字号企业的应得利益，确保其一定范围内的垄断性使用权？（3）中药技术标准是否应该主要由老字号企业来承担制定（修改）工作，如果应该，在招标时，如何向老字号倾斜，尺度如何掌握？（4）在制定标准时，如何避免某地或某种中药资源被过度使用而枯竭？

建立中药老字号知识产权专门保护机制的路径是：从论证中药传统知识保护的必要性和老字号中药企业发展自主知识产权的重要性入手，分析现有知识产权保护模式对中药知识保护的利弊，提出标准化制度是新型的知识产权制度，论证标准化制度在中药行业的建立的必要性、可行性，研究中药标准制定办法、程序、操作实施方案，从企业自身知识产权保护的最佳模式选择与政府对药品管理的模式选择两条途径分别推导，得出标准化是中药老字号实现现代化的必由之路的结论。发展自主知识产权的方法和步骤如下：（1）申请专利。作为时效性保护方法，保护企业自身利益，他人被许可在专利有效期内实施该技术方案。同时将专利技术公开，为中药技术标准的制定奠定基础。（2）制定标准，组织实施。注册由国家主管机关组织实施，企业按条件和标准申请注册及再注册。由此实现中药核心知识产权的永久性国家利益。生产和质量技术标准由专门的标准化委员会许可实施与认定，方式分两种：一是承担标准制定工作的企业的长期免费实施，但要定期认定，接受监督；二是其他企业的缴费实施和认定。国有中药知识产权——标准的制定、颁布和实施程序如下：（1）国家中医药管理局招标（程序透明）；（2）老字号的龙头企业投标（公开竞争）；（3）专家组参与制定和修改（规范科学）；（4）广泛征求社会公众意见（内容公开）；（5）政府听证完善审核颁布（确立权威）；（6）专门机构负责许可认定（按章操作）。

二 保护战略

上述保护机制各有所长，各有所短，分别有各自的适用范围。

如何适度地在现有知识产权框架体系内有效地保护民间文化，有一个战略选择的问题。我们认为，利益问题是战略选择的基础，在分清利益的基础上，确定不同的战略目标，选择其相应的制度匹配或推动制度创新。在用尽现行制度资源上不能保护时，再考虑制度创新。对现行知识产权制度，既不能一概肯定，也不能简单否定。对现行知识产权制度的修改或者其他制度创新，更要谨慎，讲究策略。

1. 战略选择的基础：传统知识的知识产权利益分析

世界现行两大主要的知识产权国际公约《成立世界知识产权组织公约》和《与贸易有关的知识产权协议》划定了知识产权法的保护范围。各国把这两个国际公约融入本国的知识产权法，基本确定了知识产权法的保护对象。我们认为，知识产权法的保护对象可以条分为四类客体：一是文化产权的保护对象（主要保护独创性的文学艺术和科学作品、计算机软件、传统知识），二是工业产权的保护对象（主要保护专利、商标、商号、地理标志），三是工业版权的保护对象（主要保护集成电路布图设计、外观设计），四是新型知识产权的保护对象（主要保护遗传资源、植物新品种、人类智力创造的知识产品的衍生品等）；绝大多数知识产品及其衍生财产利益的价值及在其上的自然权利，已成为现行知识产权制度的认可，由此而形成了“知识产权”。现行知识产权法制度统治下，以其知识产品及其衍生财产利益为客体的知识产权的形成，有两种情形：一是知识产品及其衍生性利益的生产者本人对其直接获得知识产权，其利益得到知识产权制度的直接保护。这是知识产权制度产生以来的知识产权生成的常态。二是知识及其衍生财产利益的非生产者即“他者”对其获得知识产权，虽然这种权利生成模式是通过利用现代知识产权制度程序来实现的，但这种情形定然会受到知识产品及其衍生财产利益生产者的反对，并采取适当法律形式予以阻却，从而排除他者对知识产品及其衍生财产利益获得知识产权。前者是积极知识产权，后者即是消极知识产权。

我们认为，传统知识作为知识产权制度保护的可能客体，从自然法上看，存在三种知识产权利益：一是消极知识产权利益。在现行知识产权制度下，由于知识产权的地域性特征和国家授予性特征，由于各国授予知识产权的条件和标准的差异，一个国家内的传统知识可为他国人用以直接获得知识产权，并反过来限制传统知识权利主体——传统部族——原来就存在和享有的权利。在这里，传统部族就应享有一种排除他人就传统知识获得知识产权的权利，即他人权利排除权。此即消极知识产权利益。二是积极知识产权利益。传统知识权利主体就其传统知识本身获得的知识产权利益，如有关传统知识被授予专利权或其他类似专利的权利等。此即积极知识产权利益。应该说上述两种知识产权利益基本是以传统知识的本原方面为对象的。三是衍生知识产权利益。传统知识本身或其体现物以及其他有关因素一旦在商业经营中长期使用，得到社会公众和市场的认可、信赖和优良评价，就和该产品或服务的商业信誉结合在一起。这些商业信誉具有商业价值。作为一种“经营性资信”,[①] 它能够为持有人在市场竞争中带来某种竞争优势。它是传统知识本原方面及其有关因素的逐渐衍生的产物和成果。

由于传统知识长期经受实践的检验，可信度高，影响力大，传播力强，其产品或服务有牢固而且独特的市场空间，传统知识的使用者能直接而且稳定获利，所以，这种利益是看得见的，可以估价的利益，因此，传统知识的知识产权利益保护不仅为发展中国家所呼吁，而且越来越得到发达国家人们的理解。

2. 战略步骤的确定：传统知识利益分享模式的知识产权制度匹配和创新

对传统知识上的三种知识产权利益，都给予保护，才能使传

① 吴汉东、胡开忠：《无形财产权制度研究》，法律出版社，2001，第74页。

统部族充分实现其传统知识上的利益，才符合自然法上的公平和正义理念。从人权角度讲，这也能成为传统部族创造实现生存权、健康权、发展权等基本人权的条件。要充分实现传统知识上的知识产权利益，考虑到现有法律制度的障碍和西方社会、现代社会的阻力以及传统知识上的上述三种知识产权利益的情况下，笔者认为，关于传统知识的产权保护战略，包括战略步骤和战略情况，应分“三步走”。每一步战略，保护传统知识上的不同知识产权利益，并且有相应的制度选择。第一步，通过现行知识产权制度保护传统知识的消极知识产权利益和衍生知识产权利益。在第一步战略中，传统知识上的消极知识产权利益和衍生知识产权利益是保护对象和保护目的，现行知识产权制度是制度选择。第二步，通过对知识产权的某些程序规则如专利信息披露制度进行修改和重构，为传统知识产权的积极知识产权利益提供间接保护的机制，以间接保护传统知识上的积极知识产权利益。在第二步战略中，积极知识产权利益是保护对象，但需要对现行知识产权程序规则进行一定的修改，形成一种新的知识产权程序制度，方能达此目的。目前主要表现为利用《生物多样性公约》的国际影响，把《生物多样性公约》所开创、很多国家在其国内法上所发展的事先知情同意机制移植于专利申请程序规则中，如涉及传统知识的专利申请中要求提交事先知情同意、许可、来源地等证明，从而为传统知识积极知识产权利益的实现提供一定的间接保护的操作机制和制度空间。这也是国际上盛谈的《生物多样性公约》与《TRIPS 协议》的协调问题。第三步，通过对现行知识产权制度的某些实体规则进行修改，如修改发明专利“三性”规则，或创设一种新的类似专利的专门权规则，为传统知识的积极知识产权利益提供直接保护的机制，直接保护传统知识上的积极知识产权利益。

在传统知识的知识产权保护战略目标中，近期目标是，利用现行知识产权制度保护传统知识的消极知识产权利益和衍生知识产权利益，包括对已经受到侵权的传统知识马上采取诉讼行动，挽回损失。同时，在国际舞台上，努力促成显性知识产权某些程序规则的修改，为传统知识的积极知识产权的间接保护提供制度支持，这是中期目标。远期目标是推动现行知识产权实体规则的修改和变革，或者制定传统知识保护专门规则，直接保护传统知识的积极知识产权利益。

下篇　分论

民间文化知识产权保护问题分析

第六章 民间文化的知识产权权利主体

什么样的人才能成为民间文化知识产权权利的主体，是一个非常重大的实际问题，如果主体问题不解决，我们关于民间文化知识产权保护的讨论几乎没有意义，对民间文化的保护也只能是行政法保护。如果主体问题解决的不科学，我们开展的民间文化知识产权保护，可能也保护不到点子上，有可能让一些“搭车”的人假借民间文化传承人的名义侵占真正的民间文化传承人的利益，甚至还有可能改变原生态的民间文化传承方式，扰乱民间习俗，无事生非，制造社会矛盾，那么非但不能推动民间文化的发展，还可能造成民间文化事业的扭曲甚至窒息，对民间文化造成摧残。

一般而言，权利主体是指享有权利与承担义务的单一人格的实体。[①] 民间文化的权利主体，是民间文化知识产权权利义务的承担者。知识产权的主体需具备何种资格，他们享有何种权利，这是由国家法律直接规定的。如史尚宽认为：为权利之主体，第一须有适于享有权利之社会的存在，第二须经法律之承认。[②] 曾世雄也认为：法律上之主体，指依法律之规定，得享有或负担生活资源、变

---

① 黄玉烨：《民间文学艺术的法律保护》，知识产权出版社，2008，第163～164页。

② 史尚宽：《民法总论》，中国政法大学出版社，2000，第86页。

动效果之单位实体。[①] 在我国，因为民间文化权利主体还没有明确的法律规定，还处在讨论之中，所以学界的观点也众说纷纭。鉴于民间文化权利主体的复杂性，学者一般主张主体具有多样性，可以是个人、家族、社区群体、民族、社会组织，甚至可以是国家。在国家是否作为主体的问题上，又有很大分歧，有些学者主张国家作为唯一主体比较合适，有利于民间文化知识产权的保护，特别是在行政保护上有较高的效率，并且能将所获得的利益在全社会公平分配；有些学者则认为国家不宜作为民间文化的权利主体，否则不利于调动传承者的积极性，不利于民间文化原汁原味地发展。我们赞同主体多样性观点，并且主张国家在特殊情况下可以作为民间文化的权利主体。当然，不同主体的法律地位是不同的，在享有的权利和承担的义务上也有区别。我们认为，知识产权权利主体的确定跟两种决定性因素有关，一种是直接对民间文化成果作出了实质性贡献，另一种是因为血缘关系或师徒关系继承了民间文化成果及民间文化传承事业。只要符合其中一种情况，我们就应该认定该主体是适格的民间文化知识产权权利主体，我们把这些主体称为传承性主体。当然，还有一些其他主体在传播民间文化的过程中，付出了自己的劳动和智慧，对民间文化的繁荣和发展产生了积极的影响，并享有著作权法上的邻接权，我们称这些主体为邻接性主体，享有与民间文化有关的一些其他知识产权权利。

第一节　传承性主体

一　传承性主体产生的原则

一般认为，知识产权的原始取得，以创造者的身份资格为基

① 曾世雄：《民法总则之现在与未来》，中国政法大学出版社，2001，第73页。

础，并以国家认可或授予为条件。创造性活动是权利产生的“源泉”，而法律是权利产生的“根据”。[①] 民间文化的创造性传承一直存在于现实生活之中，法律必须对这些创造性传承人加以认可，只有经法律认可，国家机关的授权，民间文化成果的权利主体才能产生。除技术秘密是通过保密的方式加以保护，国家机关不能过多干预，不能主动授权知识产权主体享有某种权利外，传承性民间文化成果的著作权，都是要经过传承人申请，国家机关登记，向全社会公告，如果没有异议，才正式确定权利主体，颁发相关权利证书。现代社会的独创性民间文化艺术作品，因为是一种新的民间文学艺术作品，与原来的民间文学艺术表现形式有很大的区别，没有知识产权争议，符合著作权法上作品的条件，所以权利主体就是作品的创作者。随着作品的完成而产生，权利主体可以自愿到版权管理机关登记，其著作权从完成时起，获得现行著作权法的保护，无需按照民间文化的专门法获得特别保护。专利权和商标权的权利主体确认程序已经有专利法和商标法的明确规定，相同主题下的权利主体一般具有单一性和唯一性，不管是个体享有还是群体共同享有，其主体是非常明确具体的，这已经在专利法和商标法中做了明确规定，不容易模糊。而著作权主体的确定相对较为复杂。著作权主体主要是民间文化中民间文学艺术表达形式的权利主体。一般而言，著作权是作品完成后自动产生的，但民间文化中的民间文学艺术作品，它的创作传承过程较为复杂，往往是为数众多的传承人创作了某种民间文学艺术作品，所以为数众多的人可能都主张对该民间文学艺术形式享有著作权，孰真孰假，很容易在公众中产生模糊的认识，必须通过一定的程序才能加以鉴别，也就是说，民间文学艺术作品的著作权一般情况下无法采取自动产生的方式来确定，而要经过一定的程序才能产生。我们称这种程序为登记程序，关于登记程

① 吴汉东：《关于知识产权本体、主体与客体的重新认识——以财产所有权为比较研究对象》，《法学评论》2000 年第 5 期，第 3 ~ 13 页。

序具体内容已经在总论部分和我们发表过的论文当中做了较为详细的阐述，在此不做重复。[①] 我们建议，将民间文化主体的申报认定工作，与非物质文化遗产的申报认定工作同步进行，在评定非物质文化遗产的同时，确定民间文化知识产权权利主体的范围，经过登记程序加以具体确定。只有那些独立创作民间文学艺术的原创作者，著作权才能自动产生，不需要经过申请和授权程序，并受到著作权法的保护。

二 民间文学艺术著作权主体的多样性

根据“创造性活动是权利产生的源泉”这一基本规则，民间文学艺术的权利主体具有多元化的特点。在确认民间文学艺术的权利主体时，依具体情况，该权利主体可以是个人，也可以是某个群体或组织，甚至是国家，因为民间文学艺术的创作主体本身具有多元化的特点。民间文学艺术专有权利主体的多元化特点与知识产权主体的多元化是一致的。知识产权制度的历史发展，经历了从单一权利主体扩充为多元权利主体的过程。[②] 知识产权主体制度的第三次重大变革与发展主要表现为由单向度向多向度主体的演进。[③] 许多人认为，民间文学艺术是“作者不明的作品”，是基于传统，世世代代传下来的，在创作与传播过程中具有继承性与变异性的特点，其创作主体并不明确，其权利主体自然也就难以确定。这种观点虽然有一定道理，但只看到了问题的表面，没有做实质性的深入分析。还有学者指出，民间文学艺术的创作主体具有群体性的特点，民间文学艺术往往不是一个人创作完成的，而是集体创作、集

---

① 苏喆、张建梅：《民间文化的登记式版权保护初探》，《电子知识产权》2008 年第 10 期，第 27 ~ 29 页。

② 吴汉东：《关于知识产权本体、主体与客体的重新认识——以财产所有权为比较研究对象》，《法学评论》2000 年第 5 期，第 3 ~ 13 页。

③ 曹新明：《知识产权主体制度的演进趋向》，《法商研究》2005 年第 5 期，第 13 ~ 16 页。

体传承的。这种观点也有一定道理，但只看到了问题的普遍性，没有看到特殊性，更是没有从法律上指出它的权利属性。

我们认为，民间文学艺术的主体是相对固定的，是有一定范围的，是可以进行分别或鉴别的，只不过主体本身具有多样性和复杂性的特点罢了。我们只要按照“创造性活动是权利产生的源泉”这一基本规则去寻找和分析，是可以找到主体的。经过学者的广泛讨论，民间文学艺术专有权利归属的方式，有以下三种情形：

1. 民间文学艺术的民事权利为原住民或原住民族文化社区享有

美洲、澳洲、非洲和太平洋地区的学者、国家以及区域性组织使用“原住民”或“原住民族文化社区”的概念，原住民或原住民族文化社区也主要集中分布在这些地区，如美洲大陆的印第安居民和爱斯基摩人、斯里兰卡的僧伽罗民族、西伯利亚的原住民、澳大利亚与菲律宾的原住民族、太平洋岛屿上的丛林原住民族等。在这些国家和地区提出的民间文学艺术保护的学者论著、国家法令或议案、区域性组织，均认为民间文学艺术往往与原住民或原住民族文化社区这一特定的主体相联系，因此其权利主体也主要是原住民或原住民族文化社区。TRIPS 理事会也认可了原住民或传统社区的主体地位。[①] 世界各国和国际组织近年来的立法对于保护“原住民”或“原住民族文化社区”的人权，特别是文化权利，起到了重要的示范作用，这种概念比较科学地反映了原生态民间文化的传承主体范围和地域范围，有利于我们把握民间文化权利主体的本质，为我国确立民间文化的传承主体，提供了较好的借鉴。我国是一个多民族国家，随着经济的发展，交通的便捷，各民族虽然不断融合，但在实行民族区域自治政策下，各民族的文化特色基本保存下来了，民间文化的传承格局没有发生太大的变化。“原住民”或

① 黄玉烨：《民间文学艺术的法律保护》，知识产权出版社，2008，第 167 ~ 168 页。

“原住民族文化社区”在我国依然存在，在一些地区还保存的较为完整。这里的人们世世代代居住在一起，日出而作，日落而息，继承着、创造着属于自己的文化，形成了较为丰富的民间文化资源，享受着较为淳朴的民间文化成果，他们的生活与这种文化传承是密切相关的，从出生到死亡都联系在一起，一生都浸润在这种文化氛围中，他们就是该民间文化的主人，就是该民间文化的权利主体，他们还依赖着这种民间文化生存和发展下去，任何人都不能加以否定，也不容任何人剥夺。这种主体由自然人群体构成，他们是一个整体，除个别技能特别强、贡献特别突出的代表人享受国家特别资助的政策外，其他人都是平等的该民间文化的知识产权权利主体。

2. 民间文学艺术作品民事权利归国家所有

在民间文学艺术著作权保护实践中，许多国家将国家作为民间文学艺术的著作权主体。如突尼斯《文学艺术产权法》第 6 条规定：“民间艺术属于国家遗产，任何以营利为目的的使用都应经过国家文化部的允许，民间作品的全部或部分著作权转移，需经国家文化部的特殊许可。”摩洛哥《版权法》第 7 条规定：“民间传说作品的确定和使用须征得摩洛哥版权局的授权，并且要缴纳版税。”加纳《著作权法》第 5 条规定：“作者将民间文学艺术的权利授予加纳共和国，因为加纳共和国是民间文学艺术作品的原创者。”为了便于操作，上述国家在将国家确认为民间文学艺术的著作权权利主体的同时授权具体的国家机构来行使著作权。如突尼斯是文化部，安哥拉为该国的文化大臣，一些非洲国家如阿尔及利亚、贝宁、喀麦隆、中非共和国、刚果、科特迪瓦、摩洛哥、卢旺达和塞内加尔由作者权利保护局来管理。[①]

我们认为如果这个国家是单一民族，民间文化是单一民族的民间文化，全国人民都在传承该民间文化，国家就可以作为传承人，

---

① 黄玉烨：《民间文学艺术的法律保护》，知识产权出版社，2008，第 173 页。

代表全民族来行使民间文化作品的著作权是合理的，可行性也十分突出。但如果是多民族国家，各民族之间的文化是有很大差异的，我们不仅要承认这种差异，还要保护这种差异，这种由于文化的差异所带来的经济利益的差异也是客观的，也是公平合理的，国家不能强制性把某一民族的文化利益转移给另一民族或其他民族。虽然国家拥有文化主权，国家在特定条件下也可以作为民事主体，国家不仅能代表全体人民来行使权利，并能将因为民间文化获得的财产利益在全社会范围内公平分配，但这不利于调动民间文化传承主体的积极性，自然人作为权利主体的法律地位得不到认可，传承人的思想、情感和意志得不到尊重，不但对民间文化的发展产生不了激励作用，甚至还会产生反作用，所以，在民间文化传承主体清晰并且因为民间文化表现形式的多样性导致主体具有多样性的时候，我们不宜将国家定位为民间文化的单一民事主体，只有在单一民族国度内，或虽然是多民族国家，但某种民间文化的传承主体已经跨民族、跨地区，界限已经很模糊，或该民间文化已经成为全体国民共同传承的文化形式时，国家才适宜作为民间文化的民事主体。特别是面对世界范围的文化利用和开发，外国主体在侵占本国的民间文化利益时，国家和政府机构理所当然地应当站出来主张权利，维护全体人民的文化利益，因而有必要将国家确认为民间文学艺术的权利人。

3. 创作民间文学艺术的作者是民事权利主体

时代在进步，社会在发展，在继承传统文化的同时，新的民间文化表现形式也在不断地被创立，如果某个人或某个群体创造了新的民间文化表现形式，这种新的文化形式被民间所接受，或成为民间习俗，按照“知识产权的取得以创造性活动为基础”的原则，那么民间文化的权利主体就应该是这些创造民间文化的人。该主体对弘扬民间文化的巨大贡献必须得到法律的认可和保护，有必要通过知识产权法来加以鼓励。这些主体对该民间文化表现形式具有完整的知识产权，他们在传承性主体中享有最高的民事法律地位。我们之所以把这些主体归入传承人这个类别，是因为他们将自己的一生都献给了民间文化的创作事业，终身为繁荣某民族或某一地区的民间文化贡献自己的力量，创作了具有巨大影响力的民间文化作品，为人们长期传唱，激励着一代又一代民间文化的爱好者，加入到民间文化的传承和传播工作中来。

例如，被誉为“西部歌王”的王洛宾，作为一个土生土长的北京汉族人，1934 年曾就读于北京师范大学音乐系，1937 年“七七卢沟桥事变”后，在共产党影响下前往山西，参加八路军“西北战地服务团”，投身抗日救亡运动。创作《老乡上战场》、《风陵渡的歌声》、《洗衣歌》等抗日歌曲。后来长期在新疆开展文化工作。王洛宾以传奇般的经历，将自己的一生都献给了西部民歌的创作和传播事业，为我国西部民歌的传承和发展耗费了毕生精力，他一生创作歌剧七部，搜集、整理、创作歌曲 1000 余首，出版歌曲集六册。他的作品多以情歌为主。其中，《在那遥远的地方》和《半个月亮爬上来》被评为 20 世纪华人音乐经典，并且荣获国家颁发的“金唱片特别创作奖”；《达坂城的姑娘》、《阿拉木汗》、《掀起你的盖头来》、《可爱的一朵玫瑰花》、《玛依拉》、《青春舞曲》和《在银色的月光下》等西部民歌，在国内外广为流传，已成为中华音乐宝库中的经典之作。使中国的西部民歌不仅流传全国，而且传遍了全世界。为表彰他为 20 世纪中华民间音乐传播所做出的突出贡献，联合国教科文组织于 1994 年 7 月授予他“东西方文化交流特别贡献奖”。

又如，男高音歌唱家郭颂，他是 1931 年生人，籍贯为沈阳，毕业于鹤岗高级职业学校，赫哲族“名誉渔民”。在京剧、大回落子、唐山驴皮影、二人转、单弦、大进等传统文化的熏陶下长大。1957 年，在民歌演唱中崭露头角的青年演员——26 岁的郭颂，在那个特殊的年代，被下放到了农村改造，一进村，生产队的老百姓们一边把他接到家里款待，一边为他一家上下安排好了生活所需。农民朋友们的信任与热情，让他安下心来，坚定了扎根在农村为社员们唱民歌的信念。1972 年加入中国共产党。历任黑龙江省歌舞团团长，中国文联第四届委员，中国音协第三届理事、中国音协黑龙江分会副主席。郭颂以演唱东北民歌著称，一生都在创造性传承民间文化，特别是为赫哲族民歌的传播和发展做出了积极的贡献。创作歌曲有《新货郎》、《乌苏里船歌》、《我爱这些年轻人》、《越走越亮堂》、《串门》、《甜透了咱心窝》、《山水醉了咱赫哲人》、《笑开了满脸花皱纹》、《大顶子山高又高》、《月牙五更》、《王二姐思夫》、《瞧情郎》、《迷人的夜晚》等，共创作歌曲 50 余首，作品集有《郭颂创作歌曲选》，以《新货郎》、《乌苏里船歌》等佳作为代表的黑土地民歌艺术，成功地将郭颂引向了一个前所未有的民间艺术巅峰。《乌苏里船歌》被联合国教科文组织选为亚洲声乐教材。

还有，著名舞蹈艺术家杨丽萍，1958 年生于云南，洱源白族人，自幼酷爱舞蹈，1971 年进入西双版纳州歌舞团，九年后调入中央民族歌舞团，并以“孔雀舞”闻名。1992 年，她成为中国大陆第一位赴台湾表演的舞蹈家。1994 年，独舞《雀之灵》荣获中华民族 20 世纪舞蹈经典作品金奖。2003 年，杨丽萍任原生态歌舞《云南映象》总编导及主演。2009 年，编导并主演《云南映象》姊妹篇《云南的响声》，再获成功。在 2012 年央视春晚以舞蹈《雀之恋》，再展舞蹈诗人的神秘风姿。

作为王洛宾、郭颂、杨丽萍这样的人物，他们所创作的民间文化作品，和一般的再生性民间文化作品不同，具有极高艺术性，我们应该认定为原创性成果，他们不是一般意义上的改编，他们享有其创作的民间文化作品的独立的著作权。当然，这些创造性的民间文化作品，已经受到现代知识产权法和我国著作权法的保护，不宜再受到民间文化保护专门法的特别保护，否则将产生双重标准，不利于法律的统一性，也不便于操作。这些主体在获得相应回报后，应依法将其民间文化作品的财产性知识产权，在法律规定的保护期限后，让渡给公共社会。我们在这里讨论所要保护的，是指那些还没有受到法律保护的民间文化权利主体的利益。

三 传承人的法律地位

民间文化传承人是那些一生都和民间文化联系在一起，把民间文化创新、弘扬、传播作为自己的生活方式的人。我们今天之所以来探讨民间文化的知识产权保护，就是因为看到了传承人的重要性。如果没有传承人，民间文化就不是活态文化，就是僵死的文化或者即将消失的文化，那么在它之上就不存在什么私权了，民间文化就彻底进入到公共领域，国家或政府就成了它唯一可能适格的主体，我们采取行政方式保护就行了。正因为有传承人存在，我们探讨民间文化的私权保护才显得有意义。民间文化的知识产权保护立法，就是要围绕传承人来制定，以传承人为核心，来规范各种因民间文化使用、传播而产生的社会关系。在我国民间文学艺术保护的立法与实践中，“传承人”一词的使用频率最高。传承人是我国《非物质文化遗产法》、《云南省民族民间传统文化保护条例》、《贵州省民间文化保护条例》以及《福建省民间文化保护条例》中首先要保护的权利主体。学界也将传承人作为重要的权利主体之一，认为作为民间文化原始表现形式的讲述人、演唱人、制作人、表演人都应当是民间文化的传承人。传承人理所当然是民间文化的守护者，由他们或他们推举的代表人来行使民间文化知识产权的权利，是较为恰当的。我们主张由传承人来行使关于民间文化的完整的知识产权，包括人身权和财产权，如果认为某些权利不应该属于传承人，其他人享有合理使用权，那么我们可以采取权利限制的方式来处理。我们不赞成采取权利切割的方式，把知识产权切成几块，给政府或臆想中的民间文化创造者预留一块权利，传承人作为边沿性主体行使少部分权利。这样既不利于操作，也不利于民间文化的法律保护。我们认为，传承人是民间文化基本的权利主体，只有当传承人难以界定，代表人推选不出，民间文化的知识产权难以行使，保护难以落实时，才由民间文化集体管理组织或国家代行民间文化知识产权权利主体所行使的民事权利。民间文化集体管理组织或国家将使用民间文化所获得的收入，公平合理地分配到民间文化所在的地区文化事业主管机关，用于该地区民间文化的发展。

第二节　邻接性主体

邻接性主体是指那些虽然没有创作或传承民间文化，但从事了传播民间文化活动的人。毫无疑问，邻接性主体对民间文学艺术的保存与传播是功不可没的，在传播的过程中，他们也付出了创造性的劳动，因此，他们的合法权益不仅仅是在公法中予以规定，还应当得到私法的认可与保护。从民间文学艺术的传播与发展过程看，邻接性主体有六种：第一种是表演者，第二种是民间文化材料的提供者，第三种是出版者，第四种是音像制作者，第五种是广播电视组织，第六种是网络信息提供者。这些主体享有邻接权，法律通过设置邻接权来保护民间文学艺术传播者的权利。

一　表演者

我们这里所讲的表演者，不是民间文化传承人中的表演者，而是指传承人以外的表演者，包括舞蹈演员、歌手、器乐演奏者、演讲者、朗诵者，或者以其他方式直接表演民间文学艺术作品以及指挥这种表演的人。他们虽然没有创作民间文学艺术作品，但通过自己的劳动，运用自己的智慧，再现和传播了民间文化。他们享有表演者权，这种权利是我国著作权法已经明确规定了的。表演者既享有身份权和表演形象不受歪曲权，也享有财产权，财产权利的保护期是五十年，截止于该表演发生后第五十年的 12 月 31 日。当然，营利性表演民间文化作品，是要经过民间文化作品的权利人授权的，一般要向权利人或民间文化著作权集体管理组织缴纳必要的费用。

二　民间文化材料的提供者

民间文化犹如烂漫的山花，散落在民间，没有进博物馆，没有进图书馆，收集整理比较困难，一些民间文化爱好者，通过自己的双手和双脚，遍访田间地头、山间村落，记录、拍摄、临摹、录音、录像、拓印、复印，收集整理各种民间文化材料，他们付出了辛勤的劳动，为保存和传播民间文化做出了重要贡献，他们理应享有对这些民间文化资料的知识产权，这种劳动没有创造民间文化，我们认为是传播民间文化，因此应该享有邻接权。我国著作权法中只规定了绘画作品和摄影作品的著作权，没有规定其他民间文化材料提供者的权利，这需要在专门的民间文化保护法中加以规定。再说著作权法中关于绘画作品和摄影作品著作权的规定，在这里并不完全适用，这种专门针对民间文化的绘画作品和摄影作品的著作权，是应该受到民间文化知识产权权利人在先权利的制约的。收集时要获得同意或支付一定费用，提供时要指明来源，否则构成对民间文化的窃取。当然，我们在旅游过程中，遇到穿着鲜艳民族服装的少女强拉游客照相并收取费用的作法，也不十分赞同。

三　出版者

出版者出版关于民间文化的图书、期刊杂志，并没有创造民间文化，但对于民间文化的传播做出了巨大贡献。出版者的版式设计和装帧设计，是对作品的包装，包装效果的好坏，直接关系到图书和期刊杂志的发行销售，对文化的传播产生重要的影响，所以法律要规定出版者的邻接权，我国法律明确规定出版者对其出版的图书、期刊享有出版者权。《著作权法》第三十六条规定：“出版者有权许可或者禁止他人使用其出版的图书、期刊的版式设计。”“前款规定的权利的保护期为十年，截止于使用该版式设计的图书、期刊首次出版后第十年的12月31日”。出版者出版关于民间文化作品的图书、期刊，与民间文化作品的提供者之间构成合同关系，这种合同关系，不得损害民间文化知识产权人的权益。出版者必须获得许可，并支付必要的费用。

四　音像制作者

音像制作者将民间文化艺术性再现在人们面前，供公众欣赏，使人们获得精神享受，对于传播民间文化做出了积极的贡献。在制作过程中，他们虽然没有创造民间文化，但付出了自己的劳动，运用了自己的智慧，调动了一些现代科技因素，因此，对音像制作者的邻接权进行保护是必要的。我国著作权法，对此进行了专门的规定。权利的保护期为五十年，截止于该制品首次制作完成后第五十年的12月31日。当然，音像制作者在制作民间文化的音像制品时，必须获得许可，并支付相应的费用。

五　广播电视组织

广播电视组织是民间文化节目的制作和播放者，将民间文化节目制作后，通过电子信号将节目传送到千家万户，让人们轻松愉快地享受民间文化艺术，是民间文化的重要传播者，广播电视组织对自己制作的节目享有邻接权，我国著作权法做了明确规定。第四十五条规定：“广播电台、电视台有权禁止未经其许可的下列行为：（一）将其播放的广播、电视转播；（二）将其播放的广播、电视录制在音像载体上以及复制音像载体。”“前款规定的权利的保护期为五十年，截止于该广播、电视首次播放后第五十年的12月31日。”当然，广播电视组织制作并播放有关民间文化的节目，必须得到民间文化权利人的同意，并支付报酬。

六　网络信息提供者

当今时代，已经进入网络时代，网络作为媒体，在传播信息方面具有举足轻重的地位。网络信息提供者对民间文化的传播，也发挥了积极的作用。我国法律还没有针对网络信息提供者规定的邻接权，相信在今后修改著作权法时，会补充有关网络信息提供者的邻接权规定。当然，这种信息的提供，必须征得著作权人的同意，并支付必要的报酬。

第七章　民间文化知识产权的权利内容

知识产权权利的内容，是指根据法律的规定，权利人对其智力成果有权进行控制、利用、支配的具体行为方式，并在一定范围内禁止他人无偿使用或歪曲性使用智力成果的权利行使方式或效力范围。因为知识产权是无形财产，权利人凭借自己的力量难以控制，必须借助法律来维护自己的权利。并且，这种权利的范围、行使方式等也不是智力成果的创造者自己规定的，是由法律来确定的。我国目前对民间文化中民间文学艺术作品的著作权还没有具体规定，我们的讨论只是一种学理的分析。民间文化是一种有权利主体的文化，权利主体对民间文化是享有知识产权的，这种知识产权具有正当性、合理性，这种知识产权只有受到法律保护，才有利于民间文化的发展。民间文化的知识产权，属于民事权利，它是一种私权。这种权利的内容，主要包括精神权利和财产权利。

民间文化智力成果精神权利主要体现在民间文化作品的著作权中。一般来说，著作权中的人身权主要体现为四种权利，比如发表权、署名权、修改权和保护作品完整权，在民间文化领域，民间文化作品一般早就已经公开，不公开的只是民间文化中少量的技术秘密或诀窍，不是民间文学艺术作品，更不会成为民俗。技术秘密或诀窍是通过保密的方式来保护的，法律对它的保护主要是一种事后救济。而民间文学艺术作品是需要法律的全程保护的，因为它不仅已经公开，而且通常不知道具体的作者是谁。民间文化作品一般不署名，或只署一个民族名或社区名，只体现传承者群体的共同身份，当然这也是署名权行使的一种方式，不署名不等于没有权利人，不等于作品可以随便用。民间文化作品，一般采取口传心授的方式传承，这种方式融进了传授者自己的理解和创新，所以民间文化总是处于传承者的永不停息的修改之中，所以，修改权和保护作品完整权在民间文化领域也发生了一定的变化，有一些自然而然的让渡。鉴于此，在民间文化领域，作品的精神权利最需要保护的是两个方面：表明身份权和保护作品不受歪曲权。

民间文化智力成果财产权利则体现在知识产权的所有领域。比如，在著作权领域，有复制权、表演权、展览权、发行权、播放权、信息网络传播权、摄制权、改编权、翻译权、汇编权、注释权与整理权等。在工业产权领域一般采取登记式保护，由申请人申请，国家主管机关审批，授权，颁发相应证书，权利的内容都是法律明确规定了的，一旦获得了授权，就可按照现有法律规定来加以保护，无需再做讨论。民间文化传承中还有一些财产权利是属于技能性财产权利，现有知识产权法难以保护，需要通过反不正当竞争法来补充保护，在本书第十章将专门论述。关于民间文化符号的商品化权，也是民间文化的一种衍生性财产权利，现有知识产权法还不能加以保护，需要制定商品化权法律来加以延伸保护，本书第十一章将专门论述。所以，我们在本章关于财产权的阐述中只讨论著作权法中明确规定要保护但还没有法律专门保护的民间文学艺术作品的著作财产权。

第一节　精神性权利

著作权中的精神权利，在不同的法系有不同的称谓。在英美法系国家中称为 Moral Rights，中文译为“精神权利”，在部分大陆法系国家，例如在法国和德国，与之相对应的词语，中文都翻译为

“作者人格权”，日本著作权法沿袭德国和法国，称作“著作人格权”。我国台湾地区的“著作权法”同样也称“著作人格权”。《伯尔尼公约》的英文文本使用的是“Moral Rights”。在我国，有的学者把它直译为“精神权利”。“moral”确有精神上的或道义上的意思，所包含的是与作者身份有关的一些内容，这些内容都直接反映着作者与作品之间的不可割裂的“血缘”关系。这些关系不同于财产关系，唯有作者与作品之间才发生，是其他人无法替代的。这种关系理应受到尊重与保护，反映到法律上，就是作者的资格权内容，是作者所独有的不具有财产性质的实际利益。精神是指人的神志、思想、理念、主张、意志等主观的东西，这些主观的东西是可以表达出来的，表达出来的东西就是一种客观存在，就是对世人的一种宣示，这种权利范围内的宣示提醒世人不要随意违背他人权利范围内的意志和思想情感，否则就会产生矛盾和纠纷。所以需要法律为“精神”设置权利。我国民法理论和民事立法称之为著作人身权，这种称谓符合我国的立法传统，也便于被人理解。尽管用词不同，但其基本含义差别不大，都指作者基于作品依法享有的以人身利益为内容的权利。在国际著作权领域，明文规定保护作者精神权利的是1928年修订的《伯尔尼公约》罗马文本，该文本第6条之2规定：“与作者财产权利无关，甚至在该财产权利转让后，作者对于他人篡改、删除其作品或作其他更改，以致损害作者名誉声望的行为有权制止。”

民间文学艺术具有民族性的特点，是民族特性的反映，各民族通过各种宗教信仰、神话故事、语言文字、象征符号来表达其民族意识和民族情感，反映其价值观念和伦理规范。许多民族的民间文学艺术具有特别的含义，往往与其祖先的足迹、事件和地点相联系，且权利人非常重视其领地形象。如果陌生人没有征得许可便入侵或将民间文学艺术作商业性使用，则会破坏领地的完整与力量，按照习惯法，他将为其错误的行为赎罪，可能要承担民事赔偿、道歉的法律责任，也有可能受到刑事制裁。因此，同著作权法意义上的作品一样，民间文学艺术也是创作者民族特性的体现、人格的反映，创作者在其民间文学艺术中表达了一定的思想或情感，民间文学艺术专有权人对其民间文学艺术的人格利益理应受到法律的保护，创作者对其民间文学艺术应享有相应的精神权利。[①] 我们认为，民间文化作品中的精神权利主要表现为“表明身份权”和“保护作品不受歪曲权”，发表权已经行使了，只能行使一次。因为发表就是向不特定的人公开，就是不采取保密措施，在民间文化原生态生长的领地内传承、演示、宣讲等，不排斥外人来参观、旁听，这就是一种发表行为。当然，发表不等于传播，传播是向领地以外扩展的行为。有些民间文化权利人有自己的规矩，未经许可，不得向领地以外传播。我们认为，民间文化的发表权是一种已经行使了的精神性权利，而传播是一种财产性权利，依据权利人自己的意愿，决定是否向外传播，是否许可他人传播，传播的方式如何，传播的范围多宽，传播的次数多少，传播的频率多快等。此外，以口传心授为主要传承方式的民间文化，作品的传授（特别是口述作品的传授）在很多情况下是断断续续的，并且传授者总是试图在原有作品后面添加自己创作的内容，使作品按照听众所希望的方向发展、演变，使得作品故事情节更加曲折复杂，作品更具有艺术感染力，更能表达本社区内人们的思想情感和共同意愿，所以民间文化作品的修改是一种与生俱来的行为，是一种习惯，当然这种习惯是传承人自己养成的，使得许多民间文化成为开放式文化，包容性文化，可谓海纳百川，只要改得好，符合权利群体的意志，只要不歪曲其原有含义，不破坏其基本框架，不篡改其基本思想，不超越其基本原则，不违背传承者的共同意志，凡是能被传承人群体接受的修改，一般是进步的修改，也会成为该民间文化的组成部分。相对于修改本身而言，民间文化权利人所关心的主要是外人的修改

① 黄玉烨：《民间文学艺术的法律保护》，知识产权出版社，2008，第189～190页。

或使用是否歪曲了民间文化原有的含义，是否构成对民间文化的亵渎。所以本节主要从“表明身份权”和“保护作品不受歪曲权”这两个方面来阐述民间文化知识产权中的精神权利。

一　表明身份权

一般意义上，身份是指人的出身和社会地位，在中国，身份观念和制度作为上层建筑的组成部分，是中华民族传统文化精神的核心内容和重要的道德行为规范准则，它对中国人的作用是持续的，这种持续作用使其中的成员形成了人生的基本价值取向，同时在他们心理层面的深处也凝成一种情结，即使原有的身份制度已经解体，但这个深深的情结却长时间地持续在人们的意识形态中，不易消散。所以，中国人对身份特别敏感，在某些情况下可谓“谈身份色变”。身份制度的意识形态多少年来控制着中国社会的秩序，形成中国文化的重要结构部分，并作为中国人社会化的基本内容，一代一代地传递着、强化着，似乎已经成为天经地义。成为社会化基本内容的东西，成人后就会深刻在个体的潜意识之中，在支配该个体的行为时，多半是不自觉的。深藏在潜意识中的内容，在外在情景激活为行为取向时，会不自觉地出现对应的行为反应。这些潜意识内容越是在个体早期形成和强化，其连带个体情绪的程度就越强。个体顺应了潜意识的内容，个体就会表现出自然或愉快；如果外显行为与潜意识的内容不一致，则会出现不适或情绪不好的变化。

在民间文化领域，表明身份权，即以适当的方式表明某民间文化传承者身份，在民间文学艺术使用和传播的过程中表明该民间文化来源之主体的权利，意在表明署名人与民间文学艺术的渊源关系。表明身份权不仅在他人对民间文学艺术的使用中行使，还应当在传播者对民间文学艺术进行传播的活动中行使。在国际上，表明身份权是一项被各国著作权法广泛承认的精神权利，在《伯尔尼公约》中，作者身份权的保护是最低保护标准之一。1982 年《示范法》也明确规定了“来源的承认”，要求在所有的印刷出版物中以及有关的任何公开传播中，必须用恰当的方式标明其来源，即通过提及所使用的民间文学艺术表现形式的起源社区和（或）其地理位置的方式来标明。要求进行起源地的承认而没有进行承认的，应处以罚款。民间文学艺术使用、传播的时候，权利人有权决定是否需要表明该文化的来源，如果违背权利人的意愿或者在使用传播与民间文学艺术有关的产品时没有标明其来源，则构成侵权。当然，有时候判断民间文学艺术的具体来源比较困难，可以声明在将来知晓时再在适当范围内补充表明。因为不清楚的情况下不能作出准确的判断，如果张冠李戴，闹出大笑话，对民间文化权利人的伤害可能更加严重，这时，做一个实事求是的声明是科学的，也是可行的，应该得到民间文化权利人的认可。

此外，1982年《示范法》又规定了两种情形不要求承认民间文学艺术的来源，因为如果坚持要求承认将是不合理的。这两种情形分别是：（1）为创作原创作品而借用民间文学艺术；（2）对民间文学艺术的使用是伴随性的使用。对于这两种情形，我们可以根据中国的国情来作出具体的规定。关于第一种情形，创作原创作品又分为两种情况，一种是创作该民间文化领域内的新作品，没有超出该民间文化的范围，仍然是原有民间文化的组成部分，例如《乌苏里船歌》还是赫哲族民歌，就没有必要标明是借用或引用赫哲族民歌改编而成，这不是改编，是原创，是一首新的赫哲族民歌。难道还要用自己的身份来标明自己的身份吗？显然没有必要。当然，如果某位作者借用赫哲族民歌创作了一首流行歌曲，这时还是要标明借用的民间文化作品的来源的。关于第二种情形，具体情况比较多，要区别对待。一是户外的民间文化艺术作品，比如画像、石刻、雕塑等，他人在拍摄自己的肖像、反映现实生活中某些社会活动照片、在新闻报道或影视作品中伴随性拍摄，作为背景附带性使用，而不是专门介绍该民间文化的拍摄或摄制，则不需要标明其来源。如果是为了制作介绍某种民间文化的图册、介绍某种民间文化的影视作品，对室外的民间文化艺术作品进行了突出的特别拍摄，则需要标明其来源。二是公开进行的民间文化活动，如公开传授、演讲、表演、民俗仪式等，他人在新闻报道中客观地反映了活动的内容，如果不是专门针对某种民间文化活动的报道，则不需要标明来源，如果是专门反映某种民间文化活动的报道，还是要指明其来源的。三是虚构的作品中巧合性伴随使用了某种民间文化，与该民间文化没有任何关联性，则不需要标明该民间文化的来源，当然，如果担心因此而伤害了某种民间文化传承人的情感，则必须标明纯属虚构，如有雷同，则是巧合的字样。

二　保护作品不受歪曲权

一般说来，作品应当是思想或情感的表现，但不是思想或情感本身，著作权法只保护作品的表现形式，并不保护思想或情感本身。但在民间文化领域，思想或情感不仅仅是某个人自己的意愿，往往是一个社区、一个族群或一个民族的共同意志，是共同的人生观、价值观，是约定俗成的道德理念和习惯法，它借助民间文化形式表现出来，思想或情感是内核，表现形式是外壳，保护其思想情感不受歪曲，才是保护民间文化精神权利的实质。所以，我们不单单要保护民间文化作品形式上的修改权和保护作品完整权，更要通过对作品思想情感尊重实质性完整权的保护，来保护民间文化作品权利人的精神权利。《伯尔尼公约》及各国著作权法明确授予作者的精神权利，依公约第六条之二的规定，作者有权反对“任何有损作者荣誉或名声的”对其作品的歪曲、更改或贬低。

该项权利的设定在于赋予民间文化作品的权利人禁止他人将民间文学艺术作贬损性使用，歪曲或篡改其思想观点，将民间文化作品用于与传承人使用习惯不同的场合，使民间文化受到亵渎。在使用民间文学艺术作品时，应当尊重产生该民间文学艺术的民族或群体的宗教信仰、风俗习惯和精神权利，不得擅自对民间文学艺术进行违背民间文化传承人意志的修改，不得歪曲、篡改民间文化作品的思想内容，不得违背原生作品独特的表现形式或艺术风格，不得作不适当使用。在澳大利亚地毯一案中，被告将原告部族神圣的“形象”使用在地毯上任人践踏，就是一种贬损性使用，该行为给“形象”文化权利人的精神造成了极大的痛苦。在民间文学艺术表达特别权利保护体系的构建过程中，该项权利的授予得到了广泛的认可，对民间文学艺术法律保护问题的提出理由之一便是“由于没有得到有效的保护，民间文学艺术被不正当或贬损性使用。”①1982 年《示范法》的保护原则就是“防止在本法定义下的对民间文学艺术的不适当利用和其他损害性行为”的发生，并规定“直接或间接地公开使用民间文学艺术表现形式时，有意歪曲该形式，以至损害相关社区的文化利益的，将受……惩罚”。在 WIPO 和 UNESCO 保护传统知识的相关文件中，也首先是要求对“文化完整”的尊重。②

第二节 财产性权利

民间文化的财产性权利范围较广，既包括民间文学艺术作品中的财产性权利，又包括民间文化技能中的财产性权利，还包括民间文化的衍生财产性权利——民间文化符号的商品化权。为了阐述的方便，我们采取分别论述的作法，民间文化技能中的财产性权利我们主要在第十章论述，民间文化的衍生财产性权利主要在第十一章论述。在本节集中论述民间文学艺术作品中的财产性权利。

一 保护民间文化财产性权利的必要性

在民间文学艺术保护的研讨与立法实践中，对于是否保护民间

① “Model Provisions for National Laws on the Protection of Expressions of Folklore Against Illicit Exploitation and Other Prejudicial Actions with a Commentary”. UNESCO & WIPO. 1985.

② 黄玉烨：《论非物质文化遗产的私权保护》，《中国法学》2008 年第 5 期，第 136 ~ 145 页。

文学艺术的财产性权利存在较大的争议。反对授予民间文学艺术专有权人以经济权利的观点认为，在现代作品的创作中吸收民间文学艺术素材并不鲜见，但艺术家以民间文学艺术为创作素材并不是以营利为目的，他们对民间文学艺术的使用实质上起到了促进民间文学艺术传播与发展的作用，如果保护民间文学艺术的经济权利将使艺术家们在使用民间素材上望而却步，从而妨碍民间文学艺术的创作与民间文学艺术的发展。① 我们认为，持这种观点的人误解了著作权法中设立财产性权利的本意。著作权法并不排斥和禁止人们以非营利目的使用他人作品，相反，还鼓励人们在原创作品中适当引用他人作品，这时并不涉及他人的著作财产权，只需要注明来源，标明原有权利人的身份。如果引用的量较大，或者属于改编性质，而且用于发表或公开展览，产生了经济效益，则是要支付一定的使用费的，这种费用，只要规定得合理，不仅不会妨碍艺术家使用素材来开展创作，不会妨碍民间文化的发展，还会促进艺术家与民间文化传承人的交流与合作，实现艺术创作与民间文化传承的双赢和良性互动。

当然，我们也应该看到，许多反对保护民间文化财产性权利的人，提出了更深层次的理由，认为民间文化是公有领域的东西，不应该保护其知识产权，不应该授予其财产权利。我们认为，民间文化一般处于共有状态，共有并不等于公有，共有的主体是范围确定的、固定的，公有的主体范围不确定，更不固定。退一步讲，即使民间文化已经公有，在它的使用过程中仍然可能产生财产上的民事法律关系。当他人从处于公有领域的民间文学中提取文化素材而创作出新作品，获得了现代版权法的保护并由此而获得了相应收益的时候，当他人从传统知识中提取技术素材而做出发明，获得了现代专利法或其他法律的保护，并由此而获得了相应利益的时候，那么

---

① 黄玉烨：《民间文学艺术的法律保护》，知识产权出版社，2008，第 194 ~ 195 页。

随之而产生的问题就是，那些创作了民间文学和创造了传统知识的群体，他们的权利和利益应当如何体现？他们的智力劳动应当如何得到补偿？确实，按照现代知识产权理论，民间文学和传统知识自始就处于公有领域中，不受知识产权法律的保护。然而，如果我们稍加推敲，就会发现这种理论是不合理的。同样是智力劳动成果，利用民间文学或传统知识产生的东西可以得到保护，而原创性的民间文学或传统知识却得不到保护，这恰恰反映了现代知识产权制度的不公平，或者说现代知识产权制度遗漏了一个很重要的方面。合理的做法似乎是创作民间文学或创造传统知识的群体，应当享有利益分成的权利，应当由此而补偿自己的创造性智力劳动。这与基因资源提供者享有利益分享的权利，是一样的道理。事实上，即使是在西方的理论界，也有一些人提出，应当就公有领域中作品的使用支付报酬。例如，德国版权学家迪茨教授写过一篇文章《支付公有领域》。根据该文章，德国作家联盟和其他一些作家、艺术家和表演者组织提出了一个动议，推动德国政府或欧共体通过一项法律，由公有领域作品的使用者，诸如出版商、录音制品制作者、广播组织等，支付一定的金钱，通过社会公共基金的方式来支持社会的文化事业。[①] 总之，民间文化的财产性权利是必须受到法律保护的。关于民间文化知识产权保护的必要性和正当性，我们已经通过人权理论、劳动学说、激励理论、利益分享理论作了专门论述，在此不再重复。

二　民间文学艺术财产权利的内容

（一）国际上关于民间文学艺术财产权利内容的规定

国际上，在保护民间文学艺术财产权利的国家，规定民间文学艺术的财产权利内容不尽相同。在采用著作权保护模式的国家，有

① 李明德：《“多哈宣言”与 TRIPS 协议》，《知识产权研究》（第十三卷），方正出版社，2003，第 64～65 页。

的国家如巴巴多斯、布隆迪、喀麦隆、智利、加纳、印度尼西亚、肯尼亚、马达加斯加、卢旺达、斯里兰卡和扎伊尔等，将民间文学艺术视同为一般的文艺作品给予保护，有关作品的著作财产权内容当然适用于民间文学艺术。有的国家将民间文学艺术与一般的文学艺术作品予以区别，对民间文学艺术作了专门的规定，如突尼斯将民间文学艺术的经济权利适用于任何商业性使用的情形，其《文学艺术产权法》第 7 条规定："民间文学艺术构成国家遗产的一部分，任何为营利使用而抄录民间文学艺术，均应取得文化部授权，并向依本法所成立的版权保护代理机构的福利基金会支付报酬。"多哥 1991 年《版权、民间文学艺术及邻接权保护法》第 69 条规定："不论以何种形式为营利目的而公开表演或复制本民间文学艺术，均须取得多哥版权局授权并支付版税，版税额依有关类型作品原有额度比照执行。"此外，安哥拉、多哥、巴巴多斯、布隆迪、刚果、加纳等国还规定了"进口权"，即未经主管机构的批准，禁止向这些国家传播任何国家的民间文学艺术及其翻译、改编作品，以防止未经授权制作的作品歪曲、篡改本国的民间文学艺术进入到国内，对本国的民间文学艺术和经济利益构成冲击。如安哥拉《作者权法》第 15 条第 3 款规定："未经主管当局许可而在安哥拉国外制作的安哥拉民间文学艺术作品的复制品，以及安哥拉民间文学艺术作品文译本、改编本、安排或移植本的复制品，均禁止向安哥拉进口或在安哥拉出售。"巴拿马等国的著作权法还规定了对民间文学艺术的"改编权"，即改编民间文学艺术的表现形式应取得权利人的许可并按规定支付使用费。1982 年《示范法》对民间文学艺术专有权人的经济权利作了较为详尽的规定："除了示范法规定的例外情况，以营利为目的，并在其传统或习惯范围之外，对民间文学艺术进行的下列利用，须经过相关社区有权主管机关的授权：（1）对民间文学艺术的任何出版、复制及其复制品的任何发行；（2）对民间文学艺术进行任何公开的朗诵或者表演以及以有线或者无线方式或其他传播方式向公众传播民间文学艺术表现形式的。”①

（二）我国关于民间文学艺术应该保护的财产权利

（1）复制权，即以印刷、复印、录制、翻拍以及数字化等任何方式将民间文化作品制作一份或者多份的权利；

（2）发行权，即以出售、赠与或者其他转让所有权的方式向公众提供民间文化作品的原件或者复制件的权利；

（3）出租权，即有偿许可他人临时使用民间文化视听作品、计算机程序或者包含作品的录音制品的原件或者复制件的权利，计算机程序不是出租的主要标的的除外；

（4）展览权，即公开陈列民间文化美术作品、摄影作品的原件或者复制件的权利；

（5）表演权，即以各种方式公开表演民间文化作品，以及用各种手段公开播送作品的表演的权利；

（6）放映权，即通过放映机、幻灯机等技术设备公开再现民间文化美术、摄影、视听作品等的权利；

（7）播放权，即以无线或者有线方式向公众播放民间文化作品或者转播该作品的播放，以及通过技术设备向公众传播该作品的播放的权利；

（8）信息网络传播权，即在信息网络环境下，以无线或者有线方式向公众提供民间文化作品，包括直播、转播或者使公众可以在其个人选定的时间和地点获得作品的权利；

（9）摄制权，即将民间文化作品摄制成视听作品的权利；

（10）改编权，即将民间文化作品转换成除视听作品以外的不同体裁或者种类的新作品的权利；

（11）翻译权，即将民间文化作品从一种语言文字转换成另一种语言文字的权利；

---

① 黄玉烨：《民间文学艺术的法律保护》，知识产权出版社，2008，第201～202页。

（12）追续权，即民间文化美术作品、摄影作品的原件或者传承人的手稿首次转让后，作者或者其继承人、传承人群体对该原件或者手稿的每一次转售享有分享收益的权利，追续权不得转让或者放弃；

（13）应当由民间文化权利人享有的其他财产权利。

本章所述民间文化的精神性权利和财产性权利的保护期是不受限制的，只要该民间文化形式被传承着，该民间文化的权利就一直受到法律保护。

第八章　民间文化知识产权权利的限制

我们知道，民间文化是在历史的长河中延续和发展起来的，民间文化的任何成果都是在继承前人、借鉴他人的智慧基础上，从社会生活的万事万物中汲取灵感，在这种公共资源环境中，再加上自己的创造性劳动完成的。民间文化在一定程度上已经进入公有领域，社会公众是这种文化的享受者，政府和社会应该适当地为公众使用这种文化提供合理的空间和便捷的条件，这就需要立法为这种使用提供良好的法律环境。作为对受已有传统文化沐浴的酬谢，法律应该设定民间文化权利人将这种酬谢，转化为公众可行使的权利，回报给当今的社会公众。[①] 根据这一原则，法律应该规定民间文化权利人对其文化成果的控制与利用权不是绝对的和无限制的。知识共享与权利的独占是一对矛盾，为了协调民间文化权利人的利益和社会公众的利益，需要对民间文化知识产权作必要的限制。这种限制，主要针对知识产权中的财产权。因为民间文化的传承和创新有连续性，所以我们主要不是从时间上来限制民间文化权利人的权利，不是要把他们私有的财产从时间上加以限制，让渡到公有领域中来，而是要把他们的权利限制在一定范围内，形成一种利益分享机制，明确规定哪些权利由民间文化传承人行使，哪些权利可以

① 刘春田：《知识产权法》，中国人民大学出版社，2009，第127页。

由社会公众来行使。任何权利，都是有限制的权利。任何权利的行使都要受到国家利益、公共利益与公序良俗的限制，权利人不可以违背这些原则行使其权利。这是一个法律的普遍原则，作为民事权利的知识产权也不例外。

知识产权法律本身就是作为平衡知识产权人的专有垄断性利益与社会公众共有性利益而作出的制度设计，旨在激励知识创造和对知识产品需求的社会利益之间实现理想的平衡。在知识产权法的整个历史发展过程中，利益平衡始终是知识产权法发展的主旋律。[①]无论是从当前最为盛行的有关知识产权的理论——效益主义与劳动理论，还是从知识产权法的立法宗旨来看，这种平衡精神都有其存在的合理性。一方面，基于知识产品的公共产品特性而有必要赋予知识产权人对知识产品以独占性的专有权，以禁止或限制不劳而获的“搭便车”的行为，维系对知识创造活动的激励与促进。另一方面，知识产品的生产具有相当的社会性，知识产品的生产离不开对人类已有的“知识共有物”的借鉴和利用。基于此，考虑到知识产权法促进社会经济、科技和文化事业的发展与进步的社会目标，知识产权法授予的专有权不是一种绝对的权利，而是一种相对的权利。这种相对性表现在对知识产权本身的限制。通过权利的限制，平衡知识产权人和社会公众的利益关系，实现知识资源的分配正义。[②]

作为知识产权的权利主体，他的主要目的不是对知识本身的占有，而是想通过知识的传播实现自己的价值，其中包括经济利益。实现自身价值和利益，与实现他人、社会公众利益之间的关系不是绝对对立的关系，在知识产权领域通过合理的制度安排，是可以得到调和的，在某些情况下还是可以相互促进的。这种制度安排包括

① 冯晓青：《利益衡量论：知识产权法的理论基础》，《知识产权》2003 年第 6 期，第 16～19 页。

② 冯晓青：《知识产权法前沿问题研究》，中国人民大学出版社，2004，第 20 页。

对权利人权利的合理限制制度。

民间文化知识产权的限制作为一项法律制度，包括知识产权法普遍规定的对民间文化知识产权的“合理使用”、“法定许可使用”和“强制许可使用”制度。因为民间文化的知识产权主要是著作权，其次才是工业产权，而民间文化一旦享有工业产权，就不能适用著作权这种弱保护模式，就会适用已有的工业产权法律保护机制，适用工业产权法所规定的权利限制条款，它与著作权的限制大不相同，也无需在现有法律基础上另起炉灶，且现存的法律标准不得随意更改，所以我们在本章主要结合民间文化的著作权来研讨民间文化的限制问题，特别是在合理使用制度和法定许可制度中，较多地以民间文化作品的合理使用和法定许可来说明问题，以便制定民间文化著作权权利限制的相关法律规范，为填补立法空白奠定理论基础。当然，在涉及强制许可制度时，我们不可避免地要对民间文化知识产权中的工业产权法强制许可做一针对性的阐述。

第一节　合理使用制度

一　合理使用制度的概念

合理使用制度，是指权利人以外的人在某些情况下使用已经公开的民间文化成果，即行使原本属于权利人有权行使的权利，不必征得知识产权人的同意，也不向其支付报酬，但不得侵犯权利人其他权利的法律制度。我们设立知识产权制度，目的是为了保护知识产权人的权利，在一定范围内让权利人垄断性行使其权利，所以权利本来是属于知识产权原有主体的，在大多数情况下，其他人不得随意行使只属于权利人的权利。但是考虑到公众在某些情况下也有一些合理的需求，要在一定范围和一定程度上使用民间文化成果，这种使用又不会伤害到权利人的人身权利，对其财产利益损害不大，甚至在某些个别情况下，权利人的权利又不便于保护，而这时如果让公众合理使用民间文化成果，不会产生负面作用，甚至完全有可能产生一些正面效果，会带来双赢的局面，会扩大民间文化的影响力，增强其文化势能，增强抗侵蚀能力，那还不如让公众心情愉快地享受这些成果。

当然，这种合理使用是有严格的条件的，那么，应该符合哪些条件才算是合理使用呢？我们认为，主要有两个方面的条件或原则：一是这种使用属于非营利、非商业性使用，是为了个人学习或欣赏、公共利益、宗教或慈善事业、教学科研，不侵害民间文化的原有文化市场或潜在的文化市场。二是使用民间文化成果时，必须尊重民间文化传承人的身份，必须标明民间文化的来源，必须指明民间文化成果的名称，被使用的部分不得在自己的新成果中占到较多的比重（我们认为三分之一以下是合理的），不得歪曲或篡改民间文化的原意。

二　合理使用的情形和具体方式

（1）为个人学习、研究或者欣赏，使用已经公开的民间文化产品。在这种情形下，个人使用民间文化产品的空间为私有空间，不得向第三人传播，不得出租出借，不得大量复制，造成影响民间文化产品权利人市场的潜在隐患。更不得借助网络私自传播。

（2）为介绍、评论某一民间文化作品或者说明某一民间文化作品的价值与功能，在作品中适当引用已经公开的民间文化作品。引用是使用作品的一种方式，引用的目的是为了说明自己的观点，是为了阐述自己的思想，是为了表达自己的情感，引用不是为了直接获利，所以引用的量要适度，比例要适当，要注明出处。

（3）为报道时事新闻，在报纸、期刊、广播电台、电视台等媒体中不可避免地再现或者引用已经公开的民间文化作品。已经公开的民间文化作品的存在是一个客观事实，对它进行实事求是的报道，并不会破坏它的私有状况，并不会影响到其私密性，所以这种引用是合理的。既然是引用，就要注明来源，就要以客观公正报道为目的，不能误导公众。

（4）传承人群体内部按照习俗或习惯法使用民间文化作品。传承人群体内部为了自己的节庆礼仪、婚丧嫁娶的使用属于正当使用，这种正当使用是约定俗成的，哪怕是采用了现代科学技术，仍然被该群体视为自己的民间文化，是该群体生活的组成部分，还是属于合理使用的范围。如果不是在明示或默示约定的范围内使用，仅仅是其中某个个体为了自己而非族群的商业目的，破坏了约定俗成的规矩，就不是合理使用。

（5）为原创性完成某一文化作品，受到民间文化作品的启发，借鉴其中相关知识但非过度引用，在引用中指明了民间文化作品的来源，或在原创作品中提出受到某种民间文化作品的启发，表明借鉴性使用的方式方法。没有与原民间文化发生混淆。

（6）为学校课堂教学或者科学研究，使用已经公开的民间文化作品，供教学或者科研人员作为参考资料使用。但不得直接牟利，不得大量复制。

（7）国家机关为执行公务在合理范围内使用已经公开的民间文化作品。这种公务活动必须是为社会公众服务，而不是假公济私，谋取私利。

（8）图书馆、档案馆、纪念馆、博物馆、美术馆等为陈列或者保存版本的需要，复制本馆收藏的民间文化作品三件以内供在本馆空间范围内使用。

（9）免费表演已经公开的民间文化作品，该表演未向公众收取费用，也未向表演者支付报酬。这种表演以不损害民间文化传承人的演出市场为界。

（10）对设置或者陈列在室外公共场所的民间文化艺术作品进行临摹、绘画、摄影、录像。但不得将照片或录像资料用于商业目的。

（11）将已经公开的中国公民以汉语言文字表达的民间文化作品翻译成少数民族语言文字作品在国内出版发行。这是由我国的民族政策决定的，支持少数民族文化事业的发展，是每个中国公民的义务，特别是汉文化占主体的情况下，要允许将汉语言文化作品翻译成少数民族语言文化作品，丰富少数民族的文化生活。

（12）将已经公开的民间文化作品改成盲文出版。我国加入了《伯尔尼公约》等世界公约，有义务履行承诺，扶持盲人的生存和发展，丰富盲人的文化生活，为盲人奉献爱心。民间文化的传承人在传承传统文化的过程中，可以为盲人做出更多的贡献。

第二节　法定许可制度

一　法定许可制度的概念

民间文化知识产权法定许可，是指第三人在一定范围内以特定的方式使用已经公开的民间文化作品，可以不经民间文化知识产权人的许可，但应向知识产权人支付使用费，并尊重民间文化知识产权人的其他各项人身权和财产权的制度。这种制度是以立法的方式在法律中加以规定的，由法律来规定适用范围和使用的具体情形的。民间文化成果的法定许可，主要体现在著作权领域。法定许可的成因出于两个方面，一方面是这种许可条件下的使用，不会侵害民间文化权利人的利益，并且还可能实现民间文化权利人的利益，有利于民间文化的传播和发展；另一方面是这种许可在客观上要征求民间文化权利人的意见还不太方便，如果使用了民间文化成果也不违背民间文化权利人的意志，民间文化权利人还可能默示许可，那么设定法定许可制度，有利于提高民间文化使用和传播的效率，有利于实现使用者和权利人之间的双赢。那么这种法定许可制度实现了民间文化知识产权保护制度公平与效率的双重价值取向，是有利于文化事业的繁荣和发展的。

二 法定许可的情形和具体方式

各国适用法定许可的作品范围有所区别，但一般限于已发表的作品，并且对著作权人特别声明不许使用的，也排除在法定许可的范围之外。在我国，民间文化表现形式的法定许可，在以下范围和情形下是必要和可行的：

（1）为实施九年制义务教育和国家教育规划而编写出版教科书，除作者事先声明不许使用的外，可以不经著作权人许可，在教科书中汇编已经公开的民间文化作品片段或者短小的文字作品、音乐作品或者单幅的美术作品，但应当按照规定支付报酬，指明权利人名称、作品名称，并且不得侵犯著作权人依照本法享有的其他权利。

（2）民间文化传承人以外的任何人，为了促进文化事业的发展，传播科学的、大众的文化，以繁荣、弘扬民间文化为目的，将民间文化作品改编、翻译、注释、整理，构成一种新的作品形式，获得利益的，如果注明了民间文化作品的来源，或表明了是根据某种民间文化作品改编、翻译、注释、整理，可以不经传承人同意，但要支付一定费用，反哺民间文化的传承事业。

（3）民间文化作品经传播后，除著作权人声明不得转载、摘编的外，其他媒体可以转载或者作为文摘、资料刊登，但应当按照规定向著作权人支付报酬。

（4）录音制作者使用他人已经合法录制为录音制品的民间文化音乐作品制作录音制品，可以不经著作权人许可，但应当按照规定支付报酬；著作权人声明不许使用的不得使用。

（5）广播电台、电视台播放已经公开的民间文化作品，可以不经民间文化权利人许可，但应当支付报酬。广播电台、电视台播放已经公开的民间文化录音制品，可以不经著作权人许可，但应当支付报酬。当事人另有约定的除外。

具有民间文化性质的专利成果虽然数量较少，但在授予专利权后，不能采取高于普通专利权的特殊保护措施，要与其他专利一样同等对待，适用相同的法律规定。所以，对于依靠民间文化而形成的专利技术，我们仍然可以采用专利法中已经规定的“先行实施”、“临时过境”、“非营利实施”、“为行政审批而实施”等限制措施，作为该专利技术的法定许可制度。

第三节　强制许可制度

民间文化成果的强制许可，分为作品的强制许可和专利技术的强制许可。

一　作品的强制许可

作品的强制许可使用，是指在一定条件下，作品的使用者基于某种正当理由需要使用他人已发表的作品时，经申请由著作权行政管理部门授权，即可使用该作品，无需征得著作权人同意，但应向其支付报酬的制度。设立这项制度的目的在于防止著作权人滥用其专有权利，而拒绝他人基于正当理由使用其作品的现象发生。已经公开的民间文化作品，在权利主体明确后，权利主体不能仅仅为了自己的经济利益的多少而不许他人对民间文化作品的正当使用，只要他人与权利人进行了充分的协商，并且给出了合理的价位，不损害民间文化权利人的其他利益，仍然得不到许可的，使用人可以请求版权管理机关出面协调，协调不成的，可以请求强制许可，相关费用可以在当事人之间通过仲裁或司法途径解决。

二　专利技术的强制许可

专利技术的强制许可，是指在特定条件下，未经专利权人同意，他人在履行完法定手续后，取得专利的实施许可，并且向专利权人缴纳专利实施许可费用的制度。民间文化专利技术的强制许可，仍然属于专利实施许可的一种类型。但这种许可，必须得到国家相关专利主管机关的授权，必须得到我国专利主管部门的审核、批准。国家可以在主权范围内实现对专利许可实施的强制性干预。

为此，我国专利法规定了专利强制许可的条件和具体情形。

（1）为了限制垄断行为，促进技术造福公众。我国专利法第四十八条规定：“有下列情形之一的，国务院专利行政部门根据具备实施条件的单位或者个人的申请，可以给予实施发明专利或者实用新型专利的强制许可：（一）专利权人自专利权被授予之日起满三年，且自提出专利申请之日起满四年，无正当理由未实施或者未充分实施其专利的；（二）专利权人行使专利权的行为被依法认定为垄断行为，为消除或者减少该行为对竞争产生的不利影响的。”第五十二条规定：“强制许可涉及的发明创造为半导体技术的，其实施限于公共利益的目的和本法第四十八条第（二）项规定的情形。”

（2）为了重大公共利益或应对紧急情况。我国专利法第四十九条规定：“在国家出现紧急状态或者非常情况时，或者为了公共利益的目的，国务院专利行政部门可以给予实施发明专利或者实用新型专利的强制许可。”

（3）为了履行公共健康方面的国际义务。我国专利法第五十条规定：“为了公共健康目的，对取得专利权的药品，国务院专利行政部门可以给予制造并将其出口到符合中华人民共和国参加的有关国际条约规定的国家或者地区的强制许可。”如果不是出于履行国际义务的目的，强制许可生产的产品，一般是用于国内市场，不得以政府的强制性手段，帮助企业开展不正当、不公平的国际竞争。做这种规定，也是为了履行世界贸易组织的规则。

（4）为了促进技术进步，推动交叉实施。我国专利法第五十一条规定：“一项取得专利权的发明或者实用新型比前已经取得专利权的发明或者实用新型具有显著经济意义的重大技术进步，其实施又有赖于前一发明或者实用新型的实施的，国务院专利行政部门根据后一专利权人的申请，可以给予实施前一发明或者实用新型的强制许可。”“在依照前款规定给予实施强制许可的情形下，国务院专利行政部门根据前一专利权人的申请，也可以给予实施后一发明或者实用新型的强制许可。”

（5）平等主体之间为了获取经济利益而请求的强制许可，必须有充分的理由和证据，并且给付的许可费用必须公平合理。我国专利法第五十四条规定：“依照本法第四十八条第（一）项、第五十一条规定申请强制许可的单位或者个人应当提供证据，证明其以合理的条件请求专利权人许可其实施专利，但未能在合理的时间内获得许可。”我国专利法第五十七条规定：“取得实施强制许可的单位或者个人应当付给专利权人合理的使用费，或者依照中华人民共和国参加的有关国际条约的规定处理使用费问题。付给使用费的，其数额由双方协商；双方不能达成协议的，由国务院专利行政部门裁决。”对于费用的裁决不服的，法律还规定可以提起行政诉讼。

第九章　民间文化传播中的著作权集体管理

民间文化是一种活态文化，它的传播也是无止境的，人们在社会生活中以各种不同的方式传播着民间文化。其中，有些传播是非营利的，有些传播则是营利性的。这些营利性的传播活动，在现有条件下一般都没有征得民间文化传承人的同意，没有支付民间文化知识产权权利人合理的费用，民间文化的守护者没有获得相应的回报。这主要是因为法律的缺陷所造成的。我国目前还没有出台“民间文学艺术著作权保护条例”，民间文学艺术的著作权保护缺乏可操作性。同时，由于民间文化知识产权主体的复杂性，也不便于作品的使用者事先直接向民间文化的传承人获得许可，支付相关费用；如果要民间文化知识产权权利人向民间文化的传播者去索取使用费，也是一件很困难的事，就他们所生活的环境而言，由于信息的不对称，他们甚至很难知道谁在使用他们拥有知识产权的民间文化，即使知晓，也很难全面掌握、控制和支配使用者的行为。所以，有必要建立一种民间组织，在获得国家政府主管部门的批准后，与民间文化知识产权主体签订协议，由该组织代替民间文化知识产权主体，向民间文化的使用者收取费用，然后，在民间文化知识产权主体之间合理分配，把收上来的费用反哺于民间文化事业。主体不明时，可以由该民间文化传承者聚居的地方政府，如县政府或乡政府来签订集体管理协议，收取的费用合理分配到县或乡政府，用于民间文化事业。

由于专利权、商标权和地理标志权等工业产权的主体是明确的，具有鲜明的确定性，他们已经是现代社会的一员，具有较强的获取信息的能力，并且有些主体已经是一个有一定经济实力的组织，他们会有意识地利用自己的知识产权来获取经济利益，所以一般不需要中介机构来代替他们行使权利。著作权的情况比较复杂，相对变化多端的经济社会而言，著作权主体一般是经济活动中的弱者，他们难以对抗那些实力强大的经济实体，他们依靠自身的力量不足以向这些强大的经济实体收取著作权使用费，而这些经济实体是利用民间文化获利的最大赢家，这些实体最应该缴纳费用，特别是民间文化的权利主体比较模糊时，更无人向这些实体收取费用，民间文化传承事业根本无法从这些营利性使用者那里获得回报，所以必须借助民间文化著作权集体管理组织来收取费用。

第一节　著作权集体管理组织概述

一　著作权集体管理组织的概念

著作权（含邻接权）的管理，是指通过依照法律规定或者依授权，实现对著作权和邻接权的行使提供协调、组织、利益分配等服务活动的过程。从这个角度出发，突出的是“管理”对权利人利益的协调以及为权利人服务的功能。

著作权（含邻接权）集体管理是指著作权人通过一种组织系统，对某些受著作权保护的作品的使用予以许可，收取相应的报酬，并向著作权人进行分配的制度。在这种制度下建立的著作权集体管理组织，是由国家行政主管机关依法授权组建的，是一个民间机构。

我国《著作权法》在 2001 年增加了有关著作权集体管理组织的规定。该法第八条规定：“著作权人和与著作权有关的权利人可以授权著作权集体管理组织行使著作权或者与著作权有关的权利。著作权集体管理组织被授权后，可以以自己的名义为著作权人和与著作权有关的权利人主张权利，并可以作为当事人进行涉及著作权或者与著作权有关的权利的诉讼、仲裁活动”。“著作权集体管理组织是非营利性组织，其设立方式、权利义务、著作权许可使用费的收取和分配，以及对其监督和管理等由国务院另行规定”。2004年12月22日，国务院通过了《著作权集体管理条例》，共7章48条，规定了著作权集体管理组织设立的方式，管理的内容，行使权力的范围。

从上可知，著作权法意义上的集体管理组织系指根据著作权人或者邻接权人的授权，对授权人的作品的使用和保护提供法律帮助的非营利性的团体，是专门为著作权人服务的民间组织。我们将“著作权和邻接权集体管理组织”简称为“著作权集体管理组织”。

二 著作权集体管理组织的起源、制度价值与法律特征

（一）著作权集体管理组织的起源

著作权集体管理组织起源于欧洲大陆的法国，准确地讲是起源于戏剧作品权利的集体管理活动。1777年，在法国，为了对付不能公平处理作者利益的法国演员协会，法国著名的戏剧家、《费加罗的婚礼》的作者博马歇（又译为博马舍）发起创设了戏剧立法局，其活动目的之一就是专门与拒绝支付演出费的剧院老板进行交涉。该戏剧立法局后来成为法国作者协会（即戏剧作者和作曲者协会）。

1847年，两位作曲家、一位作家与一家咖啡馆老板之间发生的诉讼，则导致了世界上第一个音乐演奏集体管理组织的诞生，即音乐作者作曲者出版者协会（SACEM）。法国著名作曲家比才（歌剧《卡门》的作者）于1847年在巴黎爱丽舍田园大街的一家音乐咖啡厅里喝咖啡时，发现该咖啡厅正在免费演奏他的作品，于是拒绝支付咖啡费，并到法院起诉咖啡厅，要求咖啡厅赔偿使用费。

法院最终判决比才胜诉，咖啡厅支付比才音乐使用费。随后，在比才和其他一些音乐家的倡导下，成立了世界上第一个管理音乐作品著作权的组织，这就是现在的法国音乐作者作曲者出版者协会（SACEM）。此后，德国、意大利、奥地利、英国以及北欧、东欧各国纷纷成立了类似的组织。1926 年，18 个国家的音乐作品著作权集体管理机构联合组成了国际作者作曲者协会联合会（CISAC）。到 2004 年，CISAC 的会员协会包括 109 个国家的 208 家集体管理组织，代理超过 200 万名各类音乐作者，成为真正世界性音乐著作权人的组织。同时，其他作品的著作权集体管理组织也相继设立，如德国文字与科学作品集体管理协会、法国多媒体作者协会等。其管理作品的范围从最初的文学、音乐等领域逐步扩大到美术、摄影、电影、多媒体等领域，管理的权利也从传统的表演权、复制权扩大到了广播权、出租权以及信息网络传播权等。

在现代化传播手段日益多样化的时代，戏剧作品的作者已经不再仅仅面临的是书籍和舞台，他要对付的是广播组织、影片制作者、录音录像制作者、电缆传播者、卫星经营者、网络提供者等强大的对手。建立集体管理组织，同时获得国家对集体管理组织的支持，对保护作者权益是十分重要的。

此外，强调集体管理组织的民间化性质也同样十分重要。因为，在一个自由社会里，作者机构应当尽量维持其独立性。作者机构对使用者和它的成员的越轨行为可以由法院进行纠正。因此，国家干预是下策。这种干预应当尽可能是过渡性的，更何况国家机构也在使用者之列。著作权集体管理组织应当通过自己所具备的法律、技术和经济手段来管理自己的事务。

（二）著作权集体管理组织的制度价值

由于作品被频繁和广泛地使用，作者独立行使著作权或邻接权已经变得不现实或者得不偿失，便捷、低成本、高密度的集体管理就具有了人们所关注的制度价值。

集体管理机构通过法律的直接规定和合同的约定获得许可，而后通过集中授权向作品使用者提供许可服务。集体管理组织通过各种渠道说服作者向其转让出版权、表演权、广播权、出租权、信息网络传播权等作品使用权。国家通过立法保护集体管理组织的必要垄断地位，但是垄断不会给集体管理组织带来任何著作权。只有集体管理才能避免实行非自愿许可，使得作者得以从经济上和艺术上保持其对作品使用的控制，与那些集中了大量作品用于获取经济利益却无视作者存在的经济实体进行对抗。

以法律形式肯定人的著作权是保护作者权利的先决条件，以集体管理组织的方式则是保护作者权利的必要补充。

（三）著作权集体管理组织的法律特征

（1）著作权集体管理组织是一种非营利性团体；

（2）著作权集体管理组织依著作权人或者邻接权人的授权从事活动；

（3）著作权集体管理组织是以自己的名义进行活动。

三 集体管理组织的样态

（一）单一型集体管理组织和分立型集体管理组织

（1）单一型集体管理组织，系指对全部创作活动领域中的著作权和邻接权进行协调、保护、管理的、统一的、单一性集体管理组织。

（2）分立型集体管理组织，系指按照作品表现形式的不同而分别设立的、对著作权和邻接权进行协调、保护和管理的集体管理组织。

（二）完全型集体管理组织和部分型集体管理组织

（1）完全型集体管理组织，系指享有权利人授予的对著作权或邻接权进行全面管理活动专有权利的集体管理组织。

（2）部分型集体管理组织，系指根据权利人的直接授权，仅在某项或者若干项活动范围内享有的专有权的集体管理组织。

四 著作权集体管理的法律关系

（一）著作权集体管理法律关系的主体

著作权集体管理法律关系的主体由委托人、受托人和第三人三方面构成。他们之间又可以分为内部关系和外部关系。

1. 内部关系

所谓内部关系是指委托人与受托人之间的关系。委托人是将自己的著作权财产权利部分甚至全部授予给他人的人，包括作者等著作权人和邻接权人。受托人则是指接受委托人的委托，在授权范围内为委托人利益与第三人进行活动的人，即集体管理组织。这种法律关系的形成，以当事人之间的合意为基础。

2. 外部关系

所谓外部关系是指受托人与第三人之间的关系。得到委托人授权的集体管理组织，在授权范围内与第三人就利用著作权、邻接权的相关事宜进行活动。受托人的活动，必须限定在委托人的授权或者法律规定的范围内，且必须以维护权利人的利益为目的。

（二）著作权集体管理法律关系的性质

在法学理论中，关于著作权集体管理法律关系的性质，尤其是对集体管理组织与委托人之间的法律关系系何种性质的问题，颇有争议。在学说上主要有“代理说”和“信托说”两种不同的学说。

“代理说”主张集体管理组织是作为委托人（作者和其他权利人）的代理人进行活动，故其活动的基础是委托代理，著作权集体管理组织与委托人之间的法律关系是代理关系。

“信托说”则主张作者等委托人将其权利委托给集体管理组织，而集体管理组织根据作者的要求，在信托合同的约定范围内为作者的利益进行活动，其活动的基础是信托。故著作权集体管理组织与委托人之间的法律关系是信托关系。我们倾向于“信托说”。

五　我国的著作权集体管理组织

我国在著作权集体管理组织设立上，采取了分立型的思路。在已经成立的中国美术家协会、中国作家协会、中国音乐家协会等专业组织的基础上，20 世纪 90 年代和 21 世纪初，又分别成立了专司著作权保护事宜的组织：中国音乐著作权协会、中国文字作品著作权协会、中国音像著作权集体管理协会、中国摄影著作权协会、中国电影著作权协会。我国还没有成立民间文学艺术著作权协会，有必要由中国民间文艺家协会发起，成立中国民间文学艺术著作权协会。

第二节　著作权集体管理的方式

一　集体管理组织活动的基本原则

（一）集体管理的非强制性原则

尽管集体管理制度的存在有其必要性，但是，集体管理的活动必须首先以作者等权利人的自愿许可为前提。

（二）公权力介入原则

公权力介入的最典型的体现就是政府监督。在著作权集体管理方面，公权力的介入应当涉及管理组织的资格认定、保障需要帮助的权利人可以利用集体管理组织的制度、保障集体管理的各项原则得以实现、保护集体管理组织在法律和协议许可范围内的垄断性，但是同时必须要预防和制止集体管理组织滥用其所获得的垄断性权利。

（三）公平、公示分配报酬原则

报酬的分配应当按照一定的公平比例进行。如果集体管理组织的全体成员通过合意的方式对报酬分配进行约定，无论是不是格式约定，在授权人与集体管理组织之间应当产生约束力。如果当事人之间没有就报酬分配达成合意，则应当遵循法律的有关规定。

二　著作权集体管理组织的权利和义务

（一）主要权利

1. 许可权

作为作者等权利人的代理人，著作权集体管理组织可以在被授权的范围内许可他人使用其管理的作品。这实际上也是在履行其推广所管理的作品的义务。

2. 监督权

对被许可使用者使用作品的情况，著作权集体管理组织有权进行检查，发现问题的，有权根据合同的约定或者法律的规定追究使用者的法律责任。

3. 使用费（也称“报酬”）收取权

著作权集体管理组织有权向作品的营利性使用者收取使用费。这是著作权集体管理组织进行著作权和邻接权管理活动的重要内容之一。

4. 公力救济请求权

著作权集体管理组织不仅可以以自己的名义为委托人的利益主张权利，并可以作为当事人进行涉及著作权或者与邻接权的诉讼、仲裁活动。

（二）主要义务

1. 在授权范围内进行活动的义务；

2. 及时汇报的义务；

3. 向权利人转交使用费或者按照约定或法定标准分配使用费的义务；

4. 不得擅自使用作品使用费的义务。除补偿管理所需要的实际经费开销外，集体管理组织不得将收取的使用费用于其他目的，必须将使用费分配给作品权利人。

三　我国未来的民间文化著作权集体管理组织的管理运作方式

只要制定中的《民间文学艺术著作权保护条例》出台，我国就可以依法设立“中国民间文学艺术著作权协会”，该协会可由文化部和国家版权局联合下文批准设立，受文化部和国家版权局的监督，在中国民间文艺家协会的指导下开展工作。该机构是一个民间组织，通过与民间文学艺术的权利人签订委托合同，专门为民间文学艺术的著作权人服务。该组织的活动范围包括以下四个方面：（1）与民间文学艺术作品的使用者订立著作权与邻接权许可使用合同；（2）向使用者收取使用费；（3）向权利人转付使用费；（4）进行涉及著作权或者邻接权的诉讼、仲裁等。

第十章　民间文化的反不正当竞争法保护机制

优秀的民族传统文化历来是一个国家、一个民族发展的根基和力量的源泉，也是发展先进文化的重要基石。但人们在质疑保护传统知识及传统文化表达必要性的时候，常会援引自然界的优胜劣汰法则：文化或传统也是随着人类生产生活生长或消亡的，应顺其自然而不是动用公共资源去保护。这种观点显然是片面的，因为人类是高级动物，人类不会消极地顺其自然地去做一切事情，而是千方百计动用一切可以动用的手段去达到目的，如果没有游戏规则，人们就会采取不正当的竞争手段去占领他人的文化市场，用自己的价值观去左右他人的头脑，从而实现自己对他人的精神统治——实现自己对他人的统治是人类的本能，这一点并没有超出动物界，再高级的动物毕竟还是动物。这就不可能实现公平正义，也不可能实现民主和保障人权。所以，我们必须在主权范围内采取措施，防止强势文化对弱势文化的任意践踏，防止文化市场被他人任意侵占。

虽然全球文化受经济一体化的影响呈现融合的势头，但其发展的目标应是多元化而非一元化，一元化的结局必然是思想认识的单一，其恶果将表现为僵化和无创新。好在人类也能自觉和自省，在和自然界相处的过程中，人们已经清楚地认识到保护生物多样性的必要性，已经意识到狮子、老虎和大象既优又强，但随着人类的活动，它们的种群正在减少，人类的滥砍滥伐能保证自然界的优胜劣汰吗？其实，保护传统文化的必要性观点与保护珍稀物种的必要性是十分相近的，而早在《生物多样性公约》组织成立之前，人类对保护濒危物种已达成了共识：我们显然不会让大熊猫自生自灭。《生物多样性公约》组织的成立更充分说明了生物多样性的内在价值不容忽视。同样，在文化领域，只有那些拥有自己特殊“基因”的本土文化才具有无可取代的价值，在世界文化发展中占一席之地。换句话说，越是民族的，就越是世界的；人们愿意接触有独特风格和文化底蕴的产品。

可是，随着市场经济的发展，在民间文化领域内的竞争也日趋激烈，不正当竞争的现象时有发生，对我国的民族民间传统文化的发展和保护造成了严重的侵害。随着知识经济日新月异的发展，对民间传统文化领域的某些行为进行反不正当竞争的法律规制似乎已经到了迫在眉睫的地步，这也成为目前知识产权界和经济法学界共同感兴趣的研究课题之一。但是在民间传统文化的保护方面，反不正当竞争立法仍有一些空白和遗漏。我国现行的《中华人民共和国反不正当竞争法》（以下简称《反不正当竞争法》）自 1993 年实施至今没有对其进行过任何的修改，这相对于日新月异的社会经济文化生活来说，其滞后性已经十分的明显。正是基于此种在理论界、司法界有所忽视民间传统文化保护领域反不正当竞争问题的背景下，在我国加强对民间文化保护领域的反不正当竞争问题的研究，无论在理论上还是实践上都具有重要的意义。在理论上，对民间传统文化领域的反不正当竞争问题进行深入系统的研究，有利于反不正当竞争理论研究的深化和精细化，从而丰富和完善反不正当竞争法理论乃至于经济法理论，同时也从另一个方面丰富了我国对于民间传统文化保护理论。在立法实践上，对民间传统文化领域的反不正当竞争问题进行深入系统的研究，可以为我国反不正当竞争立法的完善提供理论依据和具体的参考意见。虽然在 2007 年 4 月国家知识产权工作组公布的“中国保护知识产权行动计划”中已明确将《反不正当竞争法》纳入当年立法计划之中，但反不正当竞争法修正案迟迟难以出台，恐怕主要原因是大家对新的反不正当竞争法寄予了太多的期望，其次是反不正当竞争法本身涵盖的内容较多，涉及经济生活、社会生活和文化生活的方方面面，特别是我国已经进入软实力与硬实力都快速增长的时期，文化作为软实力在经济社会生活中的交融越来越突出，文化产品的交易已经是经济生活的重要组成部分，反不正当竞争法必须把文化传播领域的不正当竞争行为纳入规制对象，因此延期出台是可以理解的。既然还没有出台，还有探讨的可能性，那么笔者将从反不正当竞争法对我国民族民间传统文化保护的角度，提出对反不正当竞争法修改完善的构想。

第一节　反不正当竞争法律机制保护民间文化的作用和基本原则

一　反不正当竞争法律机制保护民间文化的作用和必要性分析

传统的知识产权法保护方式对于民间文化虽然在一定程度上能够起到保护作用，但狭义的传统知识产权法保护模式是不足以全面保护处于市场经济中的民间文化的，我们认为，反不正当竞争法在民间文化传播中对民间文化具有重要的保护作用，对传统知识产权法的不足，是一个重要补充，是广义知识产权法的重要组成部分，将反不正当竞争法融入对民间文化保护的制度体系之中是很有必要的，是传统知识产权法律机制所不能替代的。

1. 从民间传统文化保护的现状来看

目前，由于知识产权保护的缺失使得民间文化保护方面存在很多漏洞。例如许多文化企业、旅游企业随意使用民族民间传统文化资源，作者和表演者也可以尽情地利用传统文化的成果，[1] 而传统文化的保有群体或传承人不仅得不到财产权利上的保障，并且会因这种随意使用的行为而使民间传统文化陷入被歪曲、滥用甚至流失的危险。反不正当竞争法可以在这种情况下，以其弹性保护及“宽保护”的特点发挥重要作用。

2. 从反不正当竞争法的自身特征及保护特点来看

通常，反不正当竞争法被认为是为现行法律框架筑起“最后一道防线”的补充保护作用或者称之为“兜底”保护的作用。知识产权法虽然均规定了严格的保护要件，属于相对的“强保护”，但同样由于保护要件的严苛使它们均不同程度上限制了客体的范围，这就决定了它们都属于“窄保护”。而反不正当竞争法则是某种弱保护，从范围上讲又是“宽保护”，[2] 正是有这种“宽保护”的存在，才能够克服知识产权法保护的不足，形成比较全面的保护体系。

相对于传统知识产权法对民间文化中未公开信息的保护而言，反不正当竞争法对商业秘密的保护更具有如下优势：

其一，权利相对无期限。各国知识产权法在对传统的知识产权进行保护时都规定了一定的存续期间，在该期间内权利人享有专有权，其权利客体也属于专有领域，一旦该存续期间届满，除依法办理续展的情况外，该项知识产权就自行消灭，同时该权利客体就从专有领域进入共有领域，为全人类所共有。我国知识产权法律也同样对传统的知识产权规定了一定的存续期间，例如自然人作品的发表权和财产权的保护期是作者有生之年及其死亡后 50 年。由此可见，传统的知识产权法无法对民间文化进行永久性的保护，这与民间文化的无限延续性特点不相符。然而，商业秘密权却具有相对无

① 郑成思：《反不正当竞争——知识产权的附加保护》，《知识产权》2003 年第 5 期，第 4 页。

② 刘筠筠：《民间文学艺术保护的立法探索与比较研究》，《贵州师范大学学报（社会科学版）》2005 年第 6 期，第 38 页。

期限性，这种相对无期限性与商业秘密持有人的事前保护相一致，即只要商业秘密持有人采取的保密措施得当，其商业秘密权会永远存续下去。例如可口可乐的配方至今仍未被破解。虽然商标权可以通过续展来达到延长其期限的效果，但是商标权的每次续展都要交一定的费用，而采用商业秘密的保护方式却可以省去这部分费用。因此，商业秘密法律可以对民间传统文化进行无期限的保护，符合民间传统文化的无限延续性。

其二，客体无须公开。一般情况下，传统知识产权的取得需要公开其权利客体。对于专利权而言，专利技术的公开性是专利制度的最主要的特征之一。对于商标权而言，我国《商标法》也同样要求申请注册的商标必须进行公开。申请的专利和商标公开后，他人对该专利技术或商标有了一定的知晓，也就不需要再花费大量的时间和金钱去获得该专利技术或商标，因此，在一定程度上可以说专利和商标公开制度相当于为他人的侵权行为提供了便利。虽然我国《著作权法》并不要求著作权的取得必须公开该作品，但是在大多数情况下，著作权人要想获得一定的财产利益就必须将其作品进行公开。因为行使发表权和财产权是著作权人获利的主要方式，而发表权或者财产权的行使就必须将作品公之于众。从这个意义上说，著作权与专利权和商标权一样，也需要将其权利客体进行公开。相对于传统知识产权客体的公开性，采取商业秘密权这种保护方式，能使其权利客体处于不为人知的秘密状态，从而可以在一定程度上防止他人对该信息的非法使用。在我国传统的民间工艺中，不乏有大量的商业秘密。例如，景德镇的瓷器工艺，贵州茅台酒的配方，安徽宣纸的制造技术，福建水仙花的栽培诀窍，以及治疗疑难杂症的中医中药、针刺麻醉术、吸血虫防治技术等等，都是具有较高经济价值并在国际国内市场上颇具竞争优势的商业秘密。[1]

---

① 吕鹤云、刘立、徐朝贤、刘华：《商业秘密法论》，湖北人民出版社，2000，第302页。

此外，传统的知识产权还具有地域性，即传统的知识产权只在一国的地域范围内具有法律效力，一旦超越了该国的地域范围，此项知识产权便不具有法律效力。因此，除了国家之间签有国际公约或者存在双边互惠协定以外，其他国家对这种权利没有保护的义务，任何人均可在自己的国家内自由使用该项知识产品，既无须取得权利人的同意，也不必向权利人支付报酬。然而，由于商业秘密权的客体是非公开的，他人对该商业秘密的内容难以知晓，即使外国对该商业秘密权不予保护，该商业秘密也难以被他人无偿使用，从而在一定程度上克服了传统知识产权公开性和地域性的缺陷。对于民间文化而言，外国往往以该国法律不保护民间文化为借口进而大肆地、无偿地使用我国的民间文化资源，对我国民间文化的持有者的利益造成了巨大的损害。为了避免此类现象的发生，我们应该使那些本来就处于秘密状态的民间文化一直保持其秘密性，以防止外国对该民间文化的无偿使用，从而保护民间文化持有者的利益。因此，从这方面来讲，采取商业秘密的方式来保护民间文化中未公开信息还是比较恰当的。

其三，权利自动取得。一般而言，除著作权外，传统的知识产权在取得上具有程序性，即履行相应的法律程序是专利权和商标权取得的必要前提。我国《专利法》专门在第四章规定了专利申请的审查和批准程序，《商标法》也分别在第二章和第三章规定了商标注册的申请程序和审批程序。然而，商业秘密权的取得却不需要履行这种申请和审批程序，只要持有人在商业秘密被研发完成后采取了保密措施，那么在采取保密措施之时，持有人便自动取得商业秘密权。相比较而言，商业秘密权的这种自动取得的方式更有利于民间文化的保护：第一，商业秘密一经创作并被采取保密措施即可获得法律的保护，不存在权利申请的时间，可以及时、有效地防止侵犯商业秘密权的行为，保护的水平较高。对于专利权和商标权而言，在申请人提出申请到权利批准这一时间段内，申请的权利尚处于一种或然的状态，如果他人无偿使用了该专利技术或商标，就有可能引发纠纷。由于申请人尚未取得该项权利，因此，其无法以权利人的身份提起诉讼，那么该纠纷必须等到申请程序结束才能解决，拉长了纠纷解决的时间。第二，权利申请程序和批准程序比较专业化，如果按照专利权或商标权的这种取得方式，民间文化的持有者要取得一定的权利还存着许多困难。第三，对于民间传统文化的持有者而言，其申请权利的意识还不够强，如果要求权利取得必须履行相应的申请程序，那么其持有的民间文化就可能一直处于自然的、不受法律保护的状态。但是如果按照权利自动获得的方式，那么就可以免去申请的程序，从而使其持有的民间文化自动受到法律的保护。虽然著作权不受此限制，但是著作权却存在着其他方面的不足，例如上文所提到的时间限制等。

有些传统知识，例如传统中医药知识，尤其是祖传秘方，在国内是可以通过商业秘密来保护的，从中药的采摘，到炮制、处方等都采取商业秘密方式保护。从小作坊发展成为现代化的中药企业后，对中药的专有技术（炮制技术、中药配方、特殊的制造工艺等）采用商业秘密方式保护非常有效。从中医药领域的技术特征来看，由于中药生产工艺复杂，技术性强，中药自身成分复杂，使得人们很难从产品应用反向工程倒推出中药的配方和生产工艺，从而对公开使用的中药进行解密。这对于祖传秘方保密尤其是重要。但是，在国际贸易中，保密的方式不太适用，因为外国进出口管理部门往往要求明确标注药品的成分，否则不得进口，一旦标注，就容易泄密，所以在该外国要采取专利保护模式来进行保护。

3. 从国际上有关的立法来看

1982年联合国教科文组织（UNESCO）和世界知识产权组织（WIPO）共同颁布了指导各国立法的《保护民族民间创作表达形式免被滥用国内立法示范条例》，该《示范条例》为各国采用最适合本国国情的保护体系给予了极大的选择余地。2003年联合国教科文组织《保护非物质文化遗产公约》进一步要求各缔约国“采取必要措施确保其领土上的非物质文化遗产受到保护”。这就为反不正当竞争法在我国民族民间传统文化保护方面的适用创造了可能。

4. 从保障人权的角度来看

发展权是一项基本人权，也是最重要的一项人权。而对于民族民间传统文化的保有者和传承者来说，他们的传统知识、技术构成了他们日常生产生活不可分割的一部分。对这些传统文化的保有及发展就成为实现发展权的必然途径。笔者认为，通过反不正当竞争法的保护，可以更好的实现和维护民族民间传统文化的原著群体的基本人权。

二 反不正当竞争法保护机制保护民间文化的基本原则

民间文化传播领域的不正当竞争行为和形态非常复杂，但都和民间文化产品本身的市场推广或借用民间文化进行深度开发而形成的产品或服务的市场销售有关，虚假表示和窃取他人商业秘密是不正当竞争者的惯用伎俩，不正当竞争者给消费者造成的损害是难以弥补的，或欺骗了消费者，或造成了消费者对民间文化的误解，或误导了消费者对民间文化的审美情趣，或压制了消费者对民间文化产品内涵的探寻；给正当的民间文化权利主体造成侵害更是多方面的，不仅侵害了权利人的精神权利，而且侵害了权利人的经济权利，导致了对权利主体所拥有的民间文化的滥用、淡化甚至歪曲，给该民间文化造成的打击可能是毁灭性的，对民间文化权利主体的发展权是一种剥夺。所以，要坚决制止民间文化传播中的不正当竞争行为。笔者认为，根据现行的《反不正当竞争法》第 2 条第 1 款规定，“经营者在市场交易中，应当遵循自愿、平等、公平、诚实信用的原则，遵守公认的商业道德”，我国反不正当竞争法保护机制在保护民间文化问题上，应该遵循如下基本原则：

1. 自愿原则

自愿原则是民事活动的基本原则，它是指公民、法人等任何民事主体在市场交易和民事活动中都必须遵守自愿协商的原则，都有权按照自己的真实意愿独立自主地选择、决定交易对象和交易条件，建立和变更民事法律关系，并同时尊重对方的意愿和社会公共利益，不能将自己的意志强加给对方或任何第三方。只要进行交易或其他民事活动等行为不违反法律规定，其他任何机关、团体、个人等第三方都不能干涉。以欺诈、强迫、威胁等违背交易主体意志的不正当竞争行为，都为法律所禁止。所以，任何民事主体在使用民间文化产品时，必须征得权利人的同意，不能违反权利人的意愿，不能强迫交易。

2. 平等与公平原则

平等原则是指当事人之间在从事市场交易等民事活动中的法律地位平等，不论交易主体的财产所有制形式是个体、私营、国营、集体等，以及规模大小、强弱等，都不受歧视地平等参与市场竞争。公平原则强调在市场经济中，对任何经营者都只能以市场交易规则为准则，公平合理地对待，任何人既不享有特权，也不履行任何不公平的义务。民间文化的保有者或传承人在现代市场经济中是弱者，他们缺乏知识产权交易的经验，特别是在民间文化产品的财产价值估价体系不健全的情况下，民间文化产品容易被开发商低价购买和使用，所以必须建立健全相应的配套措施。

3. 诚实信用原则

诚实信用原则，是指经营者在经营活动中，应当以诚待人，恪守信用，不得弄虚作假、为所欲为。诚实信用原则也是中国民法中规定的一项民事活动的基本原则。在市场经济活动中，遵守诚实信用原则具有特殊的重要意义。凡是正当经营的经营者，必然是诚实的、讲信用的，凡是不正当竞争的行为，必然违反诚实信用原则。在民间文化产品使用和传播领域，诚实信用更应该是一个人所共知的基本准则，开展民间文化产品使用和交易的人，都应该是文化人，都应该是讲诚信的人，不能有虚假成分，但随着市场经济的深入发展，竞争程度的加剧，投机取巧者大有人在，不讲信用者大有人在，所以必须在反不正当竞争法中强化诚实信用原则，以保护民间文化权利主体的应有权益。

4. 遵守公认的商业道德

遵守公认的商业道德，是反不正当竞争法规定的一项特定原则。它要求经营者应当遵守市场经济公认的商业道德进行经营运作。市场经济公认的商业道德是发扬中华民族传统美德和吸收世界国际贸易惯例兼容并蓄的产物。任何违反商业道德，违反约定俗成的行业规则和国际惯例的行为都会导致侵害社会公共利益和社会经济秩序的结果。社会公认的商业道德，一般是指忠于职守、诚信无欺、公平竞争、文明经商、礼貌待客等。从事文化产品交易和开发的商人都应该是儒商，都应该是温文尔雅、彬彬有礼的人，都应该是讲行业规矩的人，但民间文化产品的交易和开发在我国还是一个既古老又新鲜的事物，许多规矩还得重新确立，所以，在反不正当竞争法中，对商业道德的规定具有特别重要的意义，确立遵守商业道德原则将对民间文化产业的发展产生积极的引领作用。

第二节　反不正当竞争法保护机制的适用情形及其规制方法和措施

在民间文化传播领域，不正当竞争行为的种类主要有三大类：一类是民间文化产品传承者相互之间竞争时的虚假表示行为，第二类是民间技艺的传承者之间竞争时侵犯商业秘密的行为，第三类是民间文化的开发者之间相互竞争时的彼此借鉴和模仿行为。因此，在民间文化传播领域开展反不正当竞争，主要应在上述三类情形下适用相应的法律规制，有的放矢，对症下药，方法得当，措施有力。

一　民间文化产品传承者相互之间竞争时的虚假表示行为及其规制

在民间文化传播领域，民间文化产品传承者相互之间竞争时的虚假表示行为的情形较为复杂，有假冒他人企业名称的，有假冒他人特定商品名称的，有假冒知名商品的包装和装潢的，有假冒他人商标的，有假冒他人字号的，有假冒他人师徒关系的，有假冒他人姓名的，有假冒原产地的，有假冒他人服务标识的，有引人误解夸大其词虚假宣传的，种类繁多，有必要一一加以归纳，指出其行为的不正当性，在法律中加以规制，以便于权利人维权时有法可依。我们仅以颇具争议的"天津泥人张诉北京泥人张"一案为例，来说明民间文化传播中民间文化产品传承者相互之间竞争时的虚假表示行为的法律规制问题。①

2006 年 1 月 6 日，北京市第二中级人民法院受理了天津"泥人张"后代传人清华大学美术学院教授张锠与其子张宏岳及其开办的北京泥人张艺术开发有限责任公司共同起诉被告张铁成、北京泥人张博古陶艺厂、北京泥人张艺术品有限公司不正当竞争案，该案法律关系较为复杂，不仅涉及姓名权争议，还涉及知名商品的特有名称权争端，甚至构成了企业名称和待认定驰名商标之间的冲突。该案原告以反不正当竞争起诉，称"泥人张"为清道光年间天津著名的民间泥塑艺人张明山所创，被告无权使用。而被告张铁成则辩称"北京泥人张"是北京土生土长的知名品牌，与天津泥人张属于不同渊源。在清道光年间，"北京泥人张"祖辈开始与当时玩泥制陶的手艺人合作，而后第一代传人张延庆用特殊泥土制作的手工艺品，在当时王府等买家中口碑甚好，一时间被称为"泥人张"，而他就是"北京泥人张"第四代传人。但被告并没有拿出相关证据证明"北京泥人张"称谓已经使用了一百多年，只能证明其开办的企业使用"北京泥人张"字号已有二十年。综合分析整个案情，可以发现双方争议的焦点主要集中在"泥人张"这个特有名称的使用权归属上。笔者认为，在本案中，"天津泥人张"

① 苏哲、张建梅：《民间文化传播中的反不正当竞争》，《知识产权》2007 年第 2 期，第 66～69 页。

作为主体明确的民间文化成果，其继承人或传承人的权利还应该有：

1. 特有名称的专有权

本案中“泥人张”这一特有名称包括姓名权、知名商品名称权和企业名称权这三层含义。其一，它是一种对张长林的称呼。据笔者调研，张长林（1826~1906）字明山，自幼随父亲从事泥塑制作，练就一手绝技。他只要和人接触，抟土于手，不动声色，瞬息而成，而且形态逼真，令人倾服，遂得“泥人张”的誉称。“泥人张”是世人对他的称谓，是代表张长林这个人的一个符号，不叫他的原名张长林，而叫他“泥人张”，此时的“泥人张”和作为姓名的张长林已经没有本质区别。其二，它是一种知名商品名称。天津泥人在清代乾隆、嘉庆年间已享有盛誉。后来，人们将“泥人张”用于张长林及其传人所制作的手工彩塑产品，这也是一个不争的事实。近年来，“泥人张”彩塑积极地推动国际间文化艺术的友好交流，成为中外交往的桥梁。“泥人张”有一定的知名度，通过广告、通过获得荣誉称号等方式在市场上享有一定的占有率，为相关公众所知悉，在使用该类产品或了解该类产品的消费者中享有盛誉。其三，它是一种企业的字号。在天津不仅有1958年成立的国有“天津泥人张彩塑工作室”，还有张明山的第五代和第六代传人以“泥人张”登记注册的企业。虽然它们是天津地方性企业，但影响具有全国性，并且声名远播海外。有诸多证据表明“泥人张”这一特有名称已经是一个几代人苦心经营的知名商品的特有名称，这种专有使用权是不能随意侵犯的。

2. 驰名商标的专有权

本案中，“泥人张”的商标专有权为国有“天津泥人张彩塑工作室”、张家在津的有关传人以及清华大学教师张锠等共同使用，他们相互之间是合作关系，共同开发“泥人张”这门技艺，共同发展“泥人张”这个品牌。经过权利人自身的努力特别是天津市地方政府的扶持和宣传，“泥人张”已经成为一个家喻户晓、名扬海外的驰名商标。根据《中华人民共和国商标法》第十四条规定，认定一个商标是不是驰名商标应当考虑以下因素：相关公众对该商标的知晓程度；该商标使用的持续时间；该商标的任何宣传工作的持续时间、程度及地理范围；该商标作为驰名商标受保护的记录；该商标驰名的其他因素。“泥人张”一旦能够被认定为驰名商标，权利人不仅可以向国家商标局申请撤销他人的“泥人张”商标，而且有权向有关部门申请撤销他人的“泥人张”网站域名，甚至可以依国务院颁布的《企业名称登记管理规定》第二十七条，向有关工商行政管理部门申请更改他人的“泥人张”企业名称或直接向人民法院起诉。

遗憾的是，该案的终审判决并没有保护好权利人的上述合法权利，北京张铁成继续使用“泥人张”称号，两个“泥人张”相互混淆，不正当竞争的局面依然存在。

二　民间文化技艺的传承者之间竞争时侵犯商业秘密的行为及其规制

传统民间手工技艺和配方是长期以来经过千锤百炼形成的，传承人往往付出了极大的代价来学习或维护，在现实生活中具有较为灵验的实用功能，具有丰富的文化价值和巨大的经济价值，在市场竞争中具有明显优势，是民间文化保有和传承群体生存和发展的重要法宝，一般采取商业秘密的方式来加以保护。市场经济中的不正当竞争者恰恰是看上了这些商业秘密的经济价值，有的假装拜师学艺，有的假装打工伺机窃取，有的采取行贿工作人员的方式骗取，有的干脆盗取商业秘密，获得这些商业秘密后与原有权利人开展市场竞争，这些侵犯商业秘密的行为必须受到法律的严厉制裁，在反不正当竞争法中必须明确加以规制。近年来，我国开展反不正当竞争的司法实践积累了较为丰富的经验，一些司法审判文书值得我们认真研究，笔者仅以长沙市中级人民法院审理的“原告胡江耀与被告杨利、张红云侵害商业秘密纠纷一案”为例，来说明民间手工艺商业秘密侵权的反不正当竞争法律规制问题。

湖南省中级人民法院民事判决书［（2006）长中民三初字0068号］[①]，对原告胡江耀与被告杨利、张红云侵害商业秘密纠纷一案进行了判决，不仅挽回了原告的部分经济损失，而且对于商业秘密侵权案件的审判树立了一个较好的典范，为我国反不正当法中相关问题的规制奠定了实践基础。

原告诉称，20世纪90年代原告就投巨资在上海、江苏、青岛等地学习假发补秃技术，并在综合多家现有技术的基础上，创新出了"与本人真发浑然一体，可随意梳洗、吹、烫、焗油、游泳、剧烈运动决不脱落"的补秃专业技术。随后在全国二十几个省的大城市投资创办了数十家统一字号为"东方"的系列补发企业。考虑到各方面的情况，原告把企业的管理信息，如进货渠道、客户资料信息、技术信息等作为商业秘密加以保护，并采取了一系列严格的保密措施：1. 员工一律签订《劳动合同》，合同中明确约定商业秘密保护义务及泄密责任；2. 制定了《员工守则》；3. 制定了《员工保守商业秘密的规定》，具体界定了本企业商业秘密的范围和员工保密行为规范。

1998年下半年，原告在湖南省长沙市车站中路150号弄口投资设立了"长沙东方补发中心"。长沙市民见补发与真发浑然一体的效果，来者与日俱增，几年来原告就拥有了数百名固定客户，经济效益越来越好。由于原告经营着数十家分店，本人不可能亲自管理，只能靠制度管人。

2003年底，被告张红云来原告店工作，签订了为期三年的《劳动合同》。原告认为她为人诚实，遂将一切商业秘密交由她掌握并明确交代她要严守秘密。2005年7月初，被告杨利来原告店中工作，原告要求她签《劳动合同》，杨借口再说。于是原告通过

① 参见中国知识产权司法文书裁判，2007年11月27日发布，http://ipr.chinacourt.org/public/detail_sfws.php?id=11867。

会议形式明确交代了她应守的保密范围、义务及法律责任，她也在会议记录上签字。从两被告的《工资表》中明显可看出，其中有“保密费”和“竞业限制补偿费”。

没想到的是，两被告置法律和合同约定于不顾，未经解除合同关系，就带走原告的商业秘密，办理《营业执照》，并在原告附近长沙车站中路136号办起了与原告业务完全相同的店，名曰“佳钰补发中心”，完全使用原告的商业秘密与原告展开不正当竞争。两被告掌握了原告的商业秘密，违反约定和规定而使用，已违反了我国《反不正当竞争法》第十条的规定，应当承担民事责任。为维护市场竞争秩序，根据《民事诉讼法》的有关规定，请求法院依法判令：1. 两被告立即停止侵权，停止补发营业；2. 两被告共同承担违反竞业限制违约金200000元；3. 两被告承担本案的一切诉讼费用。原告提交了10项相关证据。

被告杨利辩称，首先不认同原告的陈述，原告弄错了被告的店名；其次会议记录上记录的内容与被告所陈述的内容不符合；再次被告与原告没有签订劳动合同，被告在原告单位工作的时间不足两个月，被告并不知晓原告的商业秘密保密及竞业限制的规定。

被告杨利对自己的答辩理由未提供证据。

被告张红云未到庭，亦没有向法庭提供答辩状及证据。

本案在诉讼中，原告向法院提出证据保全申请，法院依原告的申请采取了证据保全措施。

根据定案证据，该院经审理查明，原告在全国某些大小城市投资创办了数十家统一字号为“东方”的系列补发中心。原告将其创办的补发中心管理信息，如进货渠道（定制发片的价格、方法、设计的订单样式、质量控制方法等）、客户资料信息（客户名单及联系电话、财务信息等）、技术信息，如编织法固定假发的方法（棉线加结辫法）等，作为商业秘密加以保护，制定了一系列的保密措施。

原告于2000年2月29日注册企业名称为“长沙市芙蓉区东方

永青补发中心”个体工商户。2003 年 12 月 1 日，被告张红云应聘到原告的补发系列中心“赣州东方补发中心”工作，签订了为期三年的劳动合同，至 2006 年 1 月 30 日期满。《劳动合同》第七条约定：乙方（张红云）在约定的服务年限内，未经甲方许可不得擅自离开本企业到与甲方同类型的其他企业内工作或逗留，否则，须向甲方承担违约责任伍万元；第十条约定：甲乙双方如终止、解除或合同期满后，乙方不得将所掌握的各种技术及商业秘密另行开设与本企业相同的业务或泄露给他人，或以他人的名义帮他人务工开展与本企业相竞争的业务，否则一经发现查实，乙方必须承担违约金贰拾万元。合同签订后，被告张红云来到原告的“长沙市芙蓉区东方永青补发中心”工作。2005 年 1 月被告张红云没有与原告办理任何手续离开原告单位。被告杨利于 2005 年 7 月 16 日到原告“长沙市芙蓉区东方永青补发中心”从事理发工作，其在原告处领取了 7 月、8 月份的工资，同年 9 月 13 日，原告组织包括被告杨利、张红云等在内的职工开会，内容为有关劳动合同的签订及有关商业秘密等制度。后被告杨利未与原告签订劳动合同，于同年 9 月上旬离开原告单位。

另查，被告杨利经营店面招牌是“佳钰美容美发中心”，该中心是于 2005 年 12 月 26 日开业的，被告杨利一直未办营业执照。被告杨利对外使用的名义是“佳钰美容美发中心”。被告张红云离开原告单位后，来到被告杨利处工作。

该院认为，根据合同法的有关规定，依法成立的合同，对当事人具有法律约束力。当事人应当按照约定履行自己的义务，不得擅自变更或者解除合同，依法成立的合同，受法律保护。对于商业秘密而言，保密措施和内容往往由合同约定，因此在此类案件中，合同约定与侵权行为的认定是密不可分的，合同等保密文件是认定侵权的前提和基础，故原告要求依据合同的约定责任形式要求被告承担民事责任并无不当。本案中，被告张红云与原告于 2003 年 12 月 1 日签订的《劳动合同》是双方真实意思表示，合法有效，双方应自觉履行。被告张红云与原告约定的服务年限为三年，并约定了服务期的竞业限制义务，至2006年1月30日止，但被告张红云在约定的服务期限内，未经原告的许可同意擅自离开原告企业，从事与原告同类型的工作，其行为已违反合同的禁业规定，应依约承担责任。根据本案现有证据，被告杨利在原告企业工作的时间只有两个多月，虽然原告2005年9月13日的“会议记录”要证明原告已向被告杨利申明了保密事项和义务，且该会议之后不久，杨利即离开原告处，并未与原告签订合同，不能视为杨利已接受原告的保密条件。且被告杨利在原告处工作之前，就具有理发技能，原告也没有证据证明被告杨利掌握了有关补发的商业秘密，但因被告杨利在明知被告张红云具有保密、竞业义务的情况下，聘请被告张红云一起开办补发业务，故被告杨利应停止聘用被告张红云及利用原告的补发技术经营补发业务。根据合同相对性原则，原告与被告张红云的约定效力不及于被告杨利，被告杨利与原告尚未形成书面合同，也没有约定违约责任，故原告要求被告杨利与被告张红云共同承担违约责任，没有事实依据，原告的赔偿请求予以部分支持。

综上所述，该院根据《中华人民共和国民法通则》第一百三十四条第一款第（一）项，《中华人民共和国合同法》第八条、第六十条、第一百零七条、第一百二十二条，《中华人民共和国反不正当竞争法》第十条，《最高人民法院关于审理不正当竞争民事案件应用法律若干问题的解释》十一条，《中华人民共和国民事诉讼法》第一百三十条的规定，判决如下：

一、被告张红云在本判决生效之日起十五日之内给付原告胡江耀违约金50000元。

二、驳回原告的其他诉讼请求。

如果未按判决指定的期间履行给付金钱义务，应当依照《中华人民共和国民事诉讼法》第二百二十二条的规定，加倍支付迟延履行期间的债务利息。

本案受理费5510元、证据保全费100元，共计6510元，由被告张红云负担5000元，原告胡江耀负担1510元。

长沙市中级人民法院对上述案件的判决合情、合理、合法，是反不正当竞争法基本原则的全面和灵活运用，对处理类似不正当竞争领域内的商业秘密侵权案件具有借鉴意义。

三 民间文化的开发者之间相互竞争时的彼此借鉴和模仿行为及其法律规制

民间文化，何止是一个“百宝箱”,[①] 简直是一个巨大的万宝库。随着近年民间文化热的兴起，各种开发者将眼光投向民间文化，有的将民间文化搬上现代舞台，有的将民间文化拍摄成电影和电视剧，有的将民间文化开发为旅游项目，目的很明显，吸引消费者，获得经济利益和社会效益。这些开发者之间，同业竞争非常激烈，彼此之间如果存在相互借鉴甚至模仿的行为，如何分清并加以解决，成了一个十分棘手的法律问题，用现有的知识产权法难以解决彼此之间的争议和人们的疑惑，需要用反不正当竞争法来加以规制和彻底解决。我们仅以争论较为激烈的《千手观音》原创权纠纷来阐释这一现象，并提出规制措施，减少类似矛盾与冲突的发生。还能在一定程度上保护民间文化权利主体的利益。

据新华社兰州5月17日电，记者张泽远、梁强报道：“中国残疾人艺术团的舞蹈《千手观音》在2005年的春节联欢晚会上大放异彩，轰动四海，但随之而来却引起了与甘肃版《千手观音》的版权之争，其中的是是非非，折射出民族文化在传承、发展中的诸多问题。如何使传统艺术作品在演出市场上得到发扬和光大，引起了各界人士广泛深入的探讨与反思。”[②] 事情起因于大型舞蹈《千手观音》在央视春晚播出后，各地出现一些模仿性演出，中国残

① 张耕：《民间文学艺术的知识产权保护研究》，法律出版社，2007，第42页。

② 参见新华网，http：//news. xinhuanet. com/mrdx/2005 -05/20/content_ 2979208. htm。

疾人艺术团向北京市版权局版权保护中心申请著作权登记，2005年3月1日，北京版权保护中心为中国残疾人艺术团颁发了《千手观音》的《作品登记证》，该舞的编导为张继钢。中国残疾人艺术团以此发表声明，禁止抄袭性商业演出《千手观音》的行为。而甘肃省艺术学校原校长、北京师范大学艺术系兼职教授、国家一级编导高金荣女士则声明自己是《千手观音》的原创人，而不是央视春晚版的编导张继纲。甘肃省艺术学校也坚称，舞蹈《千手观音》是该校的保留节目，它是由原校长高金荣根据敦煌莫高窟第3窟“千手千眼观音”创作的。从1979年开始高金荣多次进入莫高窟临摹壁画，潜心研究出版了《敦煌舞训练》教材，并形成了“敦煌舞流派”，1991年创作出了教学剧目《敦煌手姿》，其后多次演出，1998年在北京演出时更名为《千手观音》。舞中“佛手指”、“兰花指”、“弯三指”、“翘三指”等手势的艺术形式，是根据敦煌莫高窟第3窟的“千手眼，观音变”壁画创作而成的。10多年来高金荣创作的《千手观音》已在海内外演出200多场，2003年这一舞蹈在全国第7届“桃李杯”大赛中获群舞比赛三等奖。春晚版《千手观音》的著作权被中国残疾人艺术团注册，张继纲成为“千手观音”的原创人后，高金荣觉得无法接受。她表示，如有必要，将通过法律手段维护自身的合法权益。① 双方观点针锋相对，从而引发一场版权之争。媒体、舆论、文艺界、公众、法学界都参与到问题的讨论中来。因为权威人士主张各自独立创作了舞蹈《千手观音》，各自拥有不同的著作权，这场争论才渐渐平息。

但是，我们认为，舞蹈《千手观音》之所以产生争议，根本问题在于谁是原创，彼此之间有没有启发和借鉴甚至模仿，是否存在不当得利，是否构成不正当竞争。这些都不是著作权法所能加以解释和解决的。如果存在这些事实，问题就超出了版权法所能规制

---

① 参见知识产权在线，http：//www.ipsoon.com/banQuan/HTML/8239.shtml。

的范围，就应该用反不正当竞争法来加以规制，就存在一方侵权的问题，就应该向对方赔偿。并且，如果根据民间文化开发创作的文艺作品赢利了，获利者和民间文化传承者之间还存在利益分享机制的建立问题。如果民间文化的权利主体明确，由权利主体直接向开发性创作者主张利益，如果民间文化的权利主体不明确，应该建立民间文化著作权集体管理组织，由该组织向开发性创作者主张利益。

第三节 从民间文化保护角度看我国反不正当竞争法的完善

我国是一个民族民间传统文化极为丰富的文化大国，对民族民间传统文化的保护不仅是对传统文化的尊重，更是形成民族凝聚力、塑造国家形象的重要途径。综观各国尤其是文化底蕴浓厚的国家，在当今国际竞争中无不发挥其传统文化的魅力，大打“文化牌”。在国际竞争的大趋势下，加强对我国民族民间传统文化的立法保护，构建包括反不正当竞争法在内的多角度的保护体系是十分迫切的。下面从我国现行的反不正当竞争法的完善角度出发，对反不正当竞争法的保护制度提出几点意见：

1. 关于保护的主体

反不正当竞争法在法律框架中通常起到“兜底”保护的作用，但我国现行的《反不正当竞争法》由于将侵权人及权利人均限定为“经营者”，而民族民间传统文化的保有群体并不都是参与市场竞争的主体，并非“经营者”。《反不正当竞争法》对保护主体的过窄限定，实际上失去了“兜底”保护的功能，使众多应被保护的权利主体排除在受保护的主体之外。WIPO 在 1996 年发布的《反不正当竞争示范条款》中已经不再要求主体方面存在直接的经营竞争关系。这对我们完善反不正当竞争法是一个重要的启示，作为一个法律框架中最后的一道防线，反不正当竞争法如果在主体范围上有所扩大，或者放开主体的限定，那么当会达到更好的保护效果。

2. 关于保护的客体

我国现行的《反不正当竞争法》是通过列举的方式，确定了十一种具体的不正当竞争行为。通过对不正当竞争行为的规定，反向确定了应受保护的正当的竞争行为。而法律因其本身相对于社会生活的滞后性，现有的十一种不正当竞争行为已经不能完全囊括实际社会生活中出现的不正当的竞争行为，同时由于配套法律的缺陷，使得一些行为实际上既不受其他单行法的规制，也不能在反不正当竞争法中有所禁止。笔者认为，这在民族民间传统文化的保护领域显得尤为突出。在知识产权法未能对其实现全面保护的情况下，民族民间传统文化的保有人或传承者应当能够通过反不正当竞争法的救济功能，对其应受法律保护的权益进行及时的维权。

3. 关于反不正当竞争法的一般条款

首先，设定一般条款是克服法律的不周延性及滞后性等固有缺陷的需要。所谓不周延性，是指由于主客观条件的局限性，任何法律都不可能恰如其分、一无所遗地对其所调整的社会关系的所有应当规定的内容作出规定，必然会留下遗漏、疏忽和盲区，从而与尽可能多提供规则的法律的确定性要求存在差距；所谓滞后性，是指具有相对稳定性对于其颁行后的新情况不能作出调整，致使法律与现实生活产生脱节。《反不正当竞争法》也不能例外。为尽量克服不周延性和滞后性，规定一般条款是一种行之有效的办法。

其次，与其他法律与现实生活相比，《反不正当竞争法》具有更大的不确定性，为适合反不正当竞争的要求，尤其需要一个一般条款。我国的《反不正当竞争法》第二条第 1 款明确将诚实信用原则作为反不正当竞争法的基本原则，但第 2 款却将不正当竞争行为限定为“违反本法规定，损害其他经营者的合法权益，扰乱社会经济秩序的行为”。这实际上并不是一个严格意义上的一般条款，它直接导致了我国反不正当竞争法的“封闭性”。[①] 使得不正当竞争行为的确定只能机械地按照该法第二章所列的十一种反不正当竞争行为来认定。此种立法僵化的结果不但造成了执法部门适用法律时的困惑，也使正当行为人的权益得不到应有的保护。知识产权法在对权利人的保护时遵循的原则也同样是诚实信用原则和平衡利益的原则，它在产生的最初即为了保护权利人的经济利益，维护公平的竞争关系，防止人们对属于权利人的知识财产进行不正当的利用。[②] 笔者认为，从立法的指导原则上来看，两者是具有一致性的。反不正当竞争法应当根据以诚实信用为原则的一般条款，对侵犯民族民间传统文化保有群体权利的不正当行为给予禁止。还要对民间文化传播行为中可能出现的虚假宣传、虚假标识、借鉴和模仿等不正当竞争行为加以规制。

4. 细化侵权行为的经济赔偿责任

我国《反不正当竞争法》第二十条规定了违反反不正当竞争法应当承担的民事赔偿责任，“被侵害的经营者的损失难以计算的，赔偿额为侵权人在侵权期间因侵权所获得的利润；并应当承担被侵害的经营者因调查该经营者侵害其合法权益的不正当竞争行为所支付的合理费用”。这一规定对于民族民间传统文化的被侵权群体，在计算其应获得的赔偿金额时具有一定的可操作性。同时，可增设惩罚性赔偿责任。在惩罚性赔偿金方面，我国《商业秘密法》应借鉴美国《统一商业秘密法》的规定，增设惩罚性赔偿金。美国《统一商业秘密法》第 3 条（b）款规定：“如果存在故意或恶意侵占，法院可责令被告支付不超过上款中任何赔偿二倍的附加赔偿。”在惩罚性赔偿金的适用条件上，应仅限于故意侵害商业秘密

① 王先林：《我国〈反不正当竞争法〉的封闭性与一般条款的完善》，《中国工商管理研究》2003 年第 8 期，第 44 页。

② 王文海：《反不正当竞争法对知识产权的保护》，对外经济贸易大学硕士（EJM）学位论文，2006，第 2 页。

的行为。在惩罚性赔偿金的标准上，赔偿数额应为权利人实际损失的 1~3 倍，如果实际损失难以计算的，赔偿额为侵权人在侵权期间因侵权行为所获得利润。

5. 增设精神损害赔偿责任形式

现行《反不正当竞争法》仅仅对费用问题规定了损害赔偿这一种形式。所谓费用的赔偿，只不过是损害赔偿的一种类型。而对于不正当竞争构成侵权的情况，仅仅规定损害赔偿一种方式，显然过于单一，不利于对受害人提供全面的补救。所以，还需要规定其他的侵权责任形式，如停止侵害、恢复名誉、消除影响、赔礼道歉等形式。应当考虑到，侵犯民族民间传统文化的不正当竞争行为，通常不但使传统文化的保有群体丧失了经济利益，更多的则是造成了其精神权利的损害。而我国关于民事侵权精神损害赔偿请求人的规定仅为自然人（或自然人死后其近亲属），这就造成了传统文化的保有群体无法为精神上受到的损害申请损害赔偿。我们认为，反不正当竞争法应当在民事责任中对被侵权人的精神损害赔偿给予肯定的支持。

6. 关于不正当竞争预防措施

我们可以借鉴日本《反不正当竞争法》的有关规定，使知识产权领域的反不正当竞争措施更加完善。例如，日本《反不正当竞争法》第 3 条第 1 款的规定明确了知识产权请求权，只要权利人因不正当竞争者的侵害，利益受到损害或受到损害威胁，就可要求侵权者赔偿损失或停止损害威胁。我国《反不正当竞争法》可以设立不正当竞争预防条款，赋予权利人在遭受不正当竞争威胁时，有权向相对人发出律师函，或请求工商行政管理部门介入调查。

7. 设立诉前禁令救济措施

美国《统一商业秘密法》在其第 2 条专门规定了禁令救济制度，其所规定的禁令主要包括三种：临时禁令、预备性禁令和终局禁令。其中，临时禁令就是诉前所发出的禁令。发出临时禁令要求具备两个条件：其一，原告根据案件的事实判断能够胜诉；其二，禁令的发出是刻不容缓的，通知被告已经来不及了。我国《商业秘密法》应借鉴美国《统一商业秘密法》对临时禁令的规定，设立诉前禁令救济措施，并规定商业秘密权人向人民法院申请诉前禁令时需要提供以下证明：（1）商业秘密确实存在，（2）倘若不核发此项命令，将会导致无法恢复的损害，（3）有胜诉的可能，（4）核发此项命令对公共利益无消极影响。[①]

此外，我国《反不正当竞争法》第十条虽然为专利法保护不到的商业秘密提供了更宽保护，但仍比较弱；如何在版权法之外提供更宽的保护，还没有相应的规定；对于民间文化领域未注册商标比较普遍的情况，缺乏法律保护措施；对于权利人的商标、商号、其他识别性文字等，侵权者在异地（与权利人不在同一辖区）用来注册企业名称的行为，没有规定为不正当竞争行为。笔者建议增加新的规定，进一步拓宽我国《反不正当竞争法》的适用范围，发挥它的应有作用。

总之，反不正当竞争法作为一部禁止不正当竞争行为，规范公平、有序的竞争秩序的法律，因其灵活性、宽泛性保护的特点在对我国民族民间传统文化的保护中应当发挥其应有的“兜底”保护、补充保护的重要作用。形成由知识产权法为主线，反不正当竞争法为重要补充，商品化权法为延伸，并结合行政法律法规共同构成保护民族民间传统文化的法律体系。在我国《反不正当竞争法》的修改完善过程中，对民族民间传统文化这一领域应当给予更多的关注。

---

① 张玉瑞：《商业秘密的法律保护》，北京，专利文献出版社，1994，第193～194页。

第十一章　民间文化符号的商品化权保护机制

民间文化具有多姿多彩、不乏大众喜闻乐见的表现形式，特别是民间文学艺术中的一些虚构形象和民间文化形式的名称，已经为大众所熟悉和喜爱，具有广泛的影响力和持久的亲和力，这些形象和名称已经成为中华民族的文化符号，这些文化符号一旦用在商业活动中，能给商家带来巨大经济效益。所以，我们把民间文化符号的商品化权单独提出来，呼吁加以保护。文化符号的商品化权是一种全新的知识产权，现有的知识产权法律体系并没有将其包括在其中，必须从广义知识产权法的角度对民间文化符号的商品化权单独立法才能进行有针对性的保护。

文化符号，作为记号、载体，它所表达或代替的对象并不是传统上所理解的客观有形的事物，所表达和传达的是某种不同于自身的他物，是人们对这些对象进行认知后所形成的观念。文化符号的研究是近年来国际上的一个理论热点，符号学家们对符号的理解各不相同，比如：瑞士语言学家索绪尔认为，符号是能指和所指的统一体。美国哲学家皮尔士认为："符号或表征（representation）是某种对于某个人来说在某个方面或某种性质上代表某物的东西。符号是针对某人而言的，也就是说它在那人的心中产生一个等价的符号或进一步完善的符号。所产生的符号我称之为第一种符号的解释项。符号代表某物，即代表它的对象。它代表那个对象，不是在一切方面，而是相关于一种观念代表它，我有时把这种观念叫做代表者的根据。”① 皮埃尔·吉罗认为：“符号一直是某种意愿的标志，它传播一种意义。”② 恩斯特·卡西尔认为：“所有在某种形式上或在其他方面能为知觉所揭示出意义的一切现象都是符号，尤其当知觉作为对某些事物的描绘或作为意义的体现，并对意义作出揭示之时，更是如此。”③ 就是说，符号最根本的特点是间接性，它能直接诉诸知觉，但它代表的却是深藏于背后的意义。国际上对文化符号的商业价值的研究还不多，特别是对文化符号商业标识功能在国家、地区、企业的核心竞争力的作用方面几乎没有涉及，更没有人从法律角度特别是从知识产权保护角度来研究文化符号的商业标识功能。在国内，北京大学的文化符号研究历史较早，涉及的范围也较宽，但对文化符号的商品化权问题讨论的不多。南京师范大学和江苏省社联于2008年11月成功举办了国际符号学研讨会，获得了国内外参加者一致的好评。但此次研讨会是综合性的，特色不够突出，没有深入探讨文化符号的商业标识功能，更没有涉及文化符号的知识产权保护问题。

文化符号用于商业活动，是实践中的习惯做法，可谓司空见惯，一般人觉得文化符号是人类的共同财富，把文化符号用于商业活动不仅有趣，而且有创意，认为不用白不用，很少有人对这种做法的合法性、规范性、可持续性进行研究。我们认为，文化符号是有主体归属的，有些属于特定民族，有些属于地区，有些属于社区，有些属于国家。要充分挖掘文化符号的商业标识功能，特别是要探讨民间文化符号，如“刀郎”、“木卡姆”、“二人转”、“梁山

① 孟庆艳：《文化符号研究的哲学维度》，《国外理论动态》2007年第6期，第72～75页。

② 〔法〕皮埃尔·吉罗：《符号学概论》，怀宇译，四川人民出版社，1988，第24页。

③ 〔德〕恩斯特·卡西尔：《符号形式的哲学》第1卷，1923，第109页。转引自孟庆艳：《文化符号研究的哲学维度》，《国外理论动态》2007年第6期，第72～75页。

伯与祝英台”、“嫦娥”、“昆曲”等文化符号的传播能力、商业价值，要研究它对增强民族区域经济和民族文化核心竞争力的巨大潜力，从而为民间文化符号的知识产权保护奠定理论基础。不仅引起法学界对此问题的重视，还要推动地方主管部门对民间文化符号的保护和有序开发。

第一节　商品化权保护机制保护民间文化符号的基本原则

一　商品化权的概念

商品化权（Merchandising Right）是现代社会经济生活中出现的一种新型权利。英美等国家在20世纪50年代就有判例涉及这一问题。我国最早在20世纪80年代末期引入这一概念。据考证，国内最早提出这一问题的是梅慎实先生。但由于翻译和理解的差异，至今在称谓上仍未明确、统一。最常见的称谓有“商品化权”；也有人称“形象权”；或称“虚构人物形象”。除了称谓上的不统一外，学者们对商品化权的概念，尤其是其外延，也有诸多不同理解，使得学界对商品化权的研究不能系统、明确。出现许多诸如“角色商品化权”，“作品名称商品化权”，以及“商标商号取名中的著作权”研究，使局外人一头雾水，不识庐山真面目，影响这一制度在市场竞争中的作用以及在司法实践中的把握。我国现行法律体系中还没有“商品化权”这一特定权利概念，但“商品化权”也非我国学者杜撰，而是取自日本“商品化权”一词，对于商品化权的内涵学界尚未给出一致的界定。WIPO国际局在1993年公布的一份有关角色商品化的研究报告中提到角色商品化的定义：“为了满足顾客的特定要求，使顾客基于与角色的亲和力而购买这类商品或要求这类服务，通过虚构角色的创作者或者自然人以及一个或多个合法的第三人在不同的商品或服务上采用或二次开发该角色的实质人格特征（例如某个人的姓名、肖像、扮演形象以及声音等）。”[①] 德国学者 Schertz 对商品化的定义是“为了销售商品和提供服务（包括促销与广告）的经济用途，权利人自己或者通过授权给第三人，广泛地二次利用群众喜闻乐见的人物，特别是虚构形象、真实人物、姓名、标题、图章（Signets）、标识语、声音、装潢要素、设计和画片（除去其自身的活动和表现领域外）。”[②] 从上述两个定义中可以看出，商品化的实质是利用一些要素的“亲和力”通过二次开发来达到推销商品或服务之目的。这种“亲和力”实际上是一种信誉，此为商品化成功之关键。

分析现实生活中将民间文化商品化权的对象——文化符号，如角色、形象、名称（包括人物名称、地名和作品名称）、典故进行商业化应用的情况，我们可以看出：之所以它们会被大量地应用于商品或服务之上，直接的原因是这些角色在社会上具有广泛的知名度和美誉度，社会大众熟悉并喜欢它们。进一步分析，这些角色、名称、典故被喜爱的原因是由于它们能够在大众心中产生联想，在应用它们的商品和承载它们的作品之间产生联想度。社会大众看到这些角色、名称、典故，必然联想到那些作品的情节和主题，联想到角色的性格、作品宣扬的价值观和审美观，从而产生购买的冲动，也使商人们达到了利用文化符号商品化的目的，这是将民间文化符号商品化的根本原因。

民间文化商品化权所要保护的客体恰是商人们对商品化权的对象进行商品化使用形成的商业利益。商品化权的对象往往在以下商业用途上被使用：

1. 商标

商标是最常见的商品化权对象使用途径。即商人们将商品化权

① 郑友德、焦洪涛：《反不正当竞争的国际通则》，《知识产权》1999 年第 2 期，第 44～45 页。

② 汪新蓉：《商品化权小议》，《科技与法律季刊》2001 年第 2 期，第 59 页。

对象应用于产品或服务标识的情况。此时商标的作用已不仅仅是区分商品的来源，还有吸引公众注意、提高购买欲望的作用。如同江苏三毛集团公司将“三毛”形象作为本企业产品商标注册的例子。有人将“刀郎”注册为商标，待价而沽。香港一个商人将东北“二人转”注册在避孕套上居然得到主管当局的批准。

2. 商号

商号是商人们将商品化权对象应用于企业名称的情况。比如“如来佛”大饭店、“马头琴”酒家、“二郎神”光学仪器公司、“孙悟空”游戏网站等。

3. 广告

这是指商人们将商品化权对象应用于广告宣传的情况，一般包括广告语和广告招贴画两种情况。例如“关公”、“杨贵妃”、“西施”、“葫芦娃”、“嫦娥奔月”等形象常被用作广告招贴画。

4. 包装装潢

即将商品化权对象应用于产品的外包装或其装潢、装饰中的情况。常见于图形作品和人物肖像，如将“武松打虎图”应用于酒瓶的装潢。

5. 产地标记

即将民间故事中有知名度的地名应用于产品的产地标记的情况。如“花果山”桃子、“仙人洞”矿泉水、“香格里拉”香烟等。

二　商品化权保护机制保护民间文化的基本原则

1. 保护与开发利用并举的原则

民间文化是一条悠久的历史文化长河中的活水，从远古流到现在，从现在流向未来，它既是昨天的记录、也是今天的映射，还是明天的预示。它随着历史的发展、人类的进步，会不断融入新的内容，发生新的变化，实现新的发展，获得新的生命。也就是说，民间文化具有流变性，只不过这个流变是在传播过程中发生的渐变，这种渐变，恰恰是在不断吸收新文化的过程中发生的。民间文化遗产作为一种资源，它有着无限的潜在价值。对一个国家或区域来讲，民间文化也是国家或区域本身一种潜在的软实力。挖掘民间文化资源，打造民间文化品牌，实现民间文化价值，展示民间文化个性，把民间文化渗透到经济社会之中，可以形成国家或区域的个性和竞争力。不仅民间文化本身可以直接作为文化产业来办，而且还可以和无形的旅游、休闲服务以及有形的产品开发结合起来，创造经济价值和社会效益。因此，对民间文化遗产既要充分保护，又要合理开发，使之持续发展。对民间文化遗产的合理利用和开发具有四个方面的意义：首先，它是抢救、保护和弘扬优秀民间文化遗产的重要渠道之一；其次，它是激发民众文化自觉意识、真正认识自我的一项重要举措；再次，它有利于大量劳动力转向第三产业，获得显著的经济效益和社会效益，从而实现“文化扶贫奔小康”的战略；最后，它有可能被培育成国际文化交流的平台，促进中国民间文化走向世界，让世界感知中国。正因为如此，我们在进行民间文化遗产抢救、保护的同时，还必须在合理利用、科学开发方面下功夫。反之，不开发的、封闭式、隔离式保护，使传统民间文化与现代经济和社会生活越来越远，既与社会经济发展主流相悖，也不符合民间文化发展规律。那样保护的结果，只能使民间文化失去鲜活的生命力，其本质是阻碍民间文化的进步和发展。

要协调民间文化遗产保护与开发的关系。民间文化的发展是一个动态的渐变过程，它的共享性、流变性、传播性等特点决定了民间文化遗产保护的特殊性，既不能搞绝对禁锢和封闭式圈护，也不能放任开发而不作任何保护，而是要在有效保护的前提下开发利用。一旦过度开发，便会在商品或服务中滥用民间文化成果，造成对民间文化遗产的延伸甚至歪曲使用，改变民间文化遗产蕴含的意义，对民间文化遗产造成不可弥补的破坏。在协调保护与开发利用两者之间的关系时，必须清醒地认识到，保护只是手段，不是目的，保护是为了更好地传承与利用；保护是开发利用的保证、基础和前提。没有保护的开发利用，只能使民间文化遗产在开发中变异，在变异中消亡。而开发利用，是为了更好地传播、传承优秀文化，使之得到更大的发展。因此，要处理好保护传承与开发利用的关系，必须牢固树立“保护性开发”的理念，坚持在保护中开发，在开发中保护。

2. 开发利用是为了可持续发展的原则

我们应以科斯定理为依据，来进一步探讨保护与开发利用的函数关系。在著名的科斯定理中，成本与效益是两个基本的概念，成本和效益之间的不同关系会导致如下三种结果：第一，如果存在“零交易成本”，则预期效益明显，不管采取什么游戏规则和制度安排，只要开发，就会产生效益；第二，如果存在“实在交易成本”，预期效益有高低之分，交易则在以合理的制度安排为基础的条件下发生；第三，产权的界定、安排和重新安排都必须计入交易成本，如果制度安排造成成本过高，预期效益为零，必然导致交易受阻。现实生活中的任何交易都会存在成本。就民间文化遗产而言，想给之以私权保护，必须满足一个条件，即给之以私权保护所产生的社会收益要大于社会成本。这里的社会收益是指该作品给社会带来的物质收益及其在客观上推动社会进步方面发挥的效用，以及对使用者消费需求的满足。这里的社会成本主要包括立法成本、司法成本和行政管理的成本，以及由于对社会其他人的使用限制而给社会带来的损失成本。保护民间文化遗产给社会他人带来的损失成本是极低的。就司法和行政管理成本来说，关键是以公开、公正、公平为基础，如何提高效率的问题；而就立法来说，立法成本是确定的，不会随着社会的发展而有很大的变化，并且一旦完成立法，完善立法的成本就十分有限。只有在有效合理的民间文化遗产商业开发的基础上才能满足收益大于成本的定律，我们的目标就是要既保障民间文化遗产权利人的合理回报——合理交易成本，又要最大限度地挤压制度安排造成的额外成本——分摊到每项具体交易中的社会成本，促成交易，保障合法开发。

通过以上分析，我们可以给民间文化遗产保护与开发之间建立一个数学模型。设保护为 x，开发为 y，民间文化遗产的商业价值为 z，则 $z = -x^2 + x$，当没有任何保护，x 为 0 时，民间文化遗产消失或变异，该文化遗产的商业价值为 0；保护增大，商业价值逐步增大，当保护适度，达到临界点时，商业价值实现最大化；保护超过临界点，过分保护，开发成本增加，开发商的效益降低，商业开发受到抑制，商业价值降低；直到禁止商业开发时，保护极端化，$x = 1$，民间文化遗产变为死遗产，商业价值降为 0。另一方面，$z = ky$，k 是某种民间文化遗产自身的可开发系数，商业价值和商业开发之间是正比例函数关系，没有商业开发，就没有现实的商业价值，商业开发力度越大，商业价值越高。将开发与保护联系起来，我们可以得出如下模型：

$ky = -x^2 + x$，该函数关系的图形为一条处在二维坐标系第一象限的开口向下的抛物线。

保护为 0 时，开发的基础消失，开发值为 0；保护适度，处于临界点时，开发可实现最大值；保护绝对化时，开发无法进行。开发是有极限的，不是毫无休止的，二维坐标系中，抛物线的顶点就是开发的极限。所以，我们应采取适度保护的原则，追求商业开发的最大值。

综上所述，在保证文化保护与传承的基础上，民间文化资源的利用和开发是必然趋势，是发展的方向。进行合理的、有序的和理智的开发，使其创造最佳的经济效益，这才是民间文化遗产保护的方向。也只有民间文化遗产创造了一定的经济价值，人们从中获得了一定的经济收益，其保护民间文化遗产的积极性才会上升为一种有目的和有动力的行动。因此，我们要坚持保护和开发并重的原则，在民族性与民间性基础上，找出开发的个性，推出开发的特色，获得效益，推动保护。保护和开发都要有度，才能实现保护和开发的可持续性，才能实现民间文化永葆青春。

3. 开发利用不能歪曲、篡改、淡化民间文化的原则

对民间文化遗产的开发包括两种形式，第一种形式是以繁荣文学艺术为直接目的的开发，是指对长期流传于某族群或地域的民间文化遗产进行整理、翻译、改编、汇编而形成民间文化遗产衍生作品的活动。这种开发活动既具有一定的“再创性”，是对民间文学艺术的再创作，形成的新作品与“原生态”流传的民间文化遗产有所不同，同时也是对民间文化遗产的发展和弘扬，是对民间文化遗产的文化艺术开发性保护。例如：对我国广泛流传的神话传说故事牛郎织女、梁祝化蝶、木兰从军、孟姜女哭长城进行系统化汇总而形成的新作品；将民间广泛流传的神话故事改编成影视片播放或制作成光盘在市场上发行出售，改编成舞蹈或话剧演出；又如郭颂先生引用赫哲族民间曲调《想情郎》，原创性完成《乌苏里船歌》，王洛宾通过西部采风、记谱，编写出脍炙人口的系列民间歌曲等。这种发展式的开发是对民间文化的传承和发扬光大，不仅是无可厚非的，而且是各级政府所鼓励的，学界已经逐步达成共识，国家版权局和文化部经过多年调研和讨论，已经组织起草《民间文学艺术作品著作权保护条例（征求意见稿草案）》，[①] 只要该《条例》出台，这种开发便有法可依；当然，如果对民间文化加以随意篡改、歪曲或者淡化，使民间文化发生异化，这也是该条例所应该禁止的。第二种形式是以获取商业利润为直接目的的开发，把民间文化遗产的元素或符号用于商业领域，为的是吸引消费者的眼球，刺激消费者的欲望，投入技术和资金进行大规模的产业开发，使其依附在产品上或融入到服务中，投入市场。这种开发是对民间文化遗产的商业开发，又可叫做二次开发或深度开发。例如：歌手罗林用“刀郎”做艺名进行包装，餐厅将民间典故写进菜谱，食品公司将民间诗歌用于产品广告，玩具厂将民间神话中的人物做成玩具，装

---

① 胡萍：《民间文艺著作权立法工作进程加速》，《中国版权》2008 年第 2 期，第 25 页。

修公司将民间艺术用于建筑装潢，以及越来越多出现的将民俗抢注为商标或网络域名待价而沽等。这种开发利用方式，目前存在较多的争议，特别是二次开发如果改变了民间文化原有的含义，使用的领域、应有的意境，以及审美情趣和价值观念，则是应该加以限制和禁止的。

4. 尊重民间文化保有主体、传承人意志，平等协商的原则

在历史的长河中，勤劳、勇敢、智慧、朴实的华夏民族，创造了极为丰富灿烂的民间文化遗产，这些遗产至今仍闪烁着智慧的异彩和历史的折光，它们不仅是前人留给我们的宝贵精神财富，也是为我们的生活创造着无穷物质财产的力量源泉。然而在民间文化遗产开发的过程中，一方面是客观上法律缺失，另一方面是开发商主观上对权利主体的人身权利的尊重意识不强，对权利人的财产利益更是漠视，造成了在商业开发过程中，原创群体、保有群体与开发商之间权利义务的失衡和利益的失衡。我们探讨保护与开发的关系，目的就是避免失衡，寻求建立一种实现民间文化遗产权利主体和开发者之间利益平衡和权利义务平衡的法律机制，使开发利用者树立知识产权意识，充分尊重民间文化保有主体和传承人的意志，或者尊重对民间文化有管理权（含代理权）的组织（含民间机构、协会等）的意志，使开发商在开发利用前，和权利主体（或代理人）进行充分的平等协商，为商业开发创造良好的法律环境，使商业开发者能实现预定目标。

我们呼吁对民间文化符号进行商品化权保护，建立民间文化遗产保护与开发平衡机制的宗旨是承认民间文化遗产的社会、文化、经济、教育等价值及其作为现代人类科技文化创新之源的特殊地位；增进人们对民间文化遗产保有人的尊重；制止对民间文化遗产进行滥用并保证权利人可以分享民间文化遗产的商业开发利益。同时，对民间文化遗产的保护应有助于保护传统文化及其多样性、促进文化艺术自由而公平地交流、鼓励民间文化遗产的传承与创新。

我们拟建立的法律制度，符合知识产权法的功能和价值取向，但与现有制度有着较大的区别，是一种专门对民间文化遗产进行保护的制度。

第二节　建立商品化权保护机制的必要性和可行性

一　“刀郎”之争折射出民间文化符号商品化权

近年来，随着歌手“刀郎”罗林的一夜成名，在社会掀起了一起又一起借用“刀郎”之名来进行包装而引发的风波。先是“刀郎”罗林与“西域刀郎”潘晓锋的艺名之争引起了媒体的广泛关注，之后不久又传出了将“刀郎”注册为酒类商标并以3000万元的底价竞拍的事件，随着拍卖事件的扩大，商家纷纷将目光投向“刀郎”，于是涌现出“刀郎”商标抢注事件。

在这些事件中，“刀郎”给无数商家带来了巨大的商业利润，无论是有形的资产还是无形的知名度，总而言之，那些投机商从中获利丰厚。然而，在“刀郎”事件的背后，我们还应该看到的是民族民间文学艺术急需知识产权保护的现状。殊不知，“刀郎”一词有三种含义：即新疆麦盖提县央塔克乡一带的地理区域、维吾尔族群体和民俗文化。这一地区早在公元15世纪就有“刀郎人”在此游牧、狩猎、捕鱼，繁衍生息，在长期的生产活动中形成了这种独特的西域文化，产生了刀郎舞、刀郎民间绘画，形成了经久不衰的刀郎麦西热甫，刀郎麦西热甫以表现刀郎地区维吾尔人民野外狩猎、喜庆丰收、欢乐生活等情景为主，包含有刀郎木卡姆演唱、群众自娱舞蹈、餐饮、文学艺术表演及各种游戏等。它不受环境条件、时间、参与人数的限制，但程序严格，种类繁多，内容丰富多彩，根据其性质和功能，大致可分为节庆礼仪和人生礼仪、农牧业生产、社交活动、其他民俗活动等四种类型。[①] 2006 年 5 月 20 日，该民俗经国务院批准列入第一批国家级非物质文化遗产名录。

因此，“刀郎文化”并不是由罗林的一张歌曲专辑催生出来的，更不是因其与潘晓锋的艺名之争而引发的，它是由新疆维吾尔族人民在长期的生产活动中创造出来并世代相传的民族民间文学艺术。没有“刀郎文化”，罗林的歌曲未必如此走红，“刀郎”商标的含金量也肯定不会这么高，所以说，“刀郎”的出名在一定程度上与消费者喜爱这两个字所蕴涵的具有怀旧意味的西域风情这一因素有关。那么不管商家是有意还是无意，他们将“刀郎”商业化利用这一行为都在事实上侵害了“刀郎人”的合法权益——商品化权，即“将能够创造商业信誉的人物或动物角色、形象、著名作品的名称或片断，广为人知的标志或它们的结合进行商业性使用的独占权”。[②]

另据一些媒体报道，“二人转”避孕套商标被人于 2008 年在香港成功注册，令国人瞠目结舌。其实，早在 2006 年，国家工商行政管理总局商标局就对广西一黄姓女子以个人名义提出把“二人转”注册为安全套商标的申请予以驳回。该申请在审查公告期间遭到了广大民间文化界人士的强烈反对，特别是崔凯、田连元、赵本山等曲艺大家联名给国家工商行政管理总局发函，要求制止这种不当注册行为。芸芸逐利者之所以一而再、再而三地将“二人转”作为商标申请注册，就是看中了这一民间文化符号的商业价值。据笔者 2010 年 7 月在中国商标网上查询，和二人转这一民间文化符号相关的商标有“二人转”、“二人转大西厢”、“二人转回杯记”、“二人转总动员”等；光是“二人转”商标，就被注册在下面各类商品或服务上：车辆；包、伞、手杖；服装、鞋帽；厨房用具、盥洗室器具；床上用品；玩具、运动健身器械、扑克牌、风

① 宗和：《刀郎人与刀郎文化》，《西部论丛》2005 年第 3 期，第 25～26 页。

② 刘春霖：《商品化权论》，《西北大学学报》1999 年第 4 期，第 54～58 页。

筝、游戏机；肉制品、鱼制品、豆腐制品、蔬菜罐头、蜜饯、食用油、果冻、精致坚果、干食用菌；树木、谷类、植物、鲜水果、活动物、饲料、动物栖息用品；糖、茶、甜食、调味品、食品添加剂；米、面粉、谷类制品、人食用的去壳谷物；烟草、火柴、吸烟用打火机；白酒、葡萄酒、含酒精饮料；啤酒、无酒精饮料、果汁、矿泉水；肥皂、洗发液、香皂、洗面奶、洗涤剂、鞋油、化妆品、痱子粉、摩丝、牙膏；服务类的养老院、日间托儿所、出租会议室以及桌椅等用具；餐馆、咖啡馆、寄宿处等。“刀郎”被人注册的范围更广，简直到了令人数不胜数、无以复加的地步。如果不制定相关规定加以限制，类似以“二人转”申请商标注册或堂而皇之地使用的行为还将继续蔓延，有朝一日，上述以及将被在新的商品或服务上注册或使用的“二人转”商标中，难免会冒出一个什么“驰名商标”，民间文化形式“二人转”的传承人将该民间文化符号付诸商业性使用的权利将不断被各种抢注者吞噬，直至丧失殆尽。

以上现象如果不加以严格的控制，势必继续蔓延，殃及我国其他民间文学艺术。我国是一个幅员辽阔的多民族国家，民间文化表现形式璀璨多姿，尤其是民间文学艺术中有很多虚构形象和一些民间文化形式的名称，为大众所熟悉和喜爱。这些形象和名称是中华民族的民间文化符号，例如布洛陀、刘三姐歌谣、遮帕麻和遮咪麻、牡帕密帕、刻道、玛纳斯、江格尔、格萨（斯）尔、阿诗玛、拉仁布与吉门索、花儿、木卡姆（含刀郎木卡姆）、威风锣鼓、花鼓灯、热巴舞、昆曲、乱弹、彩调、哈哈腔、二人台、一勾勾、傩戏、贤孝、锦歌、乌力格尔、少林功夫、武当武术等，一旦将它们用于商业活动，能给商家带来巨大的经济效益。但是，这种使用必须有序进行，不能不经许可地随便使用，要将它们纳入知识产权法保护的对象范围，由民间文化的保有或传承群体组成的相应机构有条件地许可商家使用。

正因为民间文化符号有非凡的影响力，具有强大的商业标识功能和巨大的商业价值，很容易被商业性使用，所以我们特别呼吁，民族民间文学艺术中的特定文字名称和相关形象不能被随便作为商标申请注册，对它们进行法律保护必须提上议事日程。权利人将民间文化在文学艺术形式以外进行商业开发的权利是一种商品化权，这是一种全新的知识产权，我国现有的知识产权法律体系中尚未有所规定，应当由专门的知识产权法律单独提出来加以保护。商品化权保护机制恰恰可以起到对民间文化在商业活动中被使用的延伸保护作用。

二　民间文化符号商品化权保护的必要性

（一）未经许可将民间文化符号作为商标使用或注册是侵权行为

未经许可将民间文化符号注册为商标或作为商标使用的行为是侵权行为，侵犯了权利人的在先权利，必须加以禁止。其侵权性可以从以下几个方面来分析：

1. 侵犯了民间文学艺术保有者和传承人的人身权利

非物质文化遗产是创作者民族特性的体现、人格的反映，创作者在其非物质文化遗产中表达了一定的思想或情感，非物质文化遗产专有权人对其非物质文化遗产的人格利益理应受到法律的保护，创作者对其非物质文化遗产应享有相应的精神权利。在使用非物质文化遗产时，应当尊重产生非物质文化遗产的民族或群体的宗教信仰、风俗习惯和精神权利，不得擅自对非物质文化遗产进行修改，不得歪曲、篡改原生作品，不得违背原生作品独特的表现形式或艺术风格，不得作不适当使用。[①] 任何民间文化符号都是该民间文学艺术的象征，是该民间文学艺术的创造者和传承人用智慧创设或归纳总结出来的，都有特定的审美要素、道德情感、心理需求、人生意愿，将它注册在与该民间文学艺术毫不相干的商品或服务上，显

---

① 黄玉烨：《非物质文化遗产的私权保护》，《中国法学》2008 年第 5 期，第 136 ~ 145 页。

然与该民间文学艺术的创造者和传承人的文学艺术追求、价值取向、思想情感不相吻合，甚至有碍该文学艺术形式的进一步发展。例如东北二人转，是一种通俗的民间文化形式，表现了百姓的喜怒哀乐、刻画了世间的百态人生、反映了社会的万千气象、描写了生活的多姿多彩，搞笑幽默中不乏人生哲理，火辣热烈中不缺理性思维，绝不能和低级趣味画等号，也不能和“黄色”等量齐观，更不是“性”生活的工具。所以，把二人转注册在避孕套上显然是不符合二人转演员们的审美要求的，也违反了公序良俗的社会价值标准。

国家工商行政管理总局商标局对该黄姓公民的商标注册申请审核后认为，该行为有损东北地区的艺术形式，不符合《商标法》规定，予以驳回。我国《商标法》第10条第1款第8项明确规定，对于“有害于社会主义道德风尚或者有其他不良影响的”标志，不得作为商标使用。也就是说，对于“有害于社会主义道德风尚或者有其他不良影响的”文字、图形或者其组合，不仅不得作为商标获得注册，而且不得作为商标使用。国家商标局权威人士在接受记者采访时指出，“二人转”是发源并流行于我国东北地区的一种艺术形式，在我国东北地区乃至全国都有着广泛的影响。黄某在“避孕套”、“子宫帽”、“人造乳房”等商品上申请注册“二人转”商标，容易对“二人转”艺术形式造成不良影响，违反了《商标法》第10条第1款第8项规定，不可能获得注册。①

2. 妨碍了民间文学艺术保有者和传承人的文化发展权

任何国家、民族、区域的文化都具有特定的尊严和价值，应当获得平等的发展机会。在全球化步伐加快的背景下，在经济发展与文化保护形成一定冲突的情形下，文化发展权利保护的必要性日益凸显。文化发展权是公民个体及其组成的集合体包括一个民族、区

① 李德庆：《国家工商总局驳回注册“二人转”没成安全套商标》，http://ent.sina.com.cn，2006年3月15日发布。

域、国家所拥有的文化得到保护与发展并由此获益的权利，是发展权的重要内容。东北二人转演员们和其他民间文化艺术的传播者一样，在表演、传播本地区、本民族特有的民间文化过程中，不断发展自己特有的民间文化，使之发扬光大，在发展本地区文化的同时，也使自己乃至本地区的人们获得了一定程度的发展。这种文化发展权是必须得到法律保护和第三人尊重的。

如果未经许可随意使用民间文化符号作为商标，容易给民间文化带来负面影响，不利于民间文化的欣赏、传播。例如“二人转”这一民间文化符号如果被注册为商标，广泛地反复使用，就会产生第二含义，就会使普通消费者甚至一般公众将该词语与商家的产品或服务联系起来，就会由该类产品或服务的名称联想到其用途或功能，就会导致公众对民间文化艺术的内涵产生歧义。歧义一旦产生，不是在原有语境下使用民间文化符号，民间文化赖以生存的生态环境就被破坏了，民间文化的思想性、艺术性就将被淡化，甚至被歪曲，该民间文化的传播力、影响力必然下降，最终可能导致消亡。

3. 侵犯了民间文学艺术保有者和传承人的商品化权

凡是某一要素能指称某一特定的文化形式，增强商品或服务对消费者的吸引力，能使顾客产生某种特定的联想，发挥符号的指引功能，就有可能产生商品化行为。在现实生活中，文化符号被用于商业活动可谓屡见不鲜，很多侵权人误认为文化符号是人类的共同财富，可随意将具有地域性、民族性、财产性以及标识性的象征符号用于商业活动当中。这种错误认识之所以产生，和现有法律对商品化权的保护设计缺失有关，也与理论界对民间文化知识产权保护研究力度不够有关，很少有学者对利用民间文化符号进行商业活动行为的合法性、规范性、可持续性的条件进行研究。

商品化权是一种新型财产权益，属于知识产权。商品化行为的实质是利用一些要素的“亲和力”，将该要素二次开发来达到推销商品或服务之目的。这种“亲和力”实际上是一种信誉，正是这种信誉的存在，达到了吸引消费者，创造商业效益的目的。商品化权所要保护的是存在于人们观念之中的“信誉”。文化符号本身已经成为一种文化的象征，一种信誉的代表，具有极强的知名度，消费者在见到其所标识的产品或接受其所标识的服务时，总是会不由自主地联想到在产品或服务背后所隐含的文化符号的良好信誉，这种信誉激发了消费者的购买欲望。因此，文化符号的商品化行为与商品化权具有内在的法律关系，商品化权是民间文化的保有者或传承人的，商家要将该民间文化符号商业性利用，必须征得权利人的同意，未经同意的，不论商品化的载体物质表现形式如何，只要能够引发人们观念中的这种信誉认知，就构成商品化权侵权。[①] 为保护权利人的权益，应当在知识产权法律体系中设置商品化权来预防在文化符号商品化行为中某些商家的不当得利，一旦有不当得利，必须能够进行及时的救济和给予足额的补偿，以此维护文化符号权利人的合法权益。

民间文学艺术虽然在一定程度、一定范围内公开，已经公知，但并非公有，而是归特定群体所有。民间文学艺术是特定区域内特定民族的特定人群保有或传承的，该文学艺术形式作为作品，它产生的起始时间不确定，传播的历史很难考证，演变的过程虽然缓慢但可谓时刻处于演变和创新之中，这种演变也没有终点，不像一般的作品那样有一个确定的完成时间，所以权利人的权利期限包括财产权保护期限，不能像一般作品那样设定保护期，限制保护期就是在一定程度上限制了该民间文化的传承和发展，只要该民间文化是一种活态文化，不是凝固于一种表现形式，就应该持续保护下去，就好比我们把它看成活态物，权利人对它的权利是一种自然权利，是不能人为地预设一个固定时限作为保护期的。那种认为民间文化毫无区分地全部已经进入公有领域的观点是片面的，是站不住脚的，是不利于民间文化发展的，是对民间文化保有者和传承人权利

---

① 余俊：《论商品化权之权利归属——商品化权与知识产权关系之考量》，《电子知识产权》2005 年第 9 期，第 21 ~ 25 页。

的无情剥夺。

（二）是民间文化符号商品化的需要

我国作为一个拥有56个民族的文明古国，在长期的历史发展中，形成了很多独特的民族民间文学艺术。这些民族民间文学艺术具有较强的地域色彩和民族风情，历史悠久，多为偏远地区处于农耕文化状态中的人们享有，现代文化中生活的人们对它们并不熟悉，一旦被开发，这些民族民间文学艺术中的文化符号对大家具有极大的吸引力。尤其是近年来，原生态民族文化风盛行，无论是服饰还是家居，都呈现出一股强烈的复古风潮，因此，众多商家纷纷将目光投向了民族民间文学艺术。法律必须顺应这种潮流，使民族民间文学艺术在商业开发中体现其价值，使权利人获得合理的回报，从而反哺民族民间文学艺术事业，使其得到繁荣与发展。

由于民族民间文学艺术的表现形式丰富多彩，在各行各业都出现了将民族民间文学艺术商品化的现象，如果任由民族民间文学艺术被人滥用于商业，势必会降低民族民间文学艺术的价值，并且极大地侵害民族民间文学艺术真正权利人的合法权益。而且随着整个社会商品化现象日益突出，产生了很多新型的法律纠纷。这些法律纠纷不能运用传统法律予以解决，因为传统的权利类型难以准确描述在这种商品化现象的背后所蕴含的新型权利。正如郑成思先生所说：“在一般民法的人身权与版权之间，以及在商标权、商号权、商誉权与版权之间，存在着一个边缘领域。正像把工业版权的问题无论放到工业产权还是版权领域解决，也都难得出令人满意的答案”。[①] 这种权利就是随着商品化行为而产生的商品化权，它的产生暴露了现有权利体系的漏洞，因此需要商品化权来对民族民间文学艺术商品化行为予以规制。

（三）是现有法律保护存在缺陷的反映

目前我国尚未出台专门调整民族民间文学艺术的法律，对于现

① 郑成思：《知识产权法》，法律出版社，1997，第31～32页。

实生活中遇到的民族民间文学艺术问题，多依据其内容和被侵权形式而选择适用《著作权法》、《商标法》、《专利法》和《反不正当竞争法》来调整，但是这些传统法律在面对日益丰富的商品化行为时，其存在的缺陷也就逐渐显现出来。

1.《著作权法》对民间文化符号保护的不足

虽然我国《著作权法》第6条规定：民间文学艺术作品的著作权保护办法由国务院另行规定。而至今为止我国尚未出台这一规定，但是从“刀郎案”中我们可以预见运用著作权法来保护而可能产生的缺陷。

（1）由于著作权法保护对象的局限性，会把很多商品化的对象排除在外，导致很多民族民间文学艺术的商品化行为都难以归入到著作权法的保护之中，难以成为著作权法保护的客体。比如民族民间文学艺术表现形式中的传统手工技艺就无法成为著作权法保护的客体。

（2）假设民族民间文学艺术商品化的行为能够作为著作权的客体，则未经许可使用该民族民间文学艺术的名称的行为究竟侵犯著作权法上的何种权能，存在很大疑问。根据中国著作权法授予作者的十七项权能，我们发现，无论是人身权利还是财产权利，都是对作品的直接利用，而将民族民间文学艺术的名称用于不同领域的行为，属于对其的“二次利用”，与各项著作权权能存在较大区别。将“刀郎”注册为酒类商标的行为即是鲜明的例子。将这种民族民间文学艺术的名称“刀郎”二字用在与其内容完全不相干的酒产品上进行商标注册的行为就在著作权权能范围之外，无法将此种行为定性为侵犯著作权。

（3）由于将民族民间文学艺术做商业性使用的收益与著作权侵权的不当得利在计算结果上存在着悬殊的差异，最终将导致对真正权利人的赔偿数额过低。根据《著作权法》第48条规定，侵犯著作权或者与著作权有关的权利的，侵权人应当按照权利人的实际损失给予赔偿。实际损失难以计算的，可以按照侵权人的违法所得给予赔偿。只有当权利人的实际损失和侵权人的违法所得都不能确定时，才由法院根据侵权行为的情节给予50万元以下的赔偿。但是由于民族民间文学艺术的享有者都为一些普通民众，虽然其权利被侵犯但谈不上有什么直接的损失，因此无法按照权利人的实际损失进行赔偿。另一方面虽然侵权人无权将民间文化符号恣意用于商业使用，但是却并不能认为侵权人在此期间所获得的收入都是违法收入。因为民族民间文学艺术的信誉虽然可以给侵权人带来更多的利益，但是侵权人所使用的信誉仅仅是一种宣传手段，决定一件产品或服务最终命运的毕竟还是其自身的质量和水平。在这两种方式都无法适用的情况下，就只能给予50万元以下的赔偿数额，但是这样的赔偿数额对于一个利用民族民间文学艺术获得巨额利益的公司来说无疑显得太少。除此之外，以著作权侵权救济方式来处理该类纠纷，在保护方法上属于一种间接保护，因此，依照著作权法对民族民间文学艺术进行保护存在众多难以解决的缺陷。

2.《商标法》对民间文化保护的不足

（1）商标权的保护范围与民族民间文学艺术的商业使用范围不同。商标是区别商品和服务的标记，而民族民间文学艺术的商品化形式却是多样化的，它促进商品或服务的手段是多样化的，它不仅可用在商标上，甚至可将某种民族民间文学艺术直接用于商业生产，用于商业演出等等，商标法无法对民族民间文学艺术的商业价值进行全面的保护。

（2）我国《商标法》采取申请注册制。商标必须经过注册，才能得到法律的有效保护。商标注册必须依商品类别申请，在现有商标法框架下，民族民间文学艺术权利人若想通过商标法充分保护民族民间文学艺术，就必须对可能使用该民族民间文学艺术的各个商品类别申请注册商标。商标注册申请人在不同类别的商品上申请注册同一商标，应当按商品分类分别提出注册申请；注册商标需要在同一类的其他商品上使用的，应当另行提出注册申请，每个申请均单独付费。商标注册费时费力，对于民族民间文学艺术的享有者来说负担过重，而我国《商标法》规定注册商标必须在商业中持续地使用，如果超过三年停止使用则面临着被撤销的危险，但是民族民间文学艺术的享有者往往都是普通民众，他们只是不希望自己的合法权益受到非法侵害，让其将自己申请的注册商标投入使用显得力不从心。所以权利人只能眼睁睁地看着他人将民间文化符号抢注为商标。要改变这种缴费注册才能获得保护的状况，就必须对现有的商标法进行一定程度的修改。

商标法属于知识产权法，不仅应该和著作权法、专利法一样，是鼓励创新的法律，特别还是鼓励诚实经营，鼓励企业通过自身努力培养商业信誉的法律；不应该鼓励“搭车”行为，也不应该留一个大空当，让一些人随随便便来钻，而要成为商标抢注行为的防火墙。我国《商标法》虽然已经注意到这方面的问题，第 41 条第 1 款规定：“已经注册的商标，违反本法第十条、第十一条、第十二条规定的，或者是以欺骗手段或者其他不正当手段取得注册的，由商标局撤销该注册商标；其他单位或者个人可以请求商标评审委员会裁定撤销该注册商标。”第 2 款规定：“已经注册的商标，违反本法第十三条、第十五条、第十六条、第三十一条规定的，自商标注册之日起五年内，商标所有人或者利害关系人可以请求商标评审委员会裁定撤销该注册商标。对恶意注册的，驰名商标所有人不受五年的时间限制。”但这些规定对于防止抢注民间文化符号作为商标使用，还没有特别明显的效果，必须进一步完善之。

对于上述规定，与民间文化符号抢注事件相关的问题有两个，一个是该条第 1 款规定的违反法律强制性规定的抢注问题，涉及国家利益、公共秩序和公共利益，例如将“二人转”注册在避孕套上，有害于社会主义道德风尚或者有其他不良影响，即使抢注成功，商标局可以撤销该注册商标，其他单位或者个人可以请求商标评审委员会裁定撤销该注册商标，这种情形的撤销是强制性的，是不受时间和其他条件限制的，哪怕法院在商标争议审判案件中认定该商标已经是驰名商标，商标局照样可以依法将其商标注册证撤销；另一个是该条第 2 款规定的侵害他人民事权利的抢注问题，涉及在先的商标权、地理标志权、著作权、外观设计专利权、姓名权、肖像权以及消费者知情权等，虽然我国法律尚未规定商品化权，但该款规定中的“在先权利”已经能够容纳商品化权，这种情形的撤销是受时间限制的，商标局不主动撤销，必须由利害关系人自该商标注册之日起 5 年内请求商标评审委员会裁定撤销。5 年的时间虽然不算短，但商标法允许注册商标 3 年内不使用，虽然有商标公告，但普通的民间文化传承人自己不注册商标，不关心商标公告，不可能主动了解到某个民间文化符号被抢注了，往往是经媒体披露或商家故意炒作才知晓的，没有人炒作可能就处于无声无息的状态，即使 3 年后该注册商标被使用，该商品或服务流通的地域范围很窄，民间文化符号的权利主体也很难知晓其使用，只要使用两年，加上前 3 年不使用、不炒作，过了 5 年期，传承民间文化的普通百姓知道了该商标被抢注，再想请求撤销，也就不可能了。但商标权与民间文化符号使用权之争不同于商家之间纯粹的商标权之争，对于商标权丧失的商家而言，只不过不用该商标罢了，可以重新申请注册一个新商标，生产经营活动还能正常开展下去，不受其他商家的干扰，而作为一种民间文化活动，长期以来都是使用一个名称，你要它改名称显然不可行，你要它长期受到抢注商标等商业行为的干扰也为民间文化传承人所不容，消费者也难以接受。所以，商标法不仅仅要对驰名商标被侵权的情形给予特别处理，对民间文化也要给予特殊保护，对恶意抢注民间文化符号的，规定民间文化的权利主体提起撤销该注册商标申请的时间不受 5 年的限制，使达摩克利斯之剑永远高悬在恶意抢注者的头上。这不仅是保护了民间文化传承人的利益，同样也保护了消费者的利益，捍卫了整个社会的文化尊严。

总之，我国的民间文化符号是中华民族的文化瑰宝，丝毫容不得半点玷污，也不宜在商业上不适当地使用，虽然国外没有对文化符号的商业性使用制定相关法律加以规制，但我国的国情迫切需要从现有的商标法入手，对民间文化符号的商业标识功能加以严格规范。[1]

3.《专利法》对民间文化保护的不足

我国《专利法》中规定：外观设计专利权被授予后，任何单位或个人未经专利权人许可，都不得实施其专利，即不得为生产经营目的制造、销售、进口其外观设计专利产品。这里提出了对产品设计的保护。但根据我国《专利法实施细则》第 2 条第 3 款的规定，专利法所称的外观设计，是指对产品的形状、图案或者其结合以及色彩与形状、图案的结合所作出的富有美感的适用于工业应用的新设计。由此可见，专利法中保护的是一种新设计，没有对传统设计的规定。《专利法实施细则》第 2 条第 2 款规定：实用新型是指对产品的形状、构造或者其组合所提出的新的技术方案。可见，这种技术方案也必须是新型的，那么传统的技术和造型显然无法依据专利法来予以保护。[2]

4.《反不正当竞争法》对民间文化保护的不足

（1）对民族民间文学艺术提供保护，与反正不当竞争法的立法宗旨不符。根据我国《反不正当竞争法》第 2 条的规定，主体主要是“经营者”，是指从事商品经营或者营利性服务的法人、其他经济组织和个人。例如学者张平主张“反不正当竞争法调整的是在市场经济中产生的各种社会关系，规范的对象是竞争者，其主体亦在竞争者之间”。[3] 那么，作为非竞争者的这些权利人就无法依据《反不正当竞争法》来寻求保护。

（2）反不正当竞争法所提供的保护，归根到底属于事后救济式的消极权利保护模式。而民族民间文学艺术商品化所包含的特殊

① 苏喆：《文化符号商业标识功能的商标法规制——滥用民间文化符号注册商标的非正当性分析》，《知识产权》2011 年第 1 期，第 94 ~98 页。

② 苏哲、孟文：《论民族传统服饰的知识产权保护》，《东华大学学报》2005 年第 3 期，第 53 ~58 页。

③ 张平：《知识产权评论》，北京大学出版社，1994，第 227 页。

的商业价值，无论从效益主义原则，还是从激励理论出发，都更应采取事前调整式的积极权利的保护模式。

（四）用商品化权保护民间文化符号具有很强的现实意义

1. 能达到对民间文学艺术有效利用的目的

一方面实现了民间文化符号的巨大商业价值和文化价值，另一方面又有效抵制了任何形式的与民族民间文学艺术相关的非法商业行为。因为商品化权的设立，可将某一民族或者某一地区的人民基于独特民族色彩和区域特色而形成的体现该群体发展历史、风俗习惯、生活环境、心理特征、价值观念等内容的文学和艺术等特有的信誉的潜在的商业价值划归这一特定的民族或地区享有。民族民间文学艺术的享有者对这一民间文化符号享有商品化权后，可以直接将该民间文化符号用于商业利用，也可以将民间文化符号授权给他人用于合理的商业用途，不论哪种使用方式，权利人都得到了经济利益，同时又在无形之中，对民族民间文学艺术进行了推广和普及，达到了双赢。所以说，这样既能鼓励这一民族或地区继续传承和发扬其民族民间文学艺术，有利于民族民间文学艺术价值的实现，又能制止商家无偿利用这个民族或地区所创造的信誉从中牟取不当利益。

2. 弥补其他传统法律对民间文化符号商品化现象保护的不足

民间文化符号商品化的现象越来越常见，随之而来的法律保护问题也越来越突出。正如笔者在前面所论述的那样，现有法律对民间文化符号商品化的保护存在着种种缺陷，依据传统法律，无法对民间文化符号商品化现象予以规制，更无法全面保护民族民间文学艺术真正权利人的合法权益。在此基础上，学者们提出商品化权的概念，以此来为商品化现象中真正权利人的利益可以得到法律保护找到依据，因为商品化权所要保护的是存在于人们观念之中的信誉。但由于信誉本身是一种社会评价，它的存在形式不是客观实在的，而是公众意识中一种抽象的感觉与印象，故而，信誉的产生，更大程度上取决于大众心理这一不确定的因素。

所以，不论其物质表现形式如何，只要能够引发人们观念中的这种信誉认知，就构成商品化权侵权。[①] 因此它不拘泥于表现形式这一特点就决定了在各种形式的商品化行为中，权利人都可以依据同一权利——商品化权来寻求法律保护，可以弥补其他传统法律保护的不足。

三　民间文化符号商品化权保护的可行性

（一）民间文化符号的商品化行为符合商品化权的本质

商品化权是一种新型权益，目前国内学者对商品化权的表述可谓众说纷纭，归纳起来大致有以下几种观点：虚构角色说[②]，形象权说[③]，公开权说[④]，公开形象权说[⑤]，商品化权说[⑥]。最初，商品化权是一个与自然人人格要素相联系的财产权，它以自然人的人格权为前提，并将人格要素的商业性使用作为专有权利加以保护。其后，商品化权的保护对象融入了有关作品虚构角色的内容，包括漫画、动画等视觉表现的臆想角色和文学语言表现的虚构角色。近来，又将著作权以外的权利对象置于商品化权的保护之中，如标题、标语、图章、装潢要素、设计和画片，甚至真实的动物形象等。由此可见，在商品化权发展过程的每个阶段，变化的只是商品化权的适用范围，呈现出越来越广的趋势，但实际上，这种权利的本质始终未变，即是通过对某些标志性符号在商业领域进行使用来获取利益，这种符号具有一个共性：能够创造

① 余俊：《论商品化权之权利归属——商品化权与知识产权关系之考量》，《电子知识产权》2005 年第 9 期，第 21～25 页。

② 梅慎实：《试论影视作品中“虚构角色”商品化之知识产权法保护》，《版权参考资料》1989 年第 6 期，第 43～45 页。

③ 郑成思：《商品化权刍议》，《中华商标》1996 年第 2 期，第 4～6 页。

④ 王利明、杨立新：《人格权与新闻侵权》，中国方正出版社，1995，第 427 页。

⑤ 薛虹：《名人的“商标权”——公开形象权》，《中华商标》1996 年第 3 期，第 10～14 页。

⑥ 杨素娟、杜颖：《商品化权议》，《河北法学》1998 年第 1 期，第 74～77 页。

商业信誉。正是这种信誉的存在，达到了吸引消费者，创造商业效益的目的。

民族民间文学艺术是一种传统文化，它是指一个民族和一个地域在漫长的历史发展过程中形成、创造和积累起来的，世代相传，具有独特民族色彩和区域特色的，体现该群体发展历史、风俗习惯、生活环境、心理特征、价值观念等内容的文学和艺术表现形式。虽然民族民间文学艺术只是特定区域文化的表现形式，但是在现实生活中，很多民族民间文学艺术尤其是已经成为国家文化遗产的那部分，已经被更多的人所关注、所熟知，他们本身已经成为一种文化的象征，一种信誉的代表，具有极强的知名度。

那些利用民间文化符号进行商业使用的商人正是看中了民间文化符号所代表的良好信誉和知名度来宣传其产品，吸引消费者的注意力。他们将民间文化符号用于商业领域，或者注册为商标，或者直接用于商业生产或商业服务，不论他们采用什么样的方式，他们的目的都是利用民间文化符号的信誉来牟取利益。

于是，一旦某种商品或服务与民间文化符号之间存在某种或明或暗的联系，那么这种产品的销量往往比其他同类产品的销量高很多。因为消费者在见到这类产品时，总是会不由自主地联想到在产品背后所隐含的民间文化符号的良好信誉，这种信誉激发了消费者的购买欲望。正是在这个基础上，我们说民间文化符号的商品化行为与商品化权的本质是一致的。因此，我们可以采用商品化权来预防在民间文化符号商品化行为中某些商家的不当得利，维护民间文化符号权利人的合法权益。

（二）现有司法判例为民间文化符号的商品化权保护提供了借鉴

1. “三毛”漫画形象纠纷案等判例确认了虚拟角色在我国的商品化权

原告诉被告江苏三毛集团未经著作权人许可将“三毛”形象

作为商标注册并广泛使用，构成对原告所继承的著作权侵权。法院最终判决被告停止侵权，赔偿原告10万元人民币。该案主审法官说："被告的行为不属于著作权法规定的使用作品的行为，而是将著作权人的作品作为商标使用的行为，因此被告的行为不应按照著作权法的规定得出被告应该赔偿的数额，但是也不应该把被告将著作权人的作品作为商标使用的行为，按照商标法的规定计算被告的侵权利润，因为被告侵犯的是原告的著作权而不是商标权，如果按照商标法的规定计算原告的经济损失或者被告的侵权利润，则会错误地适用法律，得出错误的结论。据此，法院是综合考虑了原告为制止被告的侵权行为和被告使用侵权作品的实际情况，判令被告酌情赔偿原告10万元"。[①]

在此案中，法院虽没明确表示，但实际上是承认了虚拟角色的商品化权，因此才判决被告酌情赔偿原告10万元。倘若在本案审理之中，拒绝承认虚拟角色的商品化权，而是严格依照现有法律，适用著作权法或商标法来审理的话，原告的诉讼请求其实是很难得到法院的支持的。首先，被告的行为不属于著作权法规定的使用作品的行为，不算著作权法上的侵权，因此不能适用著作权侵权判决被告承担损失。其次，原告并未将"三毛"文字或形象注册为商标，那么被告将"三毛"形象注册为商标并使用的行为，也没有侵犯原告的商标专用权。商标法中规定的在先权利主要是各类民事权利，即著作权、商标权、外观设计及实用新型专利权、商号权等，原告的被继承人张乐平（已故）虽然创作了"三毛"这一形象，但被告已经将"三毛"这一形象注册为商标，印刷为商标标识是依商标法进行的，其目的并不是将标识作为作品出售，并不影响"三毛"漫画作品的销售市场，且其印刷品的总价值远远达不到10万，那么，在此种情况下，原告的诉讼请求（要求赔偿100

① 孙爱民、须键楚：《对"三毛"案的评析》，《知识产权办案参考》第2辑，中国方正出版社，2001，第142页。

万元人民币）是得不到法院支持的，根据商标法中尊重在先权利的原则，法院最多只能判决被告停止使用“三毛”这一形象作为商标。

此外，2007 年 8 月，引起社会公众广泛关注的“阿凡提”美术形象著作权侵权案，北京市第二中级人民法院判决二被告北京阿凡提投资管理有限公司、北京阿提餐饮发展有限公司停止涉案侵权行为，共同在涉案被告所有网站的首页上持续七十二小时刊登向原告赔礼道歉的声明，共同赔偿原告曲建方经济损失四万元及合理维权支出 1 万元。2008 年 11 月，上海市第二中级人民法院判决被告广东宏裕公司因擅自注册使用“葫芦兄弟”形象作为商标，赔偿原告上海美术电影制片厂经济损失 10 万元。

因此，法院承认虚拟角色的商品化权，是使得这类案件得到公平合理的裁判的重要因素。只有采用商品化权的保护模式才能化解类似商品化行为中存在的矛盾，平衡双方的权利义务，防止不法商人在商品化行为中不当得利，侵犯权利人的合法权益。

2. 借鉴对虚拟角色商品化权的承认，确认民间文化符号的商品化权

法院对虚拟角色商品化权的承认为我们在司法实践中解决类似商品化行为中产生的权利冲突开创了先例，可以看作是我国司法领域对商品化权的确认。我们在解决民族民间文学艺术商品化行为中出现的类似问题时，也可以借鉴上述案例中确认商品化权的做法。

譬如本文开篇提到的“刀郎”之争，就是一个值得探讨的问题。将一种民族民间文学艺术的名称“刀郎”二字用在一个与“刀郎人”完全不相干的歌手的包装上，或用在与其内容完全不相干的酒产品上进行商标注册的行为，和“三毛”形象纠纷案的性质是一样的，当我们依此类推，承认权利人对“三毛”形象的商品化权时，“刀郎人”的合法权益也就可以得到相应的保护。

“刀郎”之争只是众多民间文化符号商品化行为中的一个缩

影，它所遇到的现有法律保护不足问题普遍存在于民间文化符号商品化行为之中。现有法律的空白和漠视是此类问题无法解决的关键所在。当我们对民间文化符号实施商品化权保护时，类似“刀郎”之争的情况就迎刃而解了：民间文化符号的权利人可以依据商品化权来向那些抱着无偿使用民族民间文学艺术来为自己牟取利润心理的不法商家要求赔偿。所以，确认民族民间文学艺术的商品化权，可以解决民间文化符号商品化行为法律保护不足这一最关键的问题，即民间文化符号商品化行为可以有法可依。

综上所述，“三毛”案等判例中对商品化权在实质上的确认充分说明：虽然我国尚未确立商品化权的法律地位，但是对商品化权的确认却是法律发展的趋势；同时，只有引入商品化权，法院才能在审理基于商品化行为而产生的各种争端时做出合理公正的判决，充分保护权利人的合法权益。因此，在司法实践中，确认民族民间文学艺术的商品化权，对民族民间文学艺术实施商品化权保护，对保护民族民间文学艺术不被某些商家无偿利用，保护民族民间文学艺术的商业价值和文化价值意义重大，是切实可行的。

第三节　商品化权保护机制的基本框架

商品化权是一种新型权利，对这种权利加以确认弥补了传统权利体系的不足，是法律发展的必然趋势，因此笔者主张，确认商品化权的法律地位，通过这一新型的独立的知识财产权，对民间文化符号的商品化行为进行规范。

一　商品化权的主体

民间文化符号的商品化权主体，应该依据各个民族民间文学艺术的具体情况来确定。能够确定为是某个家庭的祖传文学艺术的，应该将权利主体确定为该家庭或家庭成员。如果已经列入我国的各级非物质文化遗产名录，则根据名录确定权利主体。若是某一民族或某一地区的人民在世代生活中逐渐形成的，对于这种权利主体是不确定的多数人的民间文化符号的保护可以参考地理标志保护的权利主体群体性的规定，为了能够使每一民族每一地区的民族民间文学艺术商品化权都能得到切实的保护，相应的民族或地区可以成立一个代表这一民族民间文学艺术的团体、协会或组织，这个团体、协会或组织代表全体权利人来行使商品化权。如果某一文化符号已经成为全体中国人的共同财富，则由国家作为权利主体来行使权利，所得收入用于发展民间文化事业。

二　商品化权的权利内容

（1）独占开发权——独占性地将本民族本地区的民间文化符号用于商业使用的权利；

（2）禁止权——禁止不享有本民族或本地区的民间文化符号商品化权者未经许可擅自将其用于商业使用；

（3）损害请求权——当商品化权受到侵害时可以向法院请求保护，判令侵权人赔偿损失；

（4）许可使用权——商品化权的主体根据法律的规定许可他人将自己享有的商品化权的客体——民间文化符号用于商业使用的权利。

三　商品化权的保护期限

商品化权是对信誉的保护，那么对商品化权的保护期限应该截至载体蕴含的信誉消失为止。民间文化符号商品化权的期限，自然应当截至民间文化艺术失去其信誉为止，也就是说只要民族民间文学艺术还被大众所认可，那么它就还具有信誉，就可以继续依据商品化权予以保护，这就是说对民间文化符号的保护是无期限的。这种无期性可以有效地保护民族民间文学艺术不受侵害。这种无期限性的规定也与国家对民族民间文学艺术采取无期限保护的规定相一致。

四　侵害商品化权的赔偿数额的计算方法

由于此类侵权行为的客体是民族民间文学艺术的信誉，因此对于商品化权侵权行为的损害赔偿数额，只能依据最大程度确定原则计算。但即使是最大程度的确定也依然是繁琐和难于计算的，张广良先生依据商品化权侵权的一般特点介绍了几种可行的损害赔偿的计算方式，如差额计算法、同类比较法、分析法等,[①] 可由法官依具体情况选择适用。由于信誉本身是一种社会评价，它的存在形式不是有形有体的物质，而是公众意识中一种抽象的感觉与印象，故而信誉的产生很大程度上取决于大众心理这一主观感受的因素。如果不当得利数额无法计算的，规定下限和上限，允许法官有自由裁量权。

五　商品化权的侵权责任形式

1. 民事责任

商品化权是一项新型的民事权利，因而对于发生的侵犯商品化权的行为，首先应当由侵权行为人承担主要以补偿损失为目的的民事责任。我国《民法通则》第 134 条规定了十种承担民事责任的方式，针对商品化权的特殊情况，笔者认为其承担民事责任的方式应该有：停止侵害，排除妨碍，消除影响，恢复名誉，赔偿损失，赔礼道歉。

2. 行政责任

侵犯商品化权的行为不仅损害了商品化权主体的利益，而且也破坏了正常的市场竞争秩序，扰乱了正常的经济秩序，侵害了国家与社会的公共利益。在这种情况下，行为人不但要对侵权行为承担民事责任，同时也要对自己所造成的损害公共利益的后果承担行政责任。其处罚形式有训诫（或警告）、责令停止侵权、没收非法所

---

① 张广良：《知识产权侵权民事救济》，法律出版社，2003，第 189 ~190 页。

得、没收侵权物品和制作侵权物品的设备、罚款等。

3. 刑事责任

对于侵犯他人商品化权，违法所得数额较大或者有其他严重情节的行为，如社会影响恶劣，违法后果严重等，侵权行为人应当承担相应的刑事责任。①

① 苏喆：《论民族民间文学艺术的商品化权保护模式——从“刀郎”之争看民间文艺的知识产权保护》，《扬州大学学报（人文社会科学版）》2010 年第 1 期，第 39～45 页。

参考书目

1. 王文章：《非物质文化遗产概论》，北京，文化艺术出版社，2006。

2. 乌丙安：《非物质文化遗产保护理论与方法》，北京，文化艺术出版社，2010。

3. 全国人大常委会法制工作委员会行政法室：《中华人民共和国非物质文化遗产法解读》，北京，中国法制出版社，2011。

4. 王文章：《非物质文化遗产保护与田野工作方法》，北京，文化艺术出版社，2008。

5. 李欣：《数字化保护——非物质文化遗产保护的新路向》，北京，科学出版社，2011。

6. 郑巨欣、陈峰：《文化遗产保护的数字化展示与传播》，北京，学苑出版社，2011。

7. 张仲谋：《非物质文化遗产传承研究》，北京，文化艺术出版社，2010。

8. 康保成：《中国非物质文化遗产保护发展报告（2011）》，北京，社会科学文献出版社，2011。

9. 张耕：《民间文学艺术的知识产权保护研究》，北京，法律出版社，2007。

10. 丁丽英：《传统知识保护的权利设计与制度构建》，北京，法律出版社，2009。
11. 黄玉烨：《民间文学艺术的法律保护》，北京，知识产权出版社，2008。
12. 严永和：《论传统知识的知识产权保护》，北京，法律出版社，2006。
13. 杜瑞芳：《传统医药的知识产权保护》，北京，人民法院出版社，2004。
14. 宋晓婷：《中医药传统知识的法律保护》，北京，知识产权出版社，2009。
15. 白庚：《民间文化保护前沿话语：民间文化保护讲演录》，北京，学苑出版社，2006。
16. 管育鹰：《知识产权视野中的民间文艺保护》，北京，法律出版社，2006。
17. 王鹤云、高绍安：《中国非物质文化遗产保护法律机制研究》，北京，知识产权出版社，2009。
18. 李秀娜：《非物质文化遗产的知识产权保护》，北京，法律出版社，2010。
19. 李墨丝：《非物质文化遗产保护国际法制研究》，北京，法律出版社，2010。
20. 于海广、王巨山：《中国文化遗产保护概论》，济南，山东大学出版社，2008。
21. 刘世锦：《中国文化遗产事业发展报告（2008）》，北京，社会科学文献出版社，2008。
22. 张泉：《北京文化发展报告（2007～2008）》，北京，社会科学文献出版社，2008。
23. 严三九、王虎：《文化产业创意与策划》，上海，复旦大学出版社，2008。
24. 文化建设案例丛书编委会：《文化建设案例丛书》（第一辑），

北京，中国社会科学出版社，2008。

25. 江卫强：《博览中华文化民俗》，中国科学院大恒电子出版社出版，广东珠江音像出版社发行。

26. 文化部民族民间文艺发展中心：《中国非物质文化遗产保护研究（2005．苏州）》，北京，北京师范大学出版社，2007。

27. 唐译：《一生不可不知道的民间工艺》，北京，中国戏剧出版社，2007。

28. 华梅：《华梅谈服饰文化》，天津，天津人民美术出版社，2001。

29. 贺琛：《民间服饰》，北京，中国社会出版社，2006。

30. 高福民：《迈向文化苏州研究》，苏州，古吴轩出版社，2005。

31. 王佐书：《中国文化战略与安全研究》，北京，人民出版社，2007。

32. 曹世潮：《文化竞争战略》，北京，中国人民大学出版社，2006。

33. 王正志：《中华老字号（认定流程、知识产权保护全程实录）》，北京，法律出版社，2007。

34. 国家知识产权战略制定工作领导小组办公室：《挑战与应对——国家知识产权战略论文集》，北京，知识产权出版社，2007。

35. 于泽辉：《知识产权战略与实务》，北京，法律出版社，2007。

36. 张云鹏：《文化权：自我认同与他者认同的向度》，北京，社会科学文献出版社，2007。

37. 吴汉东、胡开忠：《无形财产权制度研究》，北京，法律出版社，2001。

38. 刘春田：《知识产权法》，北京，中国人民大学出版社，2009年8月第4版。

39. 郑成思：《知识产权法》，北京，法律出版社，1997。

40. 张玉敏、张今、张平：《知识产权法》，北京，中国人民大学出版社，2009。

41. 王利明、杨立新：《人格权与新闻侵权》，北京，中国方正出版社，1995。
42. 张广良：《知识产权侵权民事救济》，北京，法律出版社，2003。
43. 吴汉东：《中国知识产权蓝皮书》，北京，北京大学出版社，2007。
44. 王迁：《知识产权法教程》，北京，中国人民大学出版社，2007。
45. 王家福、刘海年、李林：《人权与21世纪》，北京，中国法制出版社，2000。
46. 张楚：《知识产权前沿报告》（第一卷），北京，中国检察出版社，2007。
47. 苏州市传统文化研究会：《传统文化研究》（第14辑），北京，群言出版社，2006。
48. 唐广良：《知识产权研究》（第十二卷），北京，中国方正出版社，2002。
49. 唐广良：《知识产权研究》（第十三卷），北京，中国方正出版社，2003。
50. 郑成思：《知识产权文丛》（第13卷），北京，中国方正出版社，2006。
51. 李明德：《美国知识产权法》，北京，法律出版社，2003。
52. 李明德：《欧盟知识产权法》，北京，法律出版社，2010。

图书在版编目(CIP)数据

民间文化传承中的知识产权/苏喆著.—北京：社会科学文献出版社，2012.7
（人文传承与区域社会发展研究丛书）
ISBN 978-7-5097-3481-0

Ⅰ.①民… Ⅱ.①苏… Ⅲ.①民间艺术-知识产权-研究-中国 ②民间工艺-知识产权-研究-中国 Ⅳ.①D923.404

中国版本图书馆CIP数据核字（2012）第117025号

·人文传承与区域社会发展研究丛书·
民间文化传承中的知识产权

著　　者／苏　喆

出 版 人／谢寿光
出 版 者／社会科学文献出版社
地　　址／北京市西城区北三环中路甲29号院3号楼华龙大厦
邮政编码／100029

责任部门／社会政法分社（010）59367156　　责任编辑／何根平　关晶焱
电子信箱／shekebu@ssap.cn　　责任校对／李　惠
项目统筹／王　绯　　责任印制／岳　阳
总 经 销／社会科学文献出版社发行部（010）59367081　59367089
读者服务／读者服务中心（010）59367028

印　　装／北京季蜂印刷有限公司
开　　本／787mm×1092mm　1/20　　印　　张／14.6
版　　次／2012年7月第1版　　字　　数／251千字
印　　次／2012年7月第1次印刷
书　　号／ISBN 978-7-5097-3481-0
定　　价／45.00元